Charlotte Marlo Werner
Annette Kolb

*Kleine Gabe
zur Erinnerung
an Badenweiler
Juli 2002
für Susanne
meine liebe Freundin*

D1735337

Charlotte Marlo Werner

Annette Kolb

Eine literarische Stimme Europas

ULRIKE HELMER VERLAG

Die Deutsche Bibliothek – CIP-Einheitsaufnahme

Werner, Charlotte Marlo:
Annette Kolb – Eine literarische Stimme Europas /
Charlotte Marlo Werner – Königstein / Taunus:
Helmer, 2000
ISBN 3-89741-037-0

Satz: im Verlag
Druck: Wilfried Niederland Verlagsservice,
Königstein / Taunus
Printed in Germany

Gesamtverzeichnis sendet gern:
Ulrike Helmer Verlag, Altkönigstraße 6a,
D-61462 Königstein / Taunus
E-Mail: ulrike.helmer.verlag@t-online.de
Fax: 06174 / 93 60 65

Besuchen Sie uns im Internet: www.ulrike-helmer-verlag.de

Inhalt

Vorbemerkung

*»[...] denn wer lange geht, merkt, daß es Zeichen gibt auf sei-
nem Weg [...] Aber Vergessenheit deckt den Staub seiner Tage,
und er liebt es nicht, sich zu erinnern. Memoiren also wird er
keine schreiben. Wohl aber kann er sich verpflichtet glauben,
die Memorabilien eines solchen Lebens dem Leser mitzuteilen,
ob dieser sie in Erwägung zieht oder verwirft.«*[1]

Annette Kolb schrieb kein Tagebuch und keine Memoiren, aber
sie erinnert sich in ihrem autobiographisch gestalteten Werk an
viele Einzelheiten ihres langen Lebens. Daß »der Leser« – ebenso wie »die Leserin« – ihre Memorabilien »in Erwägung« ziehen
werden, hoffe ich sehr. Um dies ein wenig zu erleichtern, will ich
die Kolbschen Memoirensplitter zu einem Ganzen zusammen-
fügen ...

Teils fehlerhafte, teils veraltete Schreibweisen in den Original-
texten wurden dabei unverändert übernommen.

Für ihre freundliche Unterstützung bei meinen Recherchen danke ich Frau Ursula Hummel vom Monacensia Literaturarchiv in
München, Frau Heidemarie Gruppe, die den Bereich Exilliteratur in der Mainzer Akademie für Wissenschaft und Literatur be-
treut, Frau Dr. Ariane Neuhaus-Koch vom Frauen-Kultur-Archiv der Heinrich-Heine-Universität in Düsseldorf sowie der
Bürgermeisterei Badenweiler und dem Deutschen Literaturarchiv Marbach. Mein Dank gilt auch dem aufmerksamen Lekto-
rat des Ulrike Helmer Verlags.

Charlotte Marlo Werner,
Düsseldorf im Januar 2000

Die kleine Annette Kolb.

Kindheit und Jugend

Als das 20. Jahrhundert begann, war Annette Kolb knapp dreißig – und bereits die »*unbeirrte Botin von hüben und drüben*«[2],
als die einer ihrer besten Freunde, der Historiker Carl Jakob
Burckhardt, die deutsch-französische Dichterin charakterisierte.
Als sie 1967 mit fast achtundneunzig Jahren starb, war ihre Person, ihr lebenslanges Engagement für die Versöhnung zwischen
Deutschland und Frankreich längst Legende – ihr Werk aber
schon fast wieder vergessen.

Geboren am 3. Februar des Jahres 1870 in München, Sophienstraße 7; gestorben am 3. Dezember 1967 in der Münchner
Händelstraße 1 – die Stadt München war *ein* Fixpunkt im Leben
der Schriftstellerin, die *Drei* ein anderer: die Symbolik dieser
Zahl begleitete Annette Kolb zeitlebens in ihren privaten Beziehungen wie in ihrem Schaffen, das immer eine Synthese von un-
überwindlichen Gegensätzen anstrebte. Annette Kolb stand für
den dritten Weg: politisch für den der Synthese zwischen nationalen wie religiösen Interessen; privat oft genug für Dreiecks-
freundschaften.

Fixpunkt München? Eigentlich war Paris als Geburtsort vor-
gesehen. Annette Kolbs Eltern hatten die Rückkehr nach Frankreich schon mehrmals geplant und wieder verschoben, doch der
Deutsch-Französische Krieg von 1870/71 machte die Umsied-
lungspläne endgültig zunichte. Die gesicherte Existenz der Familie in München wog schwerer als die Sehnsucht nach Paris.

Deutschland war gerade unter der Vorherrschaft Preußens ge-
einigt worden. Die Bismarcksche Reichsgründung sollte Napoleon III. zum Verhängnis werden, als er am 19. Juli 1870 Preußen
den Krieg erklärte. Drei Jahre zuvor hatte Alfred Krupp ein fünfzig Tonnen schweres Geschütz und eine Stahlkanone auf der Pari-

ser Weltausstellung präsentiert und anschließend dem französischen Kaiser zum Geschenk gemacht. Doch dieser war vom Aufbau der preußischen Kriegsmaschinerie nicht beeindruckt und hielt Frankreich immer noch für das mächtigste Land der Welt. Am 1. September 1870 erlitten die Franzosen in der Schlacht bei Sedan eine schmachvolle Niederlage. Die Deutschen rückten näher, zogen einen tödlichen Ring um Paris und bombardierten die Stadt, in der das Volk die Republik ausgerufen hatte, Tag und Nacht. In Frankreich war kein Platz mehr für Napoleon. Dieser Kriegsausbruch war für die ganze damalige Welt eine Zäsur zwischen zwei Epochen. Die Proklamation des Deutschen Kaiserreichs im Spiegelsaal von Versailles am 18. Januar 1871 leitete eine neue Phase des Ringens um die Vorherrschaft in Europa ein.

Nur ungern wird Annettes Mutter die Nachrichten von der kaiserlichen Niederlage vernommen haben. Sophie Kolb Danvin war Französin und liebte das kulturelle, weltoffene Paris unter Napoleon. Sie war 1840 in der Hauptstadt geboren und die Tochter bekannter französischer Landschaftsmaler: Félix Danvin und Constance Amélie Lambert Danvin stellten jahrelang im Pariser Salon aus. Die musikalische Sophie hatte am Pariser Konservatorium bei Jacques Offenbach Klavierunterricht erhalten und schon mit sechzehn Jahren den ersten Preis für Klavier aus den Händen des Komponisten Daniel Auber entgegengenommen. Ihre pianistische Begabung war so vielversprechend, daß sie auch bei dem Komponisten Charles Gounod vorspielte.
  Zu dieser Zeit war der Vater Félix schon tot, Mutter Constance mußte allein für das Mädchen sorgen. War dies der Grund, weshalb sich Sophie schon zwei Jahre später mit Max Kolb vermählte und auf eine pianistische Laufbahn verzichtete? Oder war ihr der junge Gartenbauarchitekt angenehm aufgefallen, wenn sie durch den Bois de Boulogne zum Konservatorium ging? Der Deutsche jedenfalls hatte sich in die junge Pianistin derart verliebt, daß er zielstrebig um sie zu werben begann, ohne die Folgen ihrer verschiedenen Nationalität weiter zu bedenken.

Max Kolb war am 28. Oktober 1829 in München zur Welt gekommen – als illegitimer Sohn einer Zofe der Königin Therese von Bayern und eines unbekannten Adeligen. Für die junge Mutter, Juliana Lorz, fand sich schnell ein passender Gatte: Der Lakai Dominikus Kolb unterschrieb nach der Geburt des Kindes eine Vaterschaftserklärung und wurde Hofgärtner bei Herzog Max, dem Sohn der Königin. In aller Stille heiratete das Paar in Pöcking.

Wer der leibliche Vater des jungen Kolb war, ist bis heute nicht verlässlich geklärt. Der Schriftsteller Joseph Breitbach, der Annette Kolb seit 1927 kannte, erzählt eine Version, die ihm die Dichterin bestätigte. So habe der junge Kolb als ein Sohn des Fräulein Kolb, Tänzerin der Hofoper, und des Herzog Max von Bayern gegolten. Demnach sei Herr Kolb ein Halbbruder der Kaiserin Elisabeth von Österreich und deren Schwester Prinzessin Sophie. Dieser Tatbestand würde auch die Abänderung des im Taufbuch eingetragenen Vornamens Konrad erklären. Die Mutter wird am besten gewußt haben, wer der Vater war, und hat ihr Kind wohl nicht ohne Grund Max genannt ...

Auch in Annette Kolbs autobiographischem Roman »Die Schaukel« finden sich Hinweise auf eine adlige Verwandschaft. »*Mathias, der Snob der Familie freut sich, wenn eine blaue Hofkutsche vorfährt, auch wenn ihr nur eine gebrechliche alte Palastdame entsteigt. [...] Im schmalen dunklen Gang sitzen Lakaien in langen Mänteln und wundern sich immer wieder, hier zu sein. Sie sind standesgemäßere Vestibüle gewohnt, um auf ihre Herrschaft zu warten.*«[3]

Ein Zweizeiler aus der Feder der erwachsenen Annette Kolb läßt sich durchaus so deuten, als habe sie in Kindertagen ihre adlige Verwandtschaft gut beobachtet:

>*»In voller Wichs und mit gepuderter Lippe*
>*Sehn Sie nicht mal herein zu Ihrer Sippe!*«[4]

Der kleine Max Kolb wuchs in Schloß Possenhofen auf und war als Ziehsohn des Hofgärtners von klein an mit Pflanzen vertraut. Aller Wahrscheinlichkeit nach waren es die Wittelsbacher, die die Ausbildung des jungen Mannes förderten. Seine Schulzeit verbrachte er im Kloster Scheyern, danach wurde er bei dem berühmten Gartengestalter Peter Joseph Lenné in Berlin ausgebildet und erhielt Stellungen in Sanssouci und Gent. Von 1855 bis

1859 war Kolb »jardinier principal« in Paris, und dieser Umstand verschaffte ihm auch den Ruf, an der Neugestaltung des Bois de Boulogne und den Anlagen zur Weltausstellung in Paris 1855 mitzuwirken. Als Maximilian II., König von Bayern, die Ausstellung im Mai besuchte, wurde er von Max Kolb durch das Areal und die Parkanlagen geführt. Die fachliche Kompetenz des jungen Gärtners überzeugte den König so sehr, daß er ihm die technische Leitung des Botanischen Gartens in München anbot. Am 19. März 1859 trat Max Kolb seine neue Stellung an – 1885 sollte er es bis zum Oberinspektor gebracht haben. »*Seine Entwürfe für Gärten und Parkanlagen auch außerhalb von Bayern und die jährlichen Blumenausstellungen im Münchner Glaspalast trugen ihm den Titel ›Königlicher wirklicher Rat‹ und zahlreiche Auszeichnungen ein. Darunter waren die französische Ehrenlegion und der päpstliche Orden ›Pro Ecclesia et Pontifice‹.*«[5]

Als Max Kolb im Jahr 1858 mit der achtzehnjährigen Sophie Danvin in Paris Hochzeit hielt, wurde soeben Jacques Offenbachs »Orpheus in der Unterwelt« uraufgeführt. Für die junge Frau, die neben zierlichen französischen Möbeln und Lampen prachtvoll gebundene Sonaten von Haydn, Beethoven und Mozart als Mitgift in die Ehe einbrachte, sicherlich ein bedeutendes Ereignis, für Max Kolb hingegen ziemlich belanglos – er sollte sich ein Leben lang nicht für Musik interessieren. »*Ein sehr anmutiges und interessantes, aber ungereimtes Paar machte seine Hochzeitsreise nach London.*«[6]

Schon seiner außergewöhnlichen musikalischen Ereignisse wegen dachte Sophie nie daran, Paris für immer zu verlassen – aber sie willigte 1860 ein, mit ihrer Mutter für zwei Jahre nach München zu ziehen. In der Dienstwohnung des Gemahls schuf die junge Madame Kolb die Atmosphäre eines »maison française«. Auf ihren beliebten, einem Salon des 18. Jahrhunderts nachempfundenen Tees fiel unter Malern, Musikern, Gelehrten und Diplomaten kein deutsches Wort. Auch deshalb nicht, weil sich die junge Ehefrau nicht sonderlich anstrengte, Deutsch zu lernen. Das fiel allerdings nicht weiter auf, denn zugezogene Ausländer, besonders Franzosen, waren vor dem

Krieg *en vogue*. Im Geburtsjahr von Annette Kolb bildeten die »echten« Münchner in ihrer Stadt eine Minderheit. Sophie kamen später die eigenen Kinder immer zu deutsch vor, und die erschienen wiederum ihren Spielgefährten als zu französisch, um wirklich dazuzugehören. Diese innere Spaltung sollte sich nie ganz lösen, so sehr Annette Kolb dies auch innerlich und äußerlich anstrebte. Immer ging, stand, saß oder lebte sie »dazwischen«. Der Krieg ein Jahr nach ihrer Geburt wurde symptomatisch für ihr ganzes Leben. »*Ein unzeitgemäßes Historiendrama spielte sich letztlich 1871 ab: die späte Gründung eines Nationalstaates durch überlebte gesellschaftspolitische Institutionen: Fürsten, restaurative Politiker und das Militär gründeten das deutsche Reich, nicht das Volk, wie 1848 beabsichtigt. Über einen Krieg mit dem – seit den napoleonischen Feldzügen – nationalen Erbfeind Frankreich reinstitutionalisierte sich die deutsche Nation.*«[7] Ausgeprägter Nationalismus blieb Annette Kolb bis an ihr Lebensende verhaßt, am liebsten hätte sie alle Nationalitäten abgeschafft.

Der Haushalt des Ehepaares Max und Sophie Kolb war eine Mischung aus Bohème und der Gesellschaftlichkeit des zweiten Kaiserreichs. Max Kolb ließ seine künstlerisch ambitionierte Frau gewähren. Er blieb ein beobachtender Besucher, wenn sie ihre Zirkel abhielt, ansonsten aber frönte er ausschließlich seiner Botanik und wurde 1869 mit der technischen Oberleitung der Gartenanlagen in seiner Heimatstadt betraut.

Für die junge Französin Sophie begann die Münchner Zeit mit bitteren Verlusten. Ihre ersten drei Kinder starben gleich nach der Geburt. Hatte die Mutter zuviel Kummer und Heimweh? Fühlte sie sich isoliert? Es ist jedenfalls bezeichnend, daß die 1865 geborene Tochter Louise überlebte. Sie kam zur Welt, nachdem Madame Kolb Danvin endlich einen ihr gemäßen Freundeskreis gefunden hatte.

Der erst achtzehnjährige Ludwig II. war 1863 König von Bayern geworden – ein romantischer Schwärmer, der in Richard Wagner seinen Gott fand. Er ließ den Komponisten in ganz Deutschland suchen und nach München bringen, wo er ohne Geldsorgen nur der Musik und dem König dienen sollte. Durch

Wagner kamen auch Hans von Bülow, dem der König die Kapellmeisterstelle am Hoftheater gesichert hatte, und seine Frau Cosima nach München. Sie ließen sich in unmittelbarer Nachbarschaft des Ehepaares Kolb nieder. Der junge Pianist organisierte die königliche Musikschule neu, und die junge Madame Kolb blühte auf, als ihr Klavierspiel Gnade vor den Ohren des Kapellmeisters Bülow fand. Seine Frau Cosima kam von nun an täglich zu Besuch und führte auch ihren berühmten Vater im Hause der Kolbs ein: Der Komponist und Pianist Franz Liszt, Lehrer von bedeutenden Musikern, so auch des Dirigenten Hans von Bülow, zählte bald zu Sophies eifrigsten Bewunderern. Nachdem er sie ein Scherzo von Chopin auf ihrem Pleyel spielen gehört hatte, kam Liszt immer, wenn er seine Tochter in München besuchte, auch zu Sophie Kolb Danvin.

Peter Cornelius, Lehrer an der Musikschule, gab Sophie Unterricht im Komponieren. Der begeisterte Anhänger von Liszt und Wagner sorgte engagiert für die Verbreitung von deren Werken. So kam es, daß Sophie Kolb Danvin nicht nur bei der Uraufführung von Cornelius' eigener Oper »Der Barbier von Bagdad« im Hoftheater saß, sondern ebenso zu allen Wagner-Premieren, die ihr Lehrer arrangiert und ihr Gatte stets mit den prächtigsten Blumen aus dem botanischen Garten ausgestattet hatte. Max Kolb, der Hüter der Gärten, erschien nie; stundenlanges Stillsitzen war für ihn unvorstellbar, *»[...] aber par distance nahm er intensiv teil an dieser interessantesten Episode Münchens, und er sonnte sich an allen Freuden, die seiner Frau daraus erblühten.«* [8]

Ein Höhepunkt dieses Wagner-Enthusiasmus war die Einstudierung des »Tristan« mit Bülow als Dirigenten und Schnorr von Carolsfeld als Heldentenor. In der Loge von Cosima erlebte Sophie die ersten Aufführungen des Musikdramas. Getrübt wurde die Begeisterung durch den tragischen Tod des Sängers am 21. Juli 1865 im Theater. Richard Wagner, der gut ein Jahr zuvor unter dem Schutz des Königs nach München gekommen war, mußte im Dezember des gleichen Jahres die Stadt fluchtartig verlassen. Intrigen am Hof und der Unwille des Volkes darüber, daß der König zu viel Geld für einen »Abenteurer« ausgab, vertrieben ihn aus dem Gesichtskreis Ludwigs II., der es sich nie verzeihen konnte, seinen angebeteten Freund Richard nicht besser gegen die Verleumdungen verteidigt zu haben. Wagner ließ sich in Triebschen nieder, Cosima verließ von Bülow und fuhr zu Wagner in die Schweiz. Bald darauf folgte die Heirat, und die ehrgeizige Cosima wurde nach Wagners Tod Leiterin des Bayreuther Festspielhauses.

Die anregenden Nachbarn, die sich so skandalträchtig entfernt hatten, hinterließen bei Sophie eine schmerzliche Leere. Immerhin war der Bekanntheitsgrad ihres Salons gestiegen und andere Kunstinteressierte füllten allmählich die Lücke. Die Tochter Louise, das erste Kind von Sophie und Max Kolb, das überlebte, kam in jenem aufregenden Jahr zur Welt und wurde später eine begabte Pianistin.

Zu dem herben Verlust, den Cosimas Wegzug für Sophie bedeutete, kamen weitere Irritationen. 1866 wurde der Glanz des Hoftheaters durch den Krieg zwischen Preußen und Bayern empfindlich gestört, und der kunstliebende Monarch wollte abdanken, so sehr haßte er die Vorstellung einer Auseinandersetzung mit Waffengewalt, bei der am Ende auch noch die Bayern unterlagen. Wagner hatte dem König geschrieben, daß Bismarck ein ehrgeiziger Junker sei, der mit grausamer Frivolität die Schicksale der größten und edelsten Nationen aufs Spiel setze. Max Kolb stand dem Sieg Preußens zwiespältig gegenüber, er fühlte wohl, daß dessen Stärke Frankreich gefährlich werden konnte. Wagner kam auf Wunsch des Königs gelegentlich nach München, hielt es aber nie lange aus.

Die Uraufführung der Meistersinger am 21. Juni 1867 bildete einen musikalischen Höhepunkt im Gesellschaftsleben der Stadt, insbesondere für Sophie Kolb.

Ein Jahr später kam die zweite Tochter, Germaine, zur Welt, die die Lieblingsschwester von Annette werden sollte.

Durch Cosimas Verschwinden war Sophie Kolb zu Bewußtsein gekommen, daß sich ihre eigene Übersiedlung nach Paris immer wieder verschoben hatte. Die gelegentlichen Besuche bei ihrer Mutter Constance Amélie konnten die Sehnsucht nach der Heimatstadt nicht länger stillen. Nun sollte Schluß sein mit dem Aufschieben der Rückkehr! Die kleine Germaine war inzwischen groß genug, um einen Umzug zu überstehen. Sophie wollte mit ihrem Max reden und ihn an sein Versprechen erinnern, daß der Aufenthalt in München nur ein vorübergehender sei.

Welch falsch gewählter Zeitpunkt! Gerade hatte der Gartenarchitekt seinen ersten großen Auftrag erhalten. Er sollte in Regensburg für den Fürsten von Thurn und Taxis einen Garten anlegen. »*Da gedachte sie, ihn zu verlassen, weil er sein Wort nicht halten konnte.*«[9]

Ein Priester, der in der Nähe wohnte und ausgezeichnet Französisch sprach, beriet Sophie in dieser schwierigen Situation. Es sei ein Fehler gewesen, Kolb zu heiraten, befand sie. Trotzdem könne ihre Ehe im Himmel geschlossen worden sein, mutmaßte der Priester.

Sophie ließ ihre Mutter nach München kommen. Constance Amélie war entsetzt gewesen, als ihre einzige Tochter von Paris wegzog, und hätte nichts lieber gesehen als deren Rückkehr. Aber durfte man den Ernährer einer Familie um einen außergewöhnlich lukrativen Auftrag bringen? Sie wirkte beruhigend auf die Tochter ein.

Das nächste Kind, Anna Mathilde, genannt Annette, das am 3. Februar 1870 um 7 Uhr früh das Licht der Welt erblickte, kann als Frucht der elterlichen Versöhnung angesehen werden. Die Rolle der Vermittlerin sollte Annette Kolb ein Leben lang ausfüllen und in ein Engagement für nationale Versöhnung wandeln.

Noch einmal, bei Ausbruch des Krieges 1870/71, der die Verbindung zur Heimat unmöglich machte, verwünschte Sophie ihre Ehe mit einem Deutschen, vor der sie und Max schon in Paris von einem Notar gewarnt worden waren. »*Zwar gab es seit dem Krieg 1870-71 keine französische Kolonie mehr, doch für Franzosen, die in der Folge besuchsweise nach München kamen, wurde es zu einer Art Tradition, in unserem Hause zu verkehren: Bekannte und Unbekannte, Hochzeitspaare und Studierende, Reiche und Arme: alle willkommen.*«[10]

Sophie Kolb Danvin betätigte sich nicht nur musikalisch, sondern nebenher auch schriftstellerisch. In ihrem Nachlaß befinden sich fünfundzwanzig Aufsätze, die sich unter Titeln wie »Une Visite«, »Kirchweih«, »Le Roi« oder »Peter Cornelius«

mit den unterschiedlichsten Themen befassen. So war vielleicht schon durch die Mutter Annette Kolbs Neigung zum Schreiben vorgeprägt. Unter der Obhut der Kinderfrau Anna Knörr wuchs das Mädchen heran. Von seiner Kinderfrau und dem Vater lernte es deutsch zu sprechen – mit bayrischem Tonfall. Später urteilte Katia Mann, gemünzt auf Annette Kolbs Aussprache, daß sie nicht so recht Deutsch gekonnt habe. Von der Mutter und den vielen französischen Gästen übernahm Annette das klangvolle Französisch. Auch Großmutter Constance Danvin lebte nach dem Krieg viele Jahre im Haushalt der Kolbs und sprach mit den Enkelkindern nur Französisch. Sie beschäftigte sich damit, Schwarzweißbilder aus Zeitschriften zu kolorieren – das Ende einer Malerin. Eines Tages wurde sie wegen Geisteskrankheit in eine Anstalt in Nancy gebracht. War dies ihr als letzte Möglichkeit geblieben, um nach Frankreich zurückzukehren? Ihr zeichnerisches Talent scheint sie jedenfalls an die Enkeltochter Germaine vererbt zu haben.

Die Begeisterung für Musik und das pianistische Können hat Sophie ihren Kindern vermitteln können. Tochter Louise schlug eine pianistische Laufbahn ein, und Annette, die schon mit drei Jahren Klavier spielen konnte, erwog später ernsthaft, ebenfalls die Musik zum Beruf zu machen. Aber ihre Leidenschaft zum geschriebenen Wort war stärker. Bücher herzte und küßte sie wie sonst kleine Mädchen ihre Puppen. Zum einzigen blondgelockten Puppenkind, das sie besaß, wünschte sie sich kein zweites.

Mit sechs Jahren wurde Annette in das Kloster der Salesianerinnen bei Hall in Tirol gegeben. Das Tiroler Land war ihr schon vertraut, denn vor dem Eintritt in die Klosterschule hatte sie mit der Familie den Sommer in Steinach verlebt und an einem dieser beschaulichen Ferientage Schreie des Entsetzens bei ihren Angehörigen ausgelöst, als sie wie eine »rinnende Säule mit schwarzen und blutigen Nägeln« ins Haus zurückkehrte. Sie war in einen Wildbach gestürzt, der die in der Nähe gelegene Mühle antrieb und dessen reißende Fluten sie unter das Mühlrad zu tragen drohten. Aus eigener Kraft hatte sie sich aus der gefährlichen Situation retten können. Sie vergaß diesen Vorfall nie in ihrem Leben; künftig entkam sie aus fast jeder Gefahr »auf sich selbst gestellt«, wie sie als erwachsene Frau immer gern betonte.

Für Annette war der Aufenthalt im Kloster kostenlos; der Vater hatte den Garten der Nonnen angelegt. Sie lernte viel, da an drei Tagen nur französisch, an drei Tagen nur italienisch und nur sonntags deutsch gesprochen wurde. Trotzdem war sie noch ehrgeizig genug, mit einer englischen Mitschülerin vierhändig Klavier zu spielen, nur um deren Sprache zu erlernen. Die Erholungspausen von der strengen Klosterdisziplin waren selten, jede Rückkehr in das Kloster nach den Ferien wurde zum Alptraum. Im Sommer hieß es um 5 Uhr 15 aufstehen, im Winter um 5 Uhr 45. *»Die Winter waren sehr kalt. Litten wir an Frostbeulen, so mußten wir die Füße des Morgens unverweilt in die zu eng gewordenen Stiefel zwängen. Hinkten wir herum, jammerten wir gar, so wurde uns schon wieder Gott vorgehalten, dem zuliebe wir das Brennen und Jucken freudig ertragen sollten. Die hübschen Kinderfüße aber gingen dabei natürlich zum Teufel und verbuckelten.«*[11]

Durch die Heldin in ihrer autobiographischen Erzählung »Torso«, die erstmals 1906 in den »Sieben Studien« veröffentlicht wurde, gewährt uns Annette Kolb Einblick in ihre eigene seelische Entwicklung. Die Langeweile im Kloster läßt das Mädchen Marie eine tiefe Abneigung gegen ihre gleichaltrigen Mitschülerinnen und nicht zuletzt auch gegen sich selbst entwickeln. Die Welt außerhalb der Klostermauern erscheint ihr als ein einziger Tummelplatz der Freiheit. *»So geriet sie sehr früh in eine Clique welterfahrener, mächtiger und verfeinerter Leute, die sich täglich sahen, in deren Intimität, die keine war, das Herz fast keine Rolle spielte, sondern mehr das Behagen, und deren Denkprozeß bei oft interessanter Begabung ein geringer blieb.«*[12]

Bis zum zwölften Lebensjahr mußte Annette bei den Nonnen bleiben. Der Vater kam häufiger zu Besuch als die Mutter, aber Annette fühlte sich durch ihn eingeschüchtert und den Schwestern gegenüber zurückgesetzt, weil er viel zu eilig war, um auf sie einzugehen, und sich mehr für den Garten der Oberin interessierte. *»Daß er meine Schwestern bei weitem vorzog, verargte ich ihm nicht im geringsten, denn mir gefielen sie auch viel besser [...]«*[13] Entsprechend freudig und temperamentvoll nahm sie den Plan ihrer Mutter auf, sie zu Ostern 1882 für zwei Tage aus dem Kloster zu holen, um nach Innsbruck zu fahren. Annette war nicht zu beruhigen vor Jubel über die Freiheit und erklärte, daß sie nie mehr ins Kloster zurück wolle. Sechs Jahre, das schien ihr bei weitem genug, so grauenvoll hatte sie die Zeit empfunden. Und die Mutter versprach wirklich, daß sie nach den Sommerferien in München bleiben dürfe!

So kam die Zwölfjährige in der Luitpoldstraße 1 im renommierten Institut der Therese Ascher unter, um dort ihre Ausbildung zu vollenden. *»In meinen Schulaufgaben – ich besuchte jetzt als Externe das nahegelegene Ascherische Institut – schrieb ich das Wort Frankreich doppelt so groß wie die anderen, umkränzte es mit Schnörkeln in roter Tinte und setzte zum Überfluß ein Ausrufungszeichen dahinter, ohne daß es mir jemals verwiesen wurde.«*[14] Annette Kolb machte allerdings in diesem Mädchenpensionat kein Abitur, was sie später sehr bedauerte und als äußerst unzulänglich empfand, als sie sich für Philosophie interessierte und auf der Suche nach »der Wahrheit« war.

Als die Klosterschülerin in den Familienkreis zurückkehrte, bevölkerten noch fünf Geschwister zeitweise das Haus. Die älteste Schwester Louise wurde von allen angebetet. Sie war die musikalisch begabteste unter dem Nachwuchs der Kolbs, spielte Klavier und Orgel und hatte auch zeichnerisches Talent. Attraktiv, geistvoll und anmutig, wurde sie von Annette rückhaltlos bewundert. Germaine, die zweitälteste, war die Schönheit unter den drei Schwestern. Annette liebte sie und stand ihr am nächsten. Sie entsprach ihrem Ideal und den Träumereien aus Klostertagen, gern von schönen und verwöhnten Frauen umgeben zu sein, am meisten. Die beiden Brüder Emil und Paul wurden von den großen Schwestern nicht recht ernst genommen. Paul blieb bis an sein Lebensende »der kleine Bruder«. Die jüngste Schwester Franziska war gerade zwei Jahre alt, als Annette wieder zu Hause Quartier bezog. Noch zu wenig Dame, konnte sie nicht die Aufmerksamkeit der älteren Schwester erringen und wurde zeitlebens von Annette wenig geschätzt. Die drei großen Schwestern hingegen bildeten gewissermaßen eine Trinität. Vieles wurde gemeinsam unternommen, wozu das gelegentliche Schlendern über

Die »Kolbschen Fräulein«: Germaine, Annette und Louise.

die »Auer Dult« gehörte, eine Wiese, auf der regelmäßig ein Flohmarkt stattfand, auf dem die jungen Damen kleine Kostbarkeiten preiswert zu finden hofften. Die »Kolbschen Fräulein« kleideten sich auch gern in schwarzen oder weißen Taft und gingen ebenso begeistert in das Theater oder in die Oper wie ihre Mutter. Meist konnten sie die Loge einer Freundin der Eltern kostenlos benutzen; war dies nicht möglich, erfolgte ein Anschlag auf die nach Meinung der Kinder immer prall gefüllte Börse des Vaters. Obwohl die Familie nicht mit Reichtümern gesegnet war, fragte er nie danach, wofür das Trio Geld ausgegeben hatte, wenn am Monatsende die Haushaltskasse leer war.

Als die 1858 geborene Eleonore Duse, später die erste große Interpretin der Frauengestalten von Ibsen und Strindberg, in München debütierte, saßen die drei Schwestern im Parkett. *»Gewiß, es lohnte sich. Nichts kommt einem ersten Eindruck gleich. Und wir sahen die Duse im letzten Augenblick ihres ersten Glanzes; jene Duse, die noch von unsagbarer Zartheit der Linien war [...]. Ja es lohnte sich.«*[15] Es war noch die Duse der französischen Dramatiker Dumas und Sardou, die es verstand, deren effektheischenden Stücken Tiefe einzuhauchen.

Noch eine andere Theatergöttin feierte in München in den

20

Annette und ihre Schwester Germaine.

70er und 80er Jahren des 19. Jahrhunderts wahre Triumphe: Clara Ziegler. Sie ließ sich in der Münchner Königinstraße eine hochherrschaftliche Villa bauen; soviel Geld hatte bisher keine Schauspielerin verdient. Sie war die Heroine der Gründerzeit, die den Monumentalstil der Bildenden Kunst gebärdenstark auf die Bühne übertrug. Es ist anzunehmen, daß auch die Schwestern Kolb sie einmal in der Rolle der Klytämnestra von Georg Siegert erlebt haben, da das Stück in der Winterspielzeit 1885/86 gegeben wurde, als Annette anfing, sich intensiv für Theater zu interessieren. Nach Clara Zieglers Tod 1909 führte die Schenkung ihrer Villa, ihrer Sammlungen und ihres Vermögens zur Gründung des ersten deutschen Theatermuseums in München.

Die Zeit am Institut Ascher war für Annette Kolb nahezu bedeutungslos. Dagegen wurde die Stadt mit ihren Kunstmuseen und Theatern, den Straßen und Plätzen, den Künstlern und Gelehrten zu ihrem Gymnasium und der Flügel zu ihrem Elysium. *»Ich liebte die Musik mehr wie die Bücher. Auch heute noch liebe ich die Musik am meisten. Ich hatte am Speicher oben ein Zimmer mit sechs kleinen Fenstern und einem Flügel. Man gab mir gute Lehrer für das Klavier. Ich spielte als Kind sehr gut, und es wurde schon daran gedacht, daß ich vielleicht Pianistin* werden würde, aber wenn ich einmal eine Sache konnte, dann welkte sie ein bißchen unter meinen Fingern. Ich war keine wirkliche Pianistin, und darum ließ ich es auch sein. Aber ich spielte zu meinem Vergnügen.«[16] Ihre große Liebe und Schwärmerei für Musik verhinderte jedoch den analytischen Umgang mit Tönen.

Den Weg zum Institut Ascher verband Annette gern mit einem ausladenden Schlenker, der um den Glaspalast herum am Haus des Malers Hugo von Habermann vorbeiführte. Dort, in der Nähe des Habermannschen Hauses, begann die originelle Freundschaft der Schülerin mit dem Maler. Traf sie ihn auf der Straße, machte das Mädchen mit der Schultasche vor ihm halt und sie wechselten einige Worte. Über Jahre hielten sie auf diese Weise ihre »kleinen Stehkonversationen«.

Kaum war Annette erwachsen, gewannen die Münchner Straßen noch mehr an Bedeutung. Weite Streifzüge durch das nächtliche München wurden ihre Passion. Sie liebte die verödeten Gassen und Gegenden, weil sie nun ihr allein gehörten. Für diese launige Gewohnheit wäre sie in Paris in Verruf geraten, das wußte sie, und so machte sie sich die »eigentümliche Toleranz gleich im vorhinein zunutze«, die ihr die bayrische Metropole bot.

Das »feinere Publikum«, zu dem sich die Familie Kolb durchaus zählte, auch wenn sie nicht mit dem »Genius des Geldes« gesegnet war, ließ seine Töchter außer Haus in Pensionaten erziehen. Dort wurde eine Erziehung zu oberflächlicher Geselligkeit vermittelt, deren Muster die längst überholten Lebensformen des Adels waren. Der 1873 geborene Richard von Kühlmann, mit dessen Familie die Kolbs befreundet waren, beschreibt sehr anschaulich, wie ein Fest des »feineren Publikums« gestaltet wurde: »In der Theatinerstraße beschlossen meine Mutter und ich, da der große Salon reichlich Platz bot, ein- oder zweimal im Jahre, womöglich maskiert, tanzen zu lassen, um auch mit der jüngeren Welt Fühlung herzustellen, da meine allmählich heranwachsende Schwester in die Gesellschaft eingeführt werden sollte. Ein Fest ist mir in besonders lebhafter Erinnerung geblieben. Es hieß ›Die Hochzeit des Pierrot‹. Als Farben waren nur

Weiß und Schwarz-Weiß zugelassen. Ich selbst tanzte als Bräuti-
gam. Die Braut war die hübsche Germaine Kolb, die Lenbachs
Pinsel mehrfach verewigt hat, eine Schwester der Schriftstellerin
Annette Kolb, die aber damals ihre Berufung zum Parnaß noch
nicht erkannt hatte. Das Gesamtbild des Festes war durch die
hellen Farben heiter und reizvoll, die Stimmung so vergnügt und
ausgelassen, daß mir dieser Abend lange im Gedächtnis blieb.«[17]

Die Ausbildung und Einführung der Kolbschen Töchter in die
»Münchner feine Gesellschaft« entsprach ganz dem Konservatis-
mus der Gründerzeit, der im Hinblick auf die Frauen ein betrüb-
liches Bild des Rückschritts bot. Großmutter Constance Amélie
erscheint vor diesem Hintergrund moderner als ihre Tochter, Annettes Mutter Sophie. Constance hatte denselben Beruf wie ihr
Mann, beschickte gemeinsam mit ihm Ausstellungen und hatte
nur ein Kind. Viele französische Bürgersfrauen in der ersten Hälfte des 19. Jahrhunderts nahmen an den Geschäften ihrer Männer
teil, führten die Buchhaltung und investierten das Geld lieber in
die Firmen, als zuviel für Garderobe auszugeben. Constance hatte als Berufsmalerin sicherlich mehr Interesse an einer Leinwand
als an einem überflüssigen Seidenkleid, denn von ausgeprägten
Festen à la Kühlmann ist von ihr nichts überliefert. Außerdem
mußte sie als junge Witwe sich und die Tochter ernähren, deren
Heirat und den damit verbundenen Verzicht auf eine pianistische
Laufbahn sie wohl nicht begrüßt hat.

In der zweiten Hälfte des 19. Jahrhunderts zog sich die Mehr-
zahl der Frauen wieder in den häuslichen Bereich zurück. Die
Lebensform des Biedermeier hatte Hochkonjunktur. Vielleicht
verzichtete die junge Sophie auch aus diesem Grund so leichten
Herzens auf die pianistische Laufbahn. Die durchschnittliche
Kinderzahl pro Familie stieg wieder an, und auch Sophie Kolb
Danvin verschaffte sich mit ihren sechs Kindern eine wichtige
Funktion, die ihre Berufslosigkeit ausglich. Die Sorge um die
Gesundheit und Erziehung der Sprößlinge wurde zu einer Quelle
der Macht der Frauen und förderte das Selbstvertrauen der Müt-
ter. Annettes Vater gehörte eher der Gattung der überforderten
Väter an, die danach trachteten, den bourgeoisen Lebensstil der
Familie zu finanzieren, ihn aber nie vollkommen befriedigen
konnten. Aber er gehörte auch nicht zu den »glanzvollen« Va-

tergestalten, die ihr Haus in ein Atelier verwandelten und
Frauen und Töchter als Sekretärinnen für sich arbeiten ließen.
Daher hatten die Geselligkeiten der Sophie Kolb Danvin noch
den Charakter eines Salons, denn sie brillierte meist ohne Ehe-
mann. Ihre Tees waren sehr beliebt, und in der Nachbarschaft
wurde über den »Größenwahn« der Kolbs getuschelt. Beständig
machte sich Sophie daher Gedanken um die Zukunft ihrer Töchter. In den Köpfen der Mädchen wiederum spukte die Vorstellung von einer reichen Heirat, die sie und die Mutter von allen
Sorgen befreien würde. Nur vor diesem Hintergrund ist auch
das Verhalten der Eltern Kolb und der schönen Tochter Germaine zu verstehen, die das Spiel oder den Selbstschutz eines wohlhabenden Verehrers sechzehn Jahre lang nicht durchschauten:
Es war ein Homosexueller, der den Heiratsanwärter mimte und
die Familie hinhielt, um eine Verbindung von Germaine mit einem anderen Mann zu verhindern. So heiratete sie erst mit vierzig Jahren William Stockley, einen Dubliner Professor für englische Literatur, und zog nach Irland. Annette fuhr später
regelmäßig zur Schwester auf die grüne Insel, entweder um sich

auszuruhen und die Landschaft zu genießen oder um Zuflucht zu suchen. Sie war immer herzlich willkommen.

Einen nicht zu unterschätzenden Vorteil boten die Cercles im Salon der Mutter Sophie trotz aller Angepaßtheit an die damaligen Konventionen: Annette lernte viele hochgestellte einflußreiche Persönlichkeiten kennen, die beruflich in ganz Europa zu tun hatten. Die ausländischen Gäste brachten Weltläufigkeit und europäischen Geist in das Münchner Heim. So manchem Besucher waren Einladungen zu verdanken, die später zu interessanten Reisen führten. *»Denn tatsächlich ›besitzen‹ wir die Städte, die wir sahen, und merken nachträglich – an der Bereicherung – welche Lücke es gewesen ist, das Kennenswerte nicht zu kennen.«*[18]
Achtzehnjährig begegnete Annette im Salon ihrer Mutter dem 27jährigen Diplomaten Camille Barrère, der gerade vom Quai d'Orsay in Paris nach München versetzt worden war. Schon 1878 war die diplomatische Welt durch seine Artikel in der ›Times‹ auf den in England aufgewachsenen Franzosen aufmerksam geworden. Annette reichte ihm eine Tasse Tee – und war schon überzeugt, daß hier ein bedeutender Mann Frankreich vertrat. Als Gesandten in Rom sollte sie ihn später besuchen und lebenslang von seiner Persönlichkeit fasziniert bleiben.
Auch dem jungen Jean Giraudoux begegnete sie im Haus ihrer Eltern. Seit 1905 besuchte er die Tees der Madame Kolb Danvin. Gerade hatte er sein Germanistikstudium beendet und war für ein Jahr in München als Hauslehrer des Herzogs von Sachsen-Meiningen tätig. In seiner 1917 verfaßten Kriegsgeschichte »La Nuit de Chateauroux« erinnert er sich noch an das urwüchsige, energische Vokabular von Annette Kolb.
Ein Brief des Schriftstellers Gerhard Ouckama Knoop aus dem Jahre 1906 gibt sehr anschaulich die heitere Atmosphäre in Annettes Elternhaus wieder:

»Gerhard Ouckama Knoop   *Moskau, 19. Okt. 06*

Verehrtes gnädiges Fräulein,
Da sitze ich schon wieder – man sollte es nicht glauben – drei volle Wochen in Moskau und immer noch habe ich an Sie mit den Ihrigen und an München nur tüchtig gedacht, aber nicht

meinen Gedanken Ausdruck gegeben. Oder meinem Dank, wie es sich gehört; wobei ich mir immerhin mit der Hoffnung schmeichle, daß Sie auch ohne schriftliche Bestätigung an meinem erkenntlichen Sinn nicht zweifeln werden. Graue Häuser, graue Menschen, ein grauer Himmel und schwarze Erde bilden hier die Umgebung, kein Wunder, daß mir München in der Erinnerung wie ein Athen unter einem griechischen Himmel erscheint und die lebhafteste Sehnsucht erweckt! Und wenn ich dabei besonders gern an das Haus Sophienstraße 5 denke, so ist das natürlich vor allem der so lieben freundlichen Bewohner wegen, dann aber auch weil das Haus selbst meinem persönlichen Geschmack so sehr anheimelnd ist. Sollte ich einmal etwas recht Gruselig-Behagliches zu schreiben haben, so werde ich versuchen, mich dabei telepathisch in Ihr Dr. Fausts Studierzimmer zu versetzen, in den Dämmer eines Winternachmittags. – Meine Frau hatte, glaub' ich, schon einen Brief an Sie begonnen und wurde gestört. Der Inhalt des demnächst zur Versendung gelangenden Schreibens wird wohl wesentlich aus Jeremiaden über das Thema: Nur wer die Sehnsucht kennt usw. bestehen und ich will diesen subjektiv und objektiv ja sehr berechtigten Ergüssen nichts vorwegnehmen. Was Ihren getreuen Knecht betrifft, so gibt es wenig Gutes und wenig Schlechtes zu vermelden, wenn man zu dem letzteren nicht etwa die Novellen rechnen will an denen ich jetzt arbeite. Sie betreffen Probleme, die sie von den Familienblättern ausschließen, und da die Zahl der anderen Journale nur gering ist, so muß ich wohl den Bundesgenossen [...] hübsch um den Bart streicheln, damit sie mir das Manuskript zu einem ›artigen‹ Bändchen verarbeiten. [...] Nun will ich hoffen, daß es Ihnen und Ihrer Familie gut geht. Empfehlen Sie uns bitte Ihrer Frau Mama, deren Freundlichkeit uns eine liebe Erinnerung ist. Fräulein Germaine könnte hier mit Gold aufgewogen werden, wenn sie mit ihrer amüsanten Art hiesige Abendgesellschaften zu dem machte, was sie sein sollten, nämlich ein Vergnügen. Wie sehr ich Ihnen für Ihr so herzlich und spontan erwiesenes Interesse an meinen Arbeiten dankbar bin, wissen Sie. Es ist vielleicht der einzige Gewinn der Schreiberei, daß sich daraus schöne und menschliche Beziehungen ergeben können.

Mit herzlichen Grüßen
Ihr ergebener Gerhard Knoop«[19]

Obwohl nur neun Jahre älter, hatte Knoop schon viele erfolgreiche historische und zeitsatirische Romane geschrieben. Er fand in Annette Kolb eine für seinen Beruf äußerst aufgeschlossene Gesprächspartnerin und gab der am Beginn ihrer Karriere stehenden Kollegin etwas von seinen Erfahrungen im Umgang mit Verlagen preis.

Bis zur Verheiratung von Germaine 1908 wohnte Annette gemeinsam mit der Schwester »im Speicher«, im obersten Stockwerk ihres Elternhauses. »Klavierlehrerin vom fünften Stock«, spöttelte Bruder Emil genüßlich. Sollte das ihre Bestimmung sein? Vor dem Hintergrund ihrer Erziehung mußte sich Annette Kolb natürlich die Frage stellen: »Was soll ich tun?« Erzieherin und Schauspielerin waren die zwei wesentlichen Frauenberufe der Jahrhundertwende, und in Ausnahmefällen konnte auch die Schriftstellerei eine Frau ernähren. Annette scheute sich nicht, bei der Klärung ihrer Frage und ihrer Zukunftsaussichten fremde Hilfe zu suchen. Der Bildhauer Adolf von Hildebrand, der als Dank für einen von Max Kolb angelegten Garten eine Büste von dessen Tochter Germaine geschaffen hatte, wurde zum väterlichen Freund der Kolbschen Mädchen, die oft bei seinen Kindern in der Maria-Theresia-Straße zu Besuch waren. Ihm vertraute sich Annette an, als sie spürte, daß auf eine »reiche« Heirat nicht zu hoffen war und sie ohnehin nie eine »Versorgungsehe« eingehen würde. Denn mit diesem Zustand des »So-Nichtstun« war sie nicht zufrieden, so konnte und sollte es nicht länger weitergehen. Zwischen Musik und Schreiben müsse sie sich entscheiden, meinte der Bildhauer. Er fand Annette zwar originell, aber ihr ernsthaft zu einer dieser Tätigkeiten raten konnte er nicht. Vielleicht hat sie seine verborgene Ablehnung dagegen, daß eine Frau sich mit kreativer Arbeit in die Berufstätigkeit wagen wollte, gespürt. Das Gespräch hat jedenfalls dazu beigetragen, Annette Kolb die Hartnäckigkeit zu verleihen, es doch als Schriftstellerin zu versuchen.

Ein Besuch im neuen Zoologischen Garten in München führte zum ersten Schritt in die Richtung ihres Wunschberufes. Sie hatte von Elefanten geträumt und hoffte, dort ein lebendiges Exemplar sehen zu können. Elefanten waren allerdings noch nicht angeschafft, aber ein mächtiger Steinadler, dessen Käfig etwas abseits vom Besucherstrom lag, erregte ihr Interesse. Viel zu eng schien Annette seine Behausung, sie litt mit dem Vogel, der verzweiflungsvoll durchs Eisengitter starrte. Ihre Empörung war geweckt. Sie schwang sich in Gedanken mit ihm in die Lüfte, unbekannten Weiten entgegen. Sofort kehrte Annette nach Hause zurück. Sie schrieb unter dem Eindruck des nachempfundenen Elends einen Protestbrief, der gegen den viel zu kleinen Käfig dieses Adlers gerichtet war, und schickte ihn an die Redaktion von Münchens größter Tageszeitung. Die ganze Nacht und am Morgen noch hatte sie an dem Artikel gesessen. *»Welch herrliche Überraschung war es, ihn schon am nächsten Tage an erster Stelle abgedruckt zu sehen! Nicht nur dies. Sehr bald erhielt mein Schützling einen seiner Größe angemessenen Raum.«*[20]

Annette glaubte, angesichts dieses Erfolges habe sie es bei der Zeitung schon zu Ansehen gebracht. Riesengroß war ihre Enttäuschung, als der nächste Artikel postwendend mit ablehnendem Schreiben zurückgeschickt wurde. Sie hatte sich darin als Kritikerin einer Opernsängerin profilieren wollen, die in der Rolle der Brünhilde mit dem Speer wie mit einem Kochlöffel über die Bühne gefegt war. Mit ihrer Besprechung war Annette aber einem Musikkritiker, der die Sängerin verehrte, ins Gehege geraten und hatte es ein für allemal mit dieser Zeitung verscherzt. Nach dieser Erfahrung kam die junge Journalistin zu der Ansicht, »Wunschträume« gäbe es mitnichten, holte sich vier Bände Schopenhauer aus der Staatsbibliothek und hoffte, daraus Aufschluß zu erhalten »über die letzten Dinge«.

1888 starb Annettes Großmutter Constance. Sophie Kolb kehrte im Mai aus Frankreich zurück, wo sie ihre Mutter beerdigt hatte. Ihre Trauer legte sich wie eine Hypnose über die ganze Familie. Annette suchte Zuflucht in der Bibliothek ihrer Eltern und vertiefte sich in die vierbändige französische Bibel: *»[...] das richtige Weideland für ein Gemüt, welches für die schwankenden Regionen mehr Verständnis aufbrachte als für die unerbittlichen Folgerungen der Wirklichkeit. [...] Mein Verlangen nach Zerstreuungen wurde nun, statt abzunehmen, größer denn je. Denn oft graute mir vor dem Alleinsein –.«*[21]

»*Die Sommernacht war vorgeschritten, die Dämmerung nicht mehr fern, aber kaum eingeschlafen, wachte ich jäh wieder auf. Denn ein Elefant hatte sich in meinem Zimmer aufgepflanzt, und ein kleiner weißer Elefant stand neben ihm; aber nur der alte graue Elefant hielt seinen Blick auf mich gerichtet. [...] bald schob sich darauf im Morgengrauen ein gigantischer Korb voller Kirschen zu mir herein.*«[22]

Über die Symbolik des Elefanten und der Kirschen informierte sich die junge Annette in einem alten Traumbuch. Nichts Gutes verhieß sie ihr. Sie war noch weit entfernt von der Geduld eines Elefanten, und die Kirschen verkündeten Jahre vergeblicher Anstrengung als Schriftstellerin. Im Mißerfolg ihrer letzten Einsendung sah sie schon die Deutung bewahrheitet und wünschte sich, das Buch, das ihr »doch einen Stoß« versetzt hatte, nie gesehen zu haben.

Als Annette Kolb ihren Traum von den Elefanten und Kirschen später niederschrieb, war Sigmund Freuds 1900 erschienene »Traumdeutung« bereits zur Grundlage der psychoanalyti-

Annette mit ihrem Vater Max Kolb.

schen Theorie geworden. Kaum war die Schrift erschienen, stürzte sie sich wie ein »Habicht« darauf. Was sie las, fand sie offenbar nicht sehr überzeugend, denn in ihrem später verfaßten Roman »Die Schaukel« läßt sie uns über die Figur des Mathias, der einen Traum der Schwester Gervaise zu deuten versucht, wissen: »*Da wäre wieder so ein Traum mit dem der blöde Freud rein nichts anfangen könnt! Dem sag' ich's aber, wenn ich ihn einmal seh!*«[23]

Zum Glück taten sich für die junge Schreiberin bald neue Horizonte auf: »*Aber eines Tages fand ich mich doch zurecht. Eine neu entdeckte Lehre war damals schon rasch zu großer Be-*

rühmtheit gelangt und hatte ganze Schulen gezeitigt. *Wie viele Köpfe verheerte sie nicht! Wie es einen Ungeist gibt, so gibt es auch eine Un-Philosophie. – Sie ist, mag Freud ein noch so großer Gelehrter gewesen sein, der Stempel seiner Traumtheorie. Bei einem ganz anderen Ratgeber hatte ich in meiner Verwahrlosung Zuflucht gefunden und mich einem ganz anderen Lehrmeister verschworen. […] seht ihn vor Pharao stehend, dessen Träume deutend, selbst ein Träumer: Joseph von Ägypten.«*[24]

Auch ihre fast gleichaltrige Zeitgenossin Else Lasker-Schüler liebte die Gestalt des Träumers Josef, und in Anlehnung an eine Formulierung dieser Dichterin nannte Annette Kolb den Israeliten Elazar Benyoëtz, den sie mit über neunzig Jahren kennenlernen sollte, einen »Wilden Hebräer«. Auch Thomas Mann, mit dem Annette Kolb später befreundet war, erhob das biblische Vorbild im Roman »Joseph und seine Brüder« zur zentralen Figur.

An Joseph von Ägypten hat Annette Kolb sicherlich dessen mythisches Bewußtsein fasziniert, in dem sich kollektive archaische Verhaltensmuster ausdrücken. Jedes Geschehen, auch der Traum, wird als ein Zeichen Gottes gedeutet. Annette sah in Joseph einen »zeitlosen, ewig zeitgemäßen Urtyp«, einen großen Realisten und welterfahrenen Staatsmann, einen Mann mit der Klugheit einer Schlange. Daß die junge Annette Kolb gerade die Gestalt des Joseph wählte, um eine Orientierung in der Welt zu finden, muß auch vor dem Hintergrund der Gründerzeit gesehen werden, in der gerne auf die verbreiteten Bildvorstellungen antiker Mythologie zurückgegriffen wurde. »*Ja die Bibel bestätigt sogar deutlicher und weiter ausgreifend noch Annette Kolbs Sicht vom wahren Menschen in diesem Bild, denn sie stattet diesen ›Urtyp‹ auch mit der realistischen Umsicht aus, zu der die Dichterin alle ihrer Zeit, die guten Willens sind, immer wieder aufrief.*«[25]

Der biblischen Geschichte nach wurde Joseph von seinen neiderfüllten Brüdern ausgesetzt, weil sie glaubten, der Vater Jakob bevorzuge ihn. Auf abenteuerlichen Wegen gelangte er an den Hof des Pharao und wurde ein angesehener, reicher Mann. Als die sieben mageren Jahre kamen, wollten die Völker Getreide von Joseph aus Ägypten, der in weiser Voraussicht in den sieben fetten Jahren riesige Vorräte angelegt hatte. So kamen auch die hungrigen Brüder zu ihm; sie erkannten ihn nicht, aber er sie wohl. Joseph ließ ihre Esel mit Getreidesäcken beladen und das Geld, das die Brüder für den Kauf des Nahrungsmittels mitgebracht hatten, in jeden Sack zurücklegen. Er gab sich nicht zu erkennen, so sehr ihn auch sein Gefühl bestürmte; vorher wollte er die Brüder prüfen, ob sie seine Bedingungen erfüllten. Erst als Joseph sicher war, daß sich an seinem jüngsten Bruder Benjamin, der nun der Liebling des Vaters war, sein eigenes Schicksal nicht wiederholen würde, zeigte er seine wahre Identität: »Ich bin euer Bruder, Joseph.« *Und er hat mit all diesen Erprobungen nichts anderes getan als das, was Annette Kolb, mahnend und warnend, immer wiederholte zu tun: auf der Hut zu sein unter Menschen und im Menschlichen; vermeintliche Unschuld, und zeigte sie das Antlitz eines Engels, nicht blindgläubig ans Herz zu ziehen, sondern zu prüfen, und erst den Geprüften aufzunehmen in den eigenen Kreis.«[26]

Ihr ganzes Leben hindurch schenkte Annette Kolb ihren Träumen Aufmerksamkeit und versuchte die Bilder und Visionen zu deuten. In ihrer Schrift »Zarastro« über die Schweizer Exiljahre nimmt sie durchgängig Bezug auf ihre Träume, wenn es darum geht, Ereignisse vorauszusehen. So erzählt sie von einer Überfahrt nach England 1913, die trotz ausgebuchter Kabinen durch die Hilfe eines Stewards noch recht bequem während der Nacht im großen Salon hätte verbracht werden können, wäre da nicht dieser Traum gewesen: »*Oh des zerissenen Schiffes, das schon aufgehört hatte zu sein! In ein Rettungsboot gestoßen, auf eine Planke geworfen und nichts anderes als den Tod von den eben so gepriesenen Wellen zu gewärtigen, wühlten sie sich zu Felsen auf, hart und unbarmherzig mich zu begraben. [...] Durch den Krieg glaubte ich meinen Traum erfüllt.*«[27]

Annette Kolb scheute sich nicht, Wahrsagerinnen zu besuchen und die Karten zu befragen. Ihre Furcht vor negativen Vorzeichen gründete in ihrem festen Glauben an eine Vorbestimmung des Schicksals und in ihrer Überzeugung, aus Träumen Zukünftiges und Jenseitiges erkennen zu können. Auch den Mond zog sie zu Rate, wenn sie Entscheidungen zu treffen hatte, und sie bat eine Freundin um einen Kalender, in dem die Daten des Neumondes vorgezeichnet waren.

GEBR. LÜTZEL
KGL. BAYR. HOFPHOTOGRAPHEN

MÜNCHEN
MAFFEISTR. 7

Auf der Suche nach dem Selbst

»*Bis zu unserem 30. oder 35. Jahre ist die Natur für unser Äußeres verantwortlich. Dann erst kommt ein Tag – es mag sein über Nacht –, an dem wir selbst als unsere Schöpfer stehen.*«[1]
Kaum hatte sich die Familie von der Trauer um die Großmutter Constance Amélie erholt, traf sie ein neuer Schicksalsschlag. 1890 starb Annettes älteste Schwester Louise im Alter von 25 Jahren. Für die Mutter Sophie war der Verlust doppelt schmerzlich, denn die hochbegabte Tochter sollte vollenden, was die Mutter als junge Frau ihrer Ehe zuliebe abgebrochen hatte. Eine hoffnungsvolle Laufbahn als Pianistin hätte Louise bevorgestanden. In der Figur der Hespera im Roman »Die Schaukel« hat Annette Kolb später der Schwester zum zweiten Mal ein bleibendes Andenken geschaffen: »*Wer könnte auch nur von fern die Grazie Hesperas erreichen, mit ihrer berückenden und geistreichen Figur sich messen? Die Geschwister fühlen es wohl: eine Kluft trennt sie von so viel Harmonie. Sie grollen jedem, der ihnen Hespera entzieht.*«[2] Zuvor war Louise als »Daphne Herbst« in Annettes gleichnamigen Roman verewigt worden: »*Und mittlerweile schmückt sich Daphne vor dem großen dreiteiligen Spiegel ihres Schlafzimmers. Sie legt auch die langen, blitzenden Ohrringe ihrer Mutter an. Eitel, wir sagten es schon, ist an ihr nur das Gold und die natürliche Gelocktheit ihres Haares. [...] einer Venus von Lukas Cranach sieht sie gleich! [...] ›Sie ist tot!‹ [...] ›Heute nacht in Zürich an Meningitis gestorben.‹*«[3]
Der Tod von Louise, einer Idealgestalt in den Augen der Geschwister, traf die Familie Kolb völlig unvorbereitet. Der Verlust dieser immer ausgleichenden und vermittelnden Kraft unter den Angehörigen brachte die gewohnten Strukturen ins Wanken. Der Vater, ohnehin sehr häufig auf Reisen, strebte noch mehr nach draußen. Die Position des Heiratskandidaten von Germai-

ne stärkte sich, denn Louise hatte immer offenes Mißtrauen gegen dessen »ernste Absichten« gehegt. Und Annette begann über sich und ihre Familie zu reflektieren und damit zugleich über die innere Spaltung zwischen ihrem Mutterland und ihrem Vaterland, als dessen gelungene Akkulturation ihr die Schwester Louise galt, die *»mit ihrem an die Hölderlinsche Hesperie erinnernden Namen zum Modell für das abendländische Europa wird.«*[4]

Annette Kolb war zu spät geboren, um ihre kulturelle Doppelzugehörigkeit nicht als Riß zu empfinden. In Deutschland fühlte sie wie die französische Marianne und in Frankreich wie der deutsche Michel. Nur zu gerne wollte sie zwischen den beiden eine gute Verbindung fördern! Da gab es viel zu tun, denn seit dem Deutsch-Französischen Krieg hatte sich die Welt radikal verändert. Die Wiederherstellung der verlorengegangenen Harmonie zwischen den beiden Völkern wurde Annette Kolbs Mission und zugleich Mittel ihrer lebenslangen Selbstbehauptung. Die gründerzeitliche Verherrlichung des Krieges und der Machtäußerung setzte ihren pazifistischen Versöhnungsbestrebungen allerdings Grenzen, was sie immer wieder frustrierte. Für Annette Kolb wie für den gleichaltrigen Heinrich Mann bildeten Frankreich und Deutschland die Keimzelle eines vereinten Europa. In den zwanziger Jahren stellte sie sich Wien als dessen Hauptstadt vor, was mit ihrem besonderen Verhältnis zu Österreich zusammenhing und mit den Ideen des österreichischen Grafen Coudenhove-Kalergi. Der Graf hatte die Paneuropa-Bewegung ins Leben gerufen, die Annette Kolb mit Interesse verfolgte und deren Kongresse sie eine Zeitlang besuchte. Der Adlige hatte 1924 ein »paneuropäisches Programm« aufgestellt, worin er ein militärisches, politisches und wirtschaftliches Bündnis zwischen allen demokratischen Staaten des Kontinents forderte. Dieses Papier übersandte er den französischen Parlamentariern. Zwei Jahre später konstituierte sich in Wien der erste »paneuropäische Kongreß«, der dem Bemühen galt, die Beziehungen innerhalb Europas enger zu knüpfen, um einen neuen Krieg zu verhindern. Als sie die Aussichtslosigkeit dieser Bemühungen erkannte, nahm Annette Kolb nicht mehr an den Kongressen teil. Sie war um eine Illusion ärmer geworden.

Zusätzlich zu ihrer inneren Spaltung und der damit verbundenen politischen Unzufriedenheit geriet für die junge Annette Kolb auch das Bewußtsein vom angemessenen Frausein ins Wanken. Die Zwanzigjährige stand mit diesem Empfinden nicht allein: In den 90er Jahren des 19. Jahrhunderts war ein verbreitetes Unbehagen spürbar, das die Frauen erfaßte. Die Frauenbewegung organisierte sich. In München wurde 1894 ein »Verein für Fraueninteressen und Frauenarbeit« gegründet, und in Berlin fand der erste internationale Frauenkongreß statt.

Annette war noch nach den Erziehungsidealen »feinster Kreise« erzogen. Diese seien aber wie feinste Nadeln um so gefährdeter, zu brechen und stumpf zu werden, schrieb sie in ihrem Aufsatz »Alarmglöckchen« von 1911. Wie die anderen Essays »Der unverstandene Mann«, »Der neue Schlag« oder »Torschlusstypen« handelt auch er von der Veränderung der Geschlechter. Vom Mann ist da allerdings wenig zu erhoffen, denn er sei *»wie ein eitler Krämer, ein verkappter aber unverbesserlicher Bourgeois. Das Leben ist ihm ein großes Federbett, in dessen Daunen er seine Existenz so behaglich versenkt, daß von einem Niveau, einem Überblick keine Rede mehr sein kann.«* Anders die neuen Frauen: *»Und es handelt sich heute, ich sagte es schon, um das letzte Wort der Frauenpsyche: ihren seltsam verwobenen, niemals ungetrübten Drang, auf ihre eigene Schwäche, wie auf eine Schlange den Fuß zu setzen, [...] denn die kalte Luft, die jetzt über sie hinweht, ist ihrem Wachstum günstig, und ihre Evolution könnte sich sehr wohl dadurch vollziehen, daß die Männer immer degenerierter werden.«*

Allzu viele Hoffnungen setzte Annette Kolb jedoch nicht in die Frauenbewegung: *»Es wird künftig viel von Liebe, wenn auch nur wenig mehr von Frauenrechtlerinnen die Rede sein.«*[5] Leider sollte sie recht behalten. Die Bemühungen vieler Frauen um Freiheit, Frieden und Selbstbestimmung gingen im hemmungslosen Imperialismus der chauvinistischen Nationalisten der Vorkriegsjahre unter.

Annette verkehrte unter anderem im Hause der angesehenen Münchner Familie Pringsheim, in der die Kinder nach althergebrachtem bürgerlichem Ideal erzogen und die einzige Tochter

Katia besonders sorgfältig auf den künftigen Mann vorbereitet wurde. Katia nahm dies gewissermaßen wörtlich – und wurde später die Gattin Thomas Manns.

Pringsheims führten ein großbürgerliches Haus, in dem fast alle Musiker und Künstler verkehrten, die Berühmtheit erlangen sollten. München war für sie eine attraktive Stadt: Seit Annettes Geburt hatte sich die Einwohnerzahl bis 1895 mehr als verdoppelt, das prosperierende Leben versprach Brot und Ruhm. Thomas Mann war kurz zuvor nach München gezogen, Wassily Kandinsky, Max Halbe, Alexej von Jawlensky kamen in die Stadt und Richard Strauss war schon Erster Hofkapellmeister. Sie alle verkehrten ebenso wie die Maler Fritz August Kaulbach, Franz von Stuck und Franz von Lenbach im Haus des Ordinarius für Mathematik, Alfred Pringsheim. Seine literarisch sehr interessierte Gemahlin Hedwig zog ebenfalls viele Musensöhne und -töchter an. Es gab einen Musiksaal im Hause, der auch einen besonderen Anziehungspunkt für Annette Kolb darstellte. Es wurde viel gespielt, und Sänger/innen der Oper fanden sich manchmal bereit, die musikalischen Darbietungen durch ihre Kunst zu bereichern. Als Annette das heute bekannteste Mitglied der Familie Pringsheim kennenlernte, war sie fünfundzwanzig Jahre alt und das Mädchen Katia zwölf. »*Annette Kolb kannte ich lange, ehe ich Thomas Mann kannte. Ich kannte sie seit meinem zwölften Jahr. Sie verkehrte in meinem Elternhaus und schrieb damals schon. Wir standen uns immer sehr herzlich. Ich duzte mich auch mit ihr von Kindheit an.*«[6]

Katia heiratete mit 22 Jahren und kann aus heutiger Sicht als Prototyp einer Frau angesehen werden, die nur für ihren genialen Mann gelebt hat. Mittelpunkt ihres Lebens war immer »der Zauberer« Thomas Mann. Pikanterweise wurde schon damals, als die Kolb bei den Pringsheims verkehrte, kaum mehr erwähnt, daß Katias Großmutter eine bekannte deutsche Frauenrechtlerin war: Hedwig Dohm, die erst nach der Erfüllung ihrer Erziehungspflichten mit provokanten Schriften die Frauen aufzurütteln begann. Sie schrieb über Ehe, Mutterschaft, Erziehung zum Stimmrecht, Natur und Recht der Frauen, sie brach Tabus und schrieb über die sexuelle Moral der Frau und über das Alter. Auch in ihrer Schrift »Die Antifeministen«, die 1902 erschien, bricht sie ein Tabu und erzählt über ihre Gefühle während ihrer fünf Schwangerschaften. Wahrscheinlich wollte sie der wiederaufkeimenden Mutterideologie entgegenwirken. Auch ihre Romane und Novellen behandeln die gesellschaftliche Situation der Frauen. Durch ihre radikalen feministischen Theorien gilt sie als zentrale Vordenkerin der Deutschen Frauenbewegung. Hedwig Dohm hatte sich geistig befreit; ihr Gedankengut real umzusetzen war ihr nicht vergönnt. Ihre Hauptforderung war das aktive und passive Wahlrecht für Frauen, damit durch deren öffentliche Teilnahme an der Politik Veränderungen in Gang kommen konnten.

Durch das Übersetzen spanischer Literatur hatte Hedwig, die mit Ernst Dohm, dem Redakteur einer satirischen Zeitschrift verheiratet war, Selbstvertrauen und Mut gewonnen. Ab 1872 veröffentlichte sie ihre Streitschriften zur Stellung der Frauen. Den Gatten ihrer Enkelin konnte sie nur als »Räuber« an deren geistigem Streben empfinden; Katia hatte kurz vor dem Doktorexamen in Mathematik alles zu Gunsten von Ehe und Mutterschaft aufgegeben. Für die streitbare Großmutter, die selbst noch keinen Zugang zu Abitur und Studium gehabt hatte, muß das unerträglich gewesen sein. Sie litt, genau wie später Annette Kolb, zeitlebens unter ihrer unzureichenden Mädchenbildung.

Dohms Auffassung, daß die Menschen durch Bildung zu besseren Individuen würden, teilte auch die Kolb. Beide waren einsame Ruferinnen in der Wüste. Bis kurz vor ihrem Tod, im Juni 1919, beteiligte sich Hedwig Dohm an der Diskussion über die Frauenemanzipation und den Krieg – ohne je ihre Angst vor der Öffentlichkeit zu überwinden und eine der Reden zu halten, zu denen sie aufgefordert wurde.

Da Annette Kolb sich sehr bewußt war, daß mangelnde Kenntnisse die Abhängigkeit der Frauen verstärken, begrüßte sie es, als endlich um die Jahrhundertwende damit begonnen wurde, Frauen auf eine berufliche Ausbildung vorzubereiten. Versuchte sie doch selbst seit einigen Jahren, ihr Schreiben zum Beruf zu machen! Als Sozialistin wollte sie sich allerdings nicht verstanden wissen. Sie meinte aber, die Europäerin sei in aufsteigender Linie begriffen, seit sie vernünftig erzogen werde und etwas

Tüchtiges lerne. Seit sie ihren Himmel nicht mehr so ausschließlich in einer Verheiratung erblicke, während sich ihre Panik auf ein eventuelles »Keinen-Mann-Kriegen« konzentriere, *»seitdem haben sowohl der ›Backfisch‹ wie die ›Gans‹ ein wenig von ihrer Rassereinheit verloren. In den Köpfen der Mädchen wurde ja die Leere prinzipiell gezüchtet, und durch das bißchen Geographie und Klavier der bedauerlichen Tatsache ihres Nichtbeschäftigtseins nur noch mehr Nachdruck verliehen. Nicht jede brauchte ja mein Pech zu haben und sieben Jahre lang wie Laban zu dienen, ohne einen Artikel anzubringen.«*[7]

Dieses Pech hat die junge Annette Kolb dazu bewogen, auf ein Angebot aus Florenz einzugehen. Für freie Kost und Logis spielte sie vierzehn Tage jeden Abend Klavier bei einer Engländerin, die ein Buch über Musik schreiben wollte. Die Zeit unter einem Dach mit der spleenigen Dame schildert sie in ihrer Novelle »Spitzbögen«. Es war die Zeit, in der sich Annette Kolb ausmalte, dereinst die Welt als »geniale Dirigentin« zu überraschen. Voll jugendlicher Begeisterung nahm sie das Angebot an, hoffte sie doch, während der freien Tageszeit ausgiebige Besichtigungen in Florenz machen zu können. Groß war die Enttäuschung, als sich herausstellte, daß die Villa der »englischen Spinster« zwei Stunden Fußmarsch von der Stadt entfernt lag, ohne jegliche Verbindung zu einem Verkehrsmittel. Die Folge war, daß Annette meist erst in der Dunkelheit zurückkehrte. Einmal geriet sie in eine äußerst gefährliche Situation, da sie den Versicherungen der Engländerin Glauben geschenkt hatte, sie könne ohne Bedenken zu jeder Zeit den Fußweg benutzen. *»Der Takt der fernen Schritte wurde deutlicher, und unwillkürlich ging auch ich ein wenig strammer. [...] Nur eine Minute vielleicht und die Schritte würden mich überholen [...] Schnell wie eine Kugel flog ich da über den schmalen Graben [...] Denn alles hatte ja ausgesetzt, und es gab für mich nichts mehr als diesen Himmel über mir und die hastig schlürfenden Schritte, die jetzt innehielten, als horche einer, wo denn die meinigen blieben; [...]«*[8]

Aufgelöst kam sie in der Villa an und hielt ihre ausgestandene Angst für töricht. Wie gefährlich der Heimweg im Dunkeln wirklich war, erfuhr sie am nächsten Tag von einer Freundin des Hauses. Annette fühlte sich von der englischen »Hexe« förmlich eingefangen. An deren Tisch verwandelten sich die Speisen zu »ungenießbarem Schilf« und machten sie unfähig, einen Bissen zu schlucken. Die Hausherrin wunderte sich, wovon ihr junger Gast lebte. Ohne die liebevolle heimliche Fürsorge des Hausmädchens Cara wäre sie wohl halb verhungert zu Hause in München angekommen.

Unbestrittene Tatsache ist allerdings, daß Annette Kolb auf ihre schmale Silhouette achtete und auf üppige Mahlzeiten keinen Wert legte. Sie bevorzugte auch überschlanke Frauen als Heldinnen ihrer Romane und Geschichten. Die ästhetische Vorliebe der Dichterin entsprach durchaus dem Schönheitsideal der Jahrhundertwende. Frauen sollten nicht nur nervös sein, sondern auch so aussehen: schlank, spitz und ein wenig hysterisch. Dem Bräutigam ihrer Heldin Daphne legt sie in »Daphne Herbst« beispielsweise die Worte in den Mund: *»Mit deinem Gewicht stimmt etwas nicht, was fang' ich an mit einer Frau, die mir davon fliegt.«*[9] Katia Mann überlieferte uns aus den Beobachtungen ihrer Jugendzeit, die hübsche Germaine habe ihre Schwester immer damit aufgezogen, daß sie so dünn und mager sei. Annettes Replik darauf lautete, ein Salzfaß sei besser als ein Plumeau.

Annette Kolbs Devise war: *»Der eine speist, der andere*

wohnt über seine Verhältnisse, und das bleibt so ein Leben lang [...]«[10], und wenn sie sich zwischen beiden Verhaltensweisen entscheiden mußte, wählte sie meist die zweite. Ließ sie ausnahmsweise den Speisen den Vortritt, triumphierte fraglos das Besondere über profane Ernährungsfragen. Ihr untrügliches Qualitätsbewußtsein konnte zu skurrilen Wünschen führen. So rief die in die Jahre gekommene Annette Kolb ihren Schriftstellerkollegen Joseph Breitbach morgens um sechs Uhr an und bat ihn, sie nach Chartres zu fahren – nicht um die Kathedrale zu besuchen, sondern um russische Bonbons in einer Konditorei zu kaufen, die es in Paris nicht gab. Dem Aphorismus des Terenz zufolge, daß »Der Mensch ist, was er ißt«, liebte Annette Kolb solche Extravaganzen und stilisierte sie.

Nach drei Wochen als Vorspielerin und Inspirationsquelle jener Lady in Florenz war der Alptraum endlich zu Ende, ausgehalten hatte Annette Kolb ihn nur wegen der Musik: »*Es kann geschehen, daß ich vom Blatt begleite auf eine Weise, die jeden Musiker empfinden läßt, welche Entbehrung es für mich ist, ohne Musik zu leben, und mir wird zumute gewesen sein wie einem plötzlich freigelassenen Pferd, das über eine Ebene voll Sonnenlicht und Schatten fliegt. Nichts kommt seinem Rauschen gleich. Von solchen Augenblicken wahren Lebens erwache ich zum Tode des Alltags wie ein Gefangener aus seinem Freiheitstraum.*«[11]
Die nächsten beiden Besuche in Italien, mit nur wenigen Monaten Abstand voneinander, gerieten ebenso glücklos. In »Spitzbögen« schildert die Schriftstellerin sehr anschaulich ihre weiteren florentinischen und römischen Mißgeschicke. Diese waren auch geprägt von Kolbs wesenseigener Zerstreutheit, die ein Zimmermädchen in Florenz sogar für einen Tag ins Gefängnis brachte. Annette hatte zur Vorsicht ihr Geld in einem Säckchen verstaut, das sie an Bändern befestigt unter ihren Kleidern um den Hals trug. Als sich ein Band löste und das Säckchen hinter die ausgebuchtete Gürtelschnalle gerutscht war, glaubte sie, das Zimmermädchen habe sie bestohlen. Erst am nächsten Tag klärte sich der Irrtum auf. Die Rache der aufgebrachten, in ihrer Ehre gekränkten Italienerin fürchtend, verließ Annette fluchtartig bei Morgengrauen die Stadt.

In solch verwirrende Situationen sollte sie in ihrem Leben häufiger geraten und meinte, die Zerstreutheit habe sie vom Vater geerbt. Liebevoll schildert sie ein Erlebnis des noch jungen Max Kolb in Paris: *»Seine Zerstreutheit war ungemein, und er hatte es schon früh aufgeben müssen, einen Schirm zu kaufen, da er ihn regelmäßig schon am ersten Tage verlor. So pflegte er denn bei schlechtem Wetter seine alten Kleider zu tragen, und also angetan bestieg er eines Sonntags den Omnibus, [...] wo er in Gelächter ausbrach. Oben nämlich, in seinem besten Anzug, den er, um ihn zu schonen, zu Hause gelassen hatte, saß sein Diener und fuhr im strömenden Regen frohgemut dahin.«*[12]

Annettes Verhältnis zu Dingen und Gegenständen des alltäglichen Gebrauchs war ebenso nachlässig. Es war für sie von zweitrangiger Bedeutung, wenn sie etwas verlor. Sie wurde zu einer Meisterin der Improvisation, die sich in jeder mißlichen Lage, in die sie sich durch ihre Zerstreutheit brachte, sofort zu arrangieren wußte. *»Kleidungsstücke, Handtaschen, ausgefertigte Schecks, Pässe, wichtige Briefe [...] hinter ihr schwebt ein Kometenschweif anvertrauter und vermißter Gebrauchsgegenstände. [...] der Kometenschweif wird zum Jupiterring, verengert sich zur Aura und diese Aura berührt zauberisch Annettes zahlreiche Freunde, die sich fortan nichts besseres wünschen, als für die Dichterin bei Tag und bei Nacht zu suchen und wiederzufinden.«*[13]

Die italienischen Mißgeschicke hielten Annette Kolb nicht davon ab, noch öfter in das schöne Land zu fahren. In Fiesole bei Florenz hatte sie nahezu visionäre Erlebnisse: *»Denn Leopardis Seele war mir auf jenem Hügel aufgegangen. Ja, solche Klagen mußten sich ihr entringen, ein so herbes Echo mußte dies blühende, von Glanz und Duft umwobene Land erwecken, das in seiner stillen Morbidezza zwischen dem Hades und der Erde eingeschoben scheint.«*[14] Der mit neununddreißig Jahren 1837 verstorbene Dichter Graf Giacomo Leopardiardi hatte sich in seiner Jugend vom streng gläubigen und konservativen Christen zum säkularistisch denkenden Pessimisten gewandelt, der mit Begeisterung die Bewegung der italienischen Patrioten verfolgte. Er war einer der größten Sänger des Weltschmerzes und kämpfte poetisch gegen die theologisierende christliche Philosophie. Sein

»Zibaldone« und »Operette morali« gelten als einzigartig in der italienischen Literatur. Vielleicht fühlte sich Annette Kolb auf ihrer religiösen Sinnsuche wie die »trostlose Ginestra« aus Leopardis Versen, als sie den französischen Kirchenhistoriker Louis Duchesne traf.

Sie war auf Einladung von Camille Barrère nach Rom gefahren, wo Barrère seit 1897 Botschafter Frankreichs war. Im Palazzo Farnese begegnete sie zum ersten Mal Louis Duchesne, der ihr zu einer Neuordnung ihrer religiösen Vorstellungen verhalf. Seit ihrer Kindheit in der Klosterschule hatte dogmatischer Glauben in ihr heftigen Widerstand ausgelöst. In einem Artikel von 1900, »Die Apotheose«, teilt Annette Kolb die Menschen, was ihre seelische Beschaffenheit angeht, in zwei Klassen, die religiösen und die unreligiösen. *»Denn die Religiosität ist ein sechster Sinn, ein bewusstes oder unbewusstes inneres Schauen, und sie hat mit dem Dogma eine sehr bedingte und leider immer noch so häufig verkannte Beziehung.«*[15] Nun, durch die Gespräche mit Duchesne, erkannte sie, daß sie gläubig katholisch sein durfte, ohne klerikal orientiert sein zu müssen, denn den Klerus lehnte sie ab. Der fortschrittliche Kirchenhistoriker hatte, wie einige andere in jener Zeit, einen schweren Stand in der Amtskirche. Papst Pius X. verurteilte 1909 Modernismus in der katholischen Kirche, und ab 1910 mußte jeder katholische Priester den »Antimodernisteneid« schwören.

In Fragen des Kultus allerdings blieb Annette Kolb konservativ, was mit ihrer ausgeprägten Vorliebe für feierliche Ästhetik zusammenhing. *»Große Musik, alle wahre Kunst, waren sie nicht seit einst und je eminent katholische? Aber ein flutendes Meer wurde zum ungespeisten Gewässer, das Universale zu etwas Eingleisigem verdrängt, die Sache, deren Schlagwort Elastizität ist, zur verdrießlichen Enge, keine Brücken mehr zum alten Hellas, das sich wie ein elementarer Auftakt der messianischen Zeit aus der Versenkung hebt.«*[16] Sie liebte die starke bildnerische Ausdrucksform und die üppigen Riten des katholischen Glaubens. Der Besuch einer barocken Kirche konnte sie zu wahren Begeisterungsstürmen hinreißen, wie beispielsweise in der Schweiz in den ersten Monaten ihres Exils: *»Aber welche Messe! In einem sehr alten, dem See gegenüberliegenden und köstlichen*

Bau: *Traumhafte Fresken, das übrige mit roten, langverjährten, rosagewordenen Damasten ausgeschlagen. Die Schellen, die der Ministrant in Bewegung setzt, erklingen abgetönt und sind gewiß aus Silber, Weihrauchwolken steigen vom Altar. [...] Endlich wieder eine schöne Kirche. Die in Bern hatte ich aufgeben müssen, denn so war die Messe wirklich nicht gemeint.*«[17] Protestantische Gotteshäuser waren ihr zu kahl, und die protestantische Religion fand sie zu kraftlos. »*Die fürchterlichen Lutherischen Kirchen, das toteste an Architektur, was in der Welt zu sehen ist, sind Geist von seinem Geiste.*«[18]

Diese Einstellung, die sie nie änderte, führte fast vierzig Jahre später zu dem temperamentvollen Essay »Letztes Albumblatt«, in dem Annette Kolb sich für die Erhaltung der lateinischen Messe einsetzt. Sie sah in der katholischen Liturgie eine Kunstform und wollte nicht einen zweitausend Jahre alten Kultus gefährdet sehen.

Nicht nur Glaubensfragen bewegten die junge Annette Kolb in Italien. Ihre ganze Sorge galt auch der Suche nach »den letzten Dingen«, auf die sie in der Philosophie Schopenhauers keine befriedigende Antwort gefunden hatte. Durch Richard Wagner glaubte sie ihrem Ziel näher zu kommen. Auf den Spuren ihres »Meisters« wandelnd, »erachtete sie sich als ein Wagnerisches Produkt«. Venedig, die italienische Heimat des Komponisten, war für sie Musik, »die süß das gequälte Herz durchbohrt«. Als sie einmal Venedig am Todestag von Wagner verließ, deutete sie diese Abreise als Wendepunkt in ihrem Leben und als Abschied von der Jugend.

Annette Kolbs gute Kenntnis der italienischen Sprache weckte ihre Neugierde für die Briefe der Katharina von Siena. Die Frau, die ihr da begegnete, erschien ihr trotz aller historischen Distanz seelenverwandt. Die Gemeinsamkeiten, die sie zwischen dem Wesen dieser Heiligen und dem eigenen Charakter ausmachte, führten zu ihrer ersten größeren übersetzerischen Arbeit, die 1906 erschien. Der unbeugsame Wille von Katharina, allen Widerständen zum Trotz ihre Überzeugungen missionarisch in die Welt zu tragen, hat Annette Kolb tief beeindruckt. »*Catharina wäre uns heute so stumm wie viele ihrer heiligen Geschwister,*

43

die im Kalender stehen, wäre sie nicht als Frau so unvergäng-lich! – modern bis in die Fingerspitzen – als Frauenrechtlerin vielleicht die einzige, die ganz unserem Geschmack ent-spricht!«[19]

Was den Ausdruck »Frauenrechtlerin« betrifft, bewahrte sich Annette Kolb allerdings nicht die Einstellung ihrer Jugend. Als der Aufsatz über Katharina von Siena im Jahre 1954 noch ein-mal in der Essaysammlung »Blätter in den Wind« veröffentlicht wurde, hatte sie hinter dem Begriff Frauenrechtlerin angemerkt: »(O des greulichen Wortes!)«. Die Anpassung der 84jährigen an die restaurative Adenauerzeit mag man ihr nachsehen. Sie war des Kämpfens müde.

Annette und die Rolle der Frauen

Trotz aller zeitgemäßen Konventionen waren die Kinder der Familie Kolb in einer ausgesprochen liberalen Atmosphäre erzogen worden: »*Diese mussten immer frei bleiben, frei, ihre Ansicht, gelegentlich ihren Hohn zu äussern. Das andere war Entwürdigung.*«[1] Diese Unterstützung aus dem Elternhaus, frei heraus sagen zu können, was sie dachte, ohne Sanktionen fürchten zu müssen, bot die Basis für eigenständiges Denken. Annette Kolb hatte nicht mit den »typisch weiblichen« Schwierigkeiten zu kämpfen wie viele ihrer Geschlechtsgenossinnen. Ihr Ringen um Selbständigkeit wurde akzeptiert und nicht durch familiäre Zwänge unterdrückt oder gar mit einem Hinauswurf bestraft wie beispielsweise bei ihrer Zeitgenossin Franziska zu Reventlow. Annettes dem gesellschaftlichen Schönheitsideal wenig entsprechendes Äußeres trug dazu bei, daß sie nicht von allzu vielen Heiratskandidaten umringt war. Dies hat sie nie bedauert, weil sie darin den Vorteil erkannte, sich mehr auf die eigenen Talente konzentrieren zu können. Ihr Sinn für ästhetische Harmonie ließ sie allerdings bewußt empfinden, daß sie das gefragte Ideal nicht erfüllte. Als erwachsene Frau schildert sie ein Kindheitserlebnis, das auf ihre Sehnsucht nach Vollkommenheit hinweist: »*Ein Traum von einem elfjährigen Mädchen nämlich wohnte schräg gegenüber. Früh schon lief ich in den Garten und wartete am Gitter, bis sie mit ihrer Gouvernante hervortrat [...] Ich sehe noch die Wendung ihres runden, aparten Köpfchens, die vielen schmalen Zöpfe, die es umwanden. Woher kam so viel Grazie?*«[2]

Ihre eigene von Thomas Mann bespöttelte »mondäne Häßlichkeit, mit elegantem Schafsgesicht« hat immerhin dazu beigetragen, daß sie ihre Selbstverwirklichung in den Vordergrund stellte, anstatt ihre Identität den Forderungen eines Mannes zu opfern. So konnte Annette Kolb schöpferisch tätig sein und Schriftstellerin werden in einer Zeit, die Frauen lieber in der Rolle der Erzieherin, Pädagogin oder Sekretärin sah. Ihre Garderobe allerdings blieb immer betont weiblich, sie war kein Georg-Sand-Typ. Mit ihren eleganten Kostümen und vor allem ihren Hüten, die sie sogar in der Wohnung trug, wenn Gäste kamen, signalisierte sie Stil und Unabhängigkeit.

Annette Kolb trug der Mode des fin de siècle entsprechend Kleidung mit Wespentaille und zu hohem Busen korsettiert, mit Spitzenbluse, Bolero und bizarren Hüten. Mit der Zeit fand sie immer mehr zu ihrem persönlichen, einfachen Stil, bei dem die immergleiche Gliederkette zu ihrem Markenzeichen wurde. Complets aus weich fließenden Uni-Stoffen mit Schluppenblusen erinnern an den Stil der frühen Coco Chanel, der daran gelegen war, daß Frauen zu ihrer neu gewonnenen Freiheit auch die richtige Kleidung trugen. Zu Annette Kolbs selbstverständlicher Ungezwungenheit gehörte auch das ungenierte Rauchen in der Öffentlichkeit, dem damals noch etwas Verruchtes anhing. Mit ihrer Zigarettenspitze der Marke »Denicotea« strahlte sie mondänes, befreites Selbstbewußtsein aus. Bis ins hohe Alter rauchte sie fast nur mit Spitze, da sie der Meinung war, nur so sei Tabak verträglich.

Annette Kolb wußte ihre Kleidung geschickt einzusetzen, wenn es darum ging, Wirkung zu erzielen oder, wie sie es nannte, die »geistige Schminke« zu unterstreichen: »*Wie dem auch sei, ich trug an diesem Tage ein, wenn auch nicht neues, so doch neu beschlagenes Kleid mit halblangen, weit auslaufenden Ärmeln. Beim Gehen glockten sie ganz leise ab und zu und hingen dann still, bevor sie sich von neuem bewegten. Also gepanzert, höchst intangibel und durchaus bestechend ging ich [...] auf ihn zu.*«[3] Für eine ihrer besten Freundinnen, Ilse Gräfin Seilern, schrieb Annette Kolb einen »Anlauf zu einem Modebrief«, worin sie von zwei Tischgefährtinnen berichtet, die ihre Strümpfe als zu hell deklariert hatten. Empört habe sie dies zurückgewiesen und wurde belehrt, daß die Farbe seit dem Frühjahr unmodern sei. Frau Kolb erwies sich als der Lage durchaus gewachsen und erklärte geistesgegenwärtig ihre veraltete Bestrumpfung zum neuesten Modeschrei: »*Indes nahm ich direkte Fühlung,*

*Annette Kolb im Jahr 1916, fotografiert
von ihrer Freundin Thea Sternheim.*

und helle Strümpfe meine Damen, helle Strümpfe sind wieder das Gebot in Paris. Hell einzig und allein der Strumpf. So war's vor einem Monat. Bis wir es nachmachen, ist es drüben schon wieder anders herum [...]«[4]

Annettes Bewußtsein für die »Spezifischkeiten der Frau« war jedenfalls schon geweckt, als das Thema allmählich in den besseren Kreisen Münchens gesellschaftsfähig zu werden begann. 1882 schon wurde der »Münchner Künstlerinnen-Verein« gegründet. Anita Augspurg, später eine der führenden Vertreterinnen der radikalen Frauenbewegung, eröffnete 1887 gemeinsam mit ihrer Freundin Sophie Goudstikker das Fotoatelier »Elvira«, das in den folgenden Jahren sehr erfolgreich war. Neben vielen bekannten Persönlichkeiten aus der Münchner Gesellschaft haben sich dort kulturell einflußreiche Frauen wie Lou Andreas-Salomé, Helene Böhlau, Ricarda Huch, Gertrud Bäumer, Franziska zu Reventlow und die Leiterin des Münchner »Vereins für Fraueninteressen«, Ika Freudenberg, ablichten lassen. Die Rheinländerin Ika war seit 1894 in München und noch im gleichen Jahr in den Vorstand der gerade gegründeten »Gesellschaft zur Förderung der geistigen Interessen der Frau« aufgenommen worden. Fast alle diese Frauen waren Mitglieder des Vereins. Die wöchentlichen Vorträge im Kunstgewerbehaus soll mitunter auch Rainer Maria Rilke besucht haben. Es war überhaupt ein Charakteristikum der Münchner Frauenbewegung, daß sie zahlreiche Männer für ihre Aktivitäten gewinnen konnte. Fünf Jahre später markierte die Umbenennung der Gesellschaft in »Verein für Fraueninteressen« den Wechsel vom kulturpolitischen zum sozialpolitischen Engagement.

Der Dramatiker Henrik Ibsen lebte schon seit 1875 in München und fand für seine Dramen eine hohe Aufnahmebereitschaft. 1880 wurde seine Nora mit Marie Ramlo in der Titelrolle in München uraufgeführt. Annette Kolb, die als Jugendliche vom Können der Schauspielerin beeindruckt gewesen war, schätzte Marie Conrad-Ramlo auch später sehr. In einem Brief vom 7. Februar 1913 an den vier Jahre jüngeren Dichter Hugo von Hofmannsthal, der »an das sehr nette und musikalische, aber sehr arme Fräulein Annette Kolb« ab und zu über den Intendanten des Hoftheaters eine Karte schicken ließ, seufzte sie: »wenn man doch eine Ramlo hätte« und bedauerte sehr, daß bislang keine Schauspielerin die Rolle so ausfüllen konnte, wie es die Ramlo in den verklärenden Jugenderinnerungen der Dichterin getan hatte.

Im Hoftheater fand Ende Januar 1891 die Uraufführung von Ibsens »Hedda Gabler« statt. Hedda ist eine von Ibsens großen Frauengestalten, die nicht dazu geschaffen waren, sich in der Rolle der Hausfrau und Mutter zu erschöpfen. Die schöne und anspruchsvolle Tochter eines Generals heiratet einen »unoriginellen Fußnotengelehrten«, weil er ihr durch seine bevorstehende Karriere eine standesgemäße Stellung bieten kann. Kurz nach der Rückkehr von einer mehrmonatigen Hochzeitsreise, die der Historiker zu ausgiebigen Studien genutzt hat, erschießt sich die gelangweilte und frustrierte Gattin in der repräsentativen Villa mit einer Pistole aus dem Nachlaß des Vaters. Ob man in ihr eine Hysterikerin oder eine Märtyrerin der Emanzipationsbewegung sieht, durch den Selbstmord hat Ibsen Hedda Gabler jedenfalls zur Heroin stilisiert. Annette Kolb wird Hedda Gabler als eine Frau empfunden haben, die sich vor Skandalen fürchtet. Eine Frau, die vor der Gesellschaft, in der man »so etwas doch nicht tut«, in den Tod flüchtet, anstatt sich gegen sie aufzulehnen. Dies legt ihr Kommentar zu Ibsens Drama »Nora« nahe, das schon 1879 entstand. Annette kannte es gut und machte es Jahre später in dem Essay »Der unverstandene Mann« zum Ausgangspunkt ihres Räsonierens. *»Unsere gute Tante Nora ist doch noch gar nicht so alt! Sie, die unter dem Beifall der ganzen Christenheit, gleichsam mit fliegender Fahne, Mann und Kindern davonlief, und mit so beispiellosem Erfolg, daß auf zwei Jahrzehnte ein schier endloser Zug der Unseren, die von ihren Männern nicht verstanden werden wollten, sich ihr anschloß. Ja, wir heirateten nicht selten gerade daraufhin und kamen als Incomprises von der Hochzeitsreise zurück. Je hübscher wir waren, desto incompriser durften wir dann sein, [...]«[5]* Als solche unverstandenen Frauen muß die Kolb die Gestalten der Hedda und Nora empfunden haben. Das Blatt habe sich aber gewendet, schrieb sie weiter, der Mann sei des Spielens müde, er fände es nun spannender, selbst ein Unverstandener zu sein. Er fände die erlesensten und verständnisvollsten Worte für die Frau, ziehe den Hut vor ihr – und empfehle sich dabei, weil er sie aus seinem Herzen entlassen habe. In der Veränderung des Mannes sah Annette aber auch eine Chance für die Frauen: *»Denn wenn er es höchstens bis zur Genugtuung bringt, indem er sich uns entzieht, so gereicht es uns zum inneren Jubel, wenn wir ohne ihn bestehen.«*[6]

In dieser Aussage Kolbs liegt ein Hinweis zum Verständnis ihres Verhältnisses zu Männern, das sehr distanziert erscheint. Ihr wurde sogar Liebesfähigkeit abgesprochen, weil sie so wenig Neigung zeigte, an unglücklicher Liebe zu leiden. Wenn der Schmerz oder die »Grimmigkeit«, wie sie es nannte, vorüber war, hat sie das Jubelgefühl, ohne Mann auszukommen, sehr genossen und daraus neue Energie gewonnen. Vor diesem Hintergrund wird auch Annette Kolbs »Tick« verständlich, wenn sie bis zu ihrem Lebensende darauf bestannd, mit »Fräulein« angesprochen zu werden. Auch Coco Chanel, der sie sich modisch verbunden fühlte, verbat sich zeitlebens die Anrede »Frau«. Zudem behielt Kolbs Aphorismus *»Frauen, die keinem Mann gehörten, behalten eine Aktie auf jeden Mann«*[7] seine Gültigkeit.

Annettes größter Förderer, der Schriftsteller Franz Blei, befaßte sich in jenen Jahren mit dem Verhältnis der Geschlechter und brachte 1911 ein Traktat mit dem Titel »Gott und die Frauen« heraus, worin er die Behauptungen aufstellte, daß die Frau leide, wenn sie allein sei, und der Mann leide, wenn er nicht allein sein könne. Vergleicht man den Lebenslauf der Reventlow mit Bleis erster These, kann sich ihr Autor durchaus im Recht fühlen. Anders als Annette Kolb konnte Franziska Gräfin zu Reventlow nicht ohne Männer leben. Als die 1871 geborene Komteß 1893 nach München kam, war sie gerade von zu Hause ausgerissen. Die Enge, den gekünstelten Lebensstil und den Standesdünkel ihrer Hamburger Familie hatte sie nicht länger ausgehalten. Enterbung war die Strafe für so viel Eigensinn. Ein Gönner aus Hamburg, der Assessor Walter Lübke, gab der jungen, ungewöhnlich schönen Frau das Geld für ein Studium der Malerei in München. Als sie in der Stadt ankam, glaubte sie zu träumen; so viel Freiheit war sie nicht gewöhnt. Sie stürzte sich ins Künstler-

und Bohemeleben und glaubte hinter die Kulissen zu gucken. Nach einem Jahr allerdings kehrte sie dem Trubel den Rücken, reiste zurück und heiratete Walter Lübke. Nach der Geburt des gemeinsamen Kindes, das bald schon starb, kehrte sie nach München zurück und hatte die Heirat schnell vergessen. Nach der gescheiterten Familiengründung stürzte sie sich in neue Abenteuer und bekam 1897 den heißgeliebten Sohn Rolf. Den Namen des Vaters gab sie nie preis. Sie ließ sich von Walter Lübke scheiden und erhielt ein kurzes Engagement am Gärtnertheater. Es folgte eine Zeit erster Depressionen, denn es fiel ihr schwer, für sich und das Kind zu sorgen. Die Reventlow bettelte um Arbeit, versetzte ihren Schmuck und wurde von einem Verlag, für den sie übersetzte, ausgebeutet. 1904 gelang es ihr, den »Schwabinger Beobachter« herauszugeben, eine Zeitschrift, die sich mit dem quirligen Leben im Münchner Künstlerviertel befaßte, an dem die sinnenfrohe Franziska selbst regen Anteil nahm. Sie wurde zur Muse der Schwabinger Dichterwelt und zu einer Virtuosin der Geselligkeit. Dem Philosophen Ludwig Klages, einem ihrer besten Freunde, gestand sie, daß sie nur lebe, wenn sie erotisch lebe.

Einige Jahre zuvor hatte Franziska zu Reventlow Rainer Maria Rilke kennengelernt. Der Poet verehrte ihr zuhauf Rosen und Gedichte. Rilke war auch ein Freund von Annette Kolb, aber da sie keine erotischen Ambitionen hegte, ließ sie sich von ihm literarisch fördern und folgte gerne, genau wie er, den Einladungen auf Herrensitze und Schlösser in ganz Europa.

Der Erzähler, Dramatiker und Lyriker Alfred Walter Heymel gehörte ebenfalls zu den ersten Förderern von Annette Kolb. Er wohnte seit 1909 in München und hatte dort schon 1899 mit zwei Kollegen die Zeitschrift »Die Insel« gegründet. Außerdem war er Mitarbeiter von anderen Zeitschriften, so auch des »Hyperion«, wo Annette im Jahr seines Umzugs einen vierseitigen Dialog »Der Schatten« veröffentlichen konnte. Für Annette Kolb blieb er bis zu seinem frühen Tod am 26. November 1914 ein vertrauter Freund.

Heymel kannte auch Annettes ersten Roman »Das Exemplar«, der 1913 erschien, aber gewiß hat er ihr sein Urteil darüber weniger »blumig« mitgeteilt als Rilke. Der Lyriker jedenfalls hätte Annette am liebsten bergeweise Blumen ins Haus geschickt, um seiner »Freude und Ergriffenheit« Ausdruck zu verleihen, so sehr war er über den »vollkommenen, meisterhaften« Schluß des Romans entzückt. Es war die Heldin des Romans, Mariclée, die es Rainer Maria Rilke angetan hatte, weil sie – Kolbs alter ego – sich der Liebe auf Distanz verschrieb.

Nicht so Franziska zu Reventlow, aber der Preis, den sie dafür zahlte, war hoch. Die Schriftstellerei brachte noch nicht soviel ein, daß sie sorglos leben konnte. So versuchte sie die Situation durch ein neues Abenteuer zu retten und brachte sich erneut in Abhängigkeit. Diesmal war sie gegen ein Vermögen eine Scheinehe eingegangen, aber die Bank, bei der das Geld hinterlegt war, machte Konkurs. Annette Kolb besuchte die Reventlow im Mai 1917 am Lago Maggiore, um sie »zu ernsterer Arbeit anzuhalten«. *»Sie stand am Bahnhof. Wir erkannten einander, ohne uns je gesehen zu haben, und gingen mit einer Art von kalter Vertraulichkeit hinab zum See. Ihr Zynismus kannte keine Grenzen, doch alles mit Grazie. Vom Schreiben wollte sie nichts mehr wissen [...] Ich sprach von ihren Schriften, und daß keine Bücher dieses leichten Kalibers mit ähnlicher Qualität geschrieben worden seien, so blaß, so spöttisch, so geistreich. Aber sie schüttelte den Kopf: es sei zu schwer.«*[8]

In der Zeitschrift »Die Schaubühne« schrieb Annette im gleichen Jahr noch einen Artikel »Über die Bücher der Gräfin Franziska Reventlow« und würdigte diese frühe »Emanze«. Die Depressionen, mit denen Franziska ihre Freiheit bezahlen mußte, hatten sich noch verschlimmert. Im März 1917 schrieb sie in ihr Tagebuch: *»Das ganze Leben ist nur ein System, möglichst wenig nachzudenken, sonst ist es unausstehlich [...]«*[9] Nur ein Jahr nach Annettes Besuch, kurz vor Ende des Ersten Weltkriegs, starb die Muse der Schwabinger Dichterwelt im Alter von 47 Jahren während einer Operation. Annette Kolb wurde mehr als ein halbes Jahrhundert älter, sie hatte sich geschworen, keine Energie auf Männer zu vergeuden. Sie sträubte sich gegen jede Form von Abhängigkeit und legte der Heldin Mariclée in ihrem Roman »Das Exemplar« die Worte in den Mund: *»Irgendwie bin ich im vornherein für den Mann verdorben [...] denn es* *fragt sich, wer mehr zurückbehält: der alle Dinge auskostet, oder der, dem es glückt, sich von keinem fangen zu lassen.*«[10]

Bei dieser Einstellung hätte sie sich eigentlich nicht wundern müssen, daß ihr immerzu die neuesten Schriften über »Modernismus und Frauenbewegung« zugesandt wurden. Im Grunde interessierte sie sich jedoch mehr für Musik und Literatur. Inzwischen fast dreißig Jahre alt, war sie noch nicht verheiratet und sorgte durch ihr Schreiben für den eigenen Lebensunterhalt. Sie war, obwohl sie noch im Elterhaus wohnte, nach damaligem Verständnis keine konventionelle Frau. Ohne männliche Begleitung oder doch zumindest die Legitimation, irgendeiner Institution oder Organisation anzugehören, reiste sie mit dem Zug fast durch ganz Europa. Die gigantische Vernetzung durch den neuen Schienenverkehr machte diese Mobilität möglich. Manchmal, wenn sie länger als geplant unterwegs war, mußte sie sich das Geld für die Rückfahrkarte von zu Hause nachschicken lassen. Wie gewitzt Annette Kolb es verstand, ohne großen finanziellen Rückhalt auszukommen, schildert sie in ihrer Kurzgeschichte »Nie wieder«: »*Als junges Mädchen schon horstete ich einmal drei Monate lang im fünften Stock eines repräsentativen Pariser Hotels. Aber der Rest war Spirituskocher, auch dieser nur geliehen. Und um die Hochstapelei ausgleichen und durchführen zu können, galt es heimliche Besorgungen in Nebengäßchen, hier ein hartes Ei zu erstehen, dort ein Kännchen Rahm, aufrecht wie eine Blume eingeschlagen. [...] Dafür waren alle Säle unten mein [...] und die Zeitungen der ganzen Welt.*«[11]

Bei soviel Selbständigkeit war es nur zwangsläufig, daß sie von der ersten Frauenbewegung wahrgenommen wurde, die genau wie sie selbst ein pazifistisches Anliegen vertrat.

Vom technischen Talent der Frauen schien Annette Kolb allerdings nicht viel zu halten. »*Der Mann ist es, dem die Wunder der Technik geglückt sind. Die Frau, die heute in Flugzeugen und Rennwagen Erstaunliches leistet, hat sich seine Errungenschaften nur zunutze gemacht, von selbst hätte sie wahrscheinlich keine Schraube erfunden. Dennoch ist sie, nicht er, am aufsteigenden Ast.*«[12] In der Tat war es ein Mann, der 1888 auf der ersten Kraft- und Arbeitsmaschinen-Ausstellung in München seine neueste Erfindung, den »Patentmotorwagen« vorstellte. Den Erfolg dieser Erfindung verdankte Carl Benz allerdings seiner Frau. Die Pioniertat der Bertha Benz bestand darin, ohne Wissen ihres Mannes dessen dreirädrige motorisierte Erfindung von Mannheim nach Pforzheim gelenkt zu haben.

Annette Kolb hat zuerst eifrig und dann überdrüssig die mißglückten und gelungenen Flugversuche des Grafen Zeppelin in Presse und Radio verfolgt. Der »Ikarus von Lindau«, der »Flieger über dem Bodensee«, »Der schwäbische Engel« oder »Der komische Graf«, »Der Pechvogel« und »Der neueste Absturz« – die Überschriften schwankten zwischen Begeisterung und Schadenfreude. Sie nahm Berichte über die »bebenden Männerängste« zur Kenntnis, am Ende der Dümmere zu sein. Erst hatten alle den Grafen ausgelacht und sich dann mit seinem Kunstwerk eines lenkbaren Luftschiffes gebrüstet, mit dem er 1899 drei Aufstiegsversuche startete. Im Jahr 1909 war alle Häme gegen Graf Zeppelin vergessen, er wurde Ehrenbürger von München, und auf dem Oberwiesenfeld landete das erste Zeppelin-Luftschiff. Von dieser Faszination war auch bei Annette Kolb etwas hängengeblieben, als sie zwei Jahre später in einer Phase von Depression und Ahnung kommenden Unheils »[...] in Augsburg einen Freiballon bestieg und dieser Welt, über die ich mir keine Illusion mehr machte, in einem kleinen Korb davonflog«[13] – nach zehn Stunden ging sie an der ungarischen Steppe wieder nieder.

Kurz vor der Jahrhundertwende war Annette Kolb entschlossen, sich endlich als Schriftstellerin Reputation zu verschaffen, auch wenn sie zunächst investieren mußte, anstatt zu verdienen. Nur mit kleinen Zeitungsartikeln wollte sie sich nicht mehr zufrieden geben. Sie ließ im Münchner Verlag Putze auf eigene Kosten das Bändchen »Kurze Aufsätze« drucken, das 1899 erschien. Ein Aufsatz trägt bezeichnenderweise den Titel »Adam und Eva«. Hier zeigte sich schon Kolbs ganz persönlicher Stil im Umgang mit einem Thema. Sie war engagiert, wenn es darum ging, ihre Meinung zu äußern, temperamentvoll in der Schilderung der Fakten und abwägend, wenn es um Lösungen ging. Sie konnte sich selbst in Frage stellen, ihre Meinung auch ändern, wenn es die Umstände erforderten. So sollte die Machtübernahme Hitlers bewirken, daß sie ihre radikal pazifistische Einstellung in Frage stellte. War diesem Regime denn wahrhaftig mit friedlichen Mitteln beizukommen?

1899 zog auch die Dichterin Ricarda Huch nach München, der Erich Kästner Ähnlichkeiten mit Annette Kolb zuschrieb. *»Einst glänzte ihr Name, im Dreigestirn, neben Ricarda Huch und Mechtilde Lichnowsky. Wir Glücklichen besaßen drei bedeutende Schriftstellerinnen, drei im Naturell eigenwillig weibliche, drei im Charakter entschlossen männliche Frauen. Man erinnere sich nur ihres gradlinigen, vorbildlichen Verhaltens in politisch abscheulichen Zeiten! Damals waren die drei Schriftstellerinnen wahrhaftig männlicher als viele ihrer laut Geburtsurkunde maskulinen Kollegen!«*[14]

Ricarda Huch machte sich ebenfalls Gedanken über die Lage der Frau. Schon 1902 wies sie in einem Vortrag mit dem Titel »Die Frau zwischen Beruf und Ehe« auf den Balanceakt hin, den Frauen mit Kindern zu leisten hatten. Zu dieser Zeit hatte Ricarda Huch eine kleine Tochter und wußte, wovon sie sprach. Einen Monat, nachdem im November 1918 das Wahlrecht für Frauen eingeführt wurde, schrieb sie den Essay »Gedanken über das Frauenstimmrecht«, der in der Neuen Presse in Wien veröffentlicht wurde. Er begann mit einem provokanten Bekenntnis: »Ich bin gegen das Frauenstimmrecht«; aber da man es nun einmal habe, müsse man Gewinn daraus ziehen. Huch sah in der gesteigerten Teilnahme der Frauen an öffentlichen Angelegenheiten eine Nachahmung der Männer und befürchtete, daß die Frauen männlich und die Männer »weibisch« würden. Die sogenannte Emanzipation könne nicht eintreten, bevor nicht ein Nachlassen der politischen Betätigung seitens der Männer stattgefunden habe. Einen Sinn im Frauenwahlrecht sah Ricarda Huch nur dann, wenn die Frauen aller Schichten solidarisch und nicht auf Parteien eingeschworen seien. *»Möchten die Frauen weniger auf den Mann schwören und sein Wesen und seine Einrichtungen nachahmen, dagegen mehr aus sich selbst schöpfen, damit die Schlagkraft des gesunden Menschenverstandes wieder mehr zur Geltung komme!«*[15] Darin stimmte sie durchaus mit ihrer sechs Jahre jüngeren Münchner Dichterkollegin überein, die den »gesunden Menschenverstand« ebenfalls bei den Frauen für ausgeprägter hielt.

Durch ihr Interesse am Thema »Frau« hatte Annette Kolb auch den Roman »Edisons Weib der Zukunft« (L'Eve future) von Auguste Comte de Villiers de l'Isle-Adam entdeckt. 1909 erschien er in ihrer Übersetzung im Münchner Hyperion-Verlag. Sie hat sich in der ihr eigenen Weise von den darin enthaltenen Schmähungen nicht irre machen lassen. Ihre Meinung über die Männer war längst gebildet, und so konnte sie recht gelassen zur Kenntnis nehmen, was sie später noch einmal in einem Aufsatz verarbeitete: »*Ihre Gattung, meint Villiers de l'Isle Adam, begreift Wesen in sich, die durchaus keine Menschen, allerdings auch durchaus keine Frauen seien. Er tat sich mit dieser Entdeckung viel zugute, und ging so weit, daß er in gewissen ›gänzlich seelenlosen und unmütterlichen Larven‹ einen Spuk der Natur erkannte, und für den Mann das Recht vindizierte, diese problematischen Wesen, die mit jeder Generation einen hohen Prozentsatz verheißungsvoller junger Leute zugrunde richten, wie andere schädliche Reptile einfach umzubringen.*«[16]
Die Schwierigkeiten, mit denen eine Frau in damaliger Zeit zu rechnen hatte, wenn sie die Konventionen durchbrach, sah Annette Kolb sehr deutlich. Jene Frauen, die sich bewußt gegen eine Mutterschaft und für die Unabhängigkeit von Männern entschieden, hatten es besonders schwer. Zu dieser Gruppe zählte sie sich durchaus, daher verbarg sie sorgfältig die eigene Verletzlichkeit und Sensibilität. Sie war fest entschlossen, nicht emotional zu scheitern wie die Reventlow oder wie Else Lasker-Schüler mit ihrer tragischen Beziehung zu Gottfried Benn. Diesen Selbstschutz gestand Annette Kolb erst im Alter von fast siebzig Jahren ein: »*Die Natur stattet wehrlose Tiere mit Schutzvorrichtungen aus. Auch mimisch sind sie begabt. Geschäftstüchtig nimmt der Käfer die Farbe der Baumrinde an, die er entlang reist. Eine Frau ohne Mann muß gepanzert durchs Leben gehen, das Rapier führen in der behandschuhten Rechten.*«[17]

Die feministische Pazifistin

So visionär, wie Annette Kolb einmal die Weltkriege vorherse-
hen sollte, war auch der ihr bekannte französische Schriftsteller
Emile Zola. Da sie alles mit Aufmerksamkeit verfolgte, was in
ihrem »Mutterland« Frankreich geschah, blieb ihr dessen lei-
denschaftlicher Artikel vom 13. Januar 1898 auf der Titelseite
von L'Aurore nicht verborgen. In 300.000facher Auflage war er
in Paris erschienen. »J'Accuse ...!« – »Ich klage an«, lautete die
Überschrift eines offenen Briefes an den *Président de la Républi-
que*. Es war ein kühnes Plädoyer gegen Unrecht und Rassendün-
kel, verfaßt vom meistgelesenen Schriftsteller Frankreichs jener
Zeit. Mit seinem Einsatz für die Menschenrechte wurde Zola
zum Prototyp des europäischen Intellektuellen. Einen »Schrei
meiner Seele« nannte Zola sein »J'Accuse«. »*Wenn man die
Wahrheit eingräbt, so entwickelt sie eine solche Sprengkraft,
daß sie an dem Tag, da sie durchbricht, alles zerstört. Man wird
noch erfahren, ob man nicht gerade jetzt die Voraussetzungen
für den kommenden, in der ganzen Welt widerhallenden Zusammenbruch geschaffen hat.*«[1]

Hintergrund des Artikels war die »Affäre Dreyfus«, die damals weit über die Grenzen Frankreichs hinaus Wellen schlug.
Dreyfus, ein französischer Offizier jüdischer Herkunft, war
1894 wegen Landesverrats auf die Teufelsinsel bei Cayenne ver-
bannt worden. Diese »Insel der Verbannten« galt als die
schrecklichste Strafmaßnahme der französischen Justiz. Zola ist
es zu verdanken, daß das Verfahren gegen Dreyfus neu aufge-
rollt wurde. Als der wahre Verräter militärischer Geheimnisse
wurde schließlich ein anderer, Major Walsin-Esterhazy, ermit-
telt. Die Kolb war der Meinung, daß die französische Republik
durch den Dreyfus-Prozeß eine neue Festigung erfahren habe.

Zola hatte allerdings Tatbestände aufgedeckt, die nun ihn

selbst politisch untragbar erscheinen ließen. Er wurde zu einer Gefängnisstrafe verurteilt, der sich der Sechzigjährige durch Flucht nach England entziehen konnte. Mit seinem spektakulären Artikel hatte der Dichter aber dazu beigetragen, daß ein erneutes Revisionsverfahren für den Juden Dreyfus eingeleitet wurde, das zur Begnadigung und schließlich vollen Rehabilitation des lebenslänglich Verurteilten führte.

Dreyfus hatte ein gutes Feindbild abgegeben für die national-konservativen Kreise, die ein »jüdisches Frankreich« fürchteten. Die Grundlage für Annette Kolbs Interesse an diesem Problem war längst gegeben, auch wenn sie scherzhaft von sich sagte, daß sie mit »sechseinhalb Jahren« die Judenfrage gelöst habe. Diese Behauptung geht zurück auf einen Ausflug mit ihrem Kindermädchen Anna Knörr. Bei der Begegnung mit einer kleinen Jüdin, die Annette beim Seiltanz beobachtete, hatte Anna dem Kind mit »unverkennbarer Mißgunst« nachgeschaut. Diese merkwürdige Haltung beunruhigte die Sechsjährige, und in dem sich anschließenden Wortwechsel überzeugte sie ihre Betreuerin, daß dieses Mädchen nicht für immer Jüdin bliebe. »*Was übrigens das Kind mit seinem Seiltanz betrifft, so war mein Dekret ›Net für immer‹ nicht zu Unrecht ausgegeben. Denn in ihrem neunzehnten Jahr stand sie als Braut im Myrtenkranz und Schleier vorm Altar der Planegger Pfarrkirche an der Seite des jungen Baron Feury, der 1917 in Rumänien fiel. Somit war sie nicht mehr als Angehörige des jüdischen Volkes zu buchen.*«[2]

Annette Kolb war später eine der wenigen deutschen nichtjüdischen Schriftsteller/innen, die sich damit auseinandersetzten, wie Deutsche und Juden zusammenleben können, ohne daß letztere ihrer Identität beraubt werden. Sie faßte das heiße Eisen der Judenfrage an, weil das Thema für sie in Wahrheit ein christliches Problem war. Annette Kolb bejahte das jüdische Volk durch das Bekenntnis ihrer Liebe zu König David. Im Zionismus sah sie die Lösung für die europäischen Juden.

Wie es Annette Kolbs Wunsch gewesen war, hatte sie gegen Ende ihrer zwanziger Jahre zu sich selbst gefunden. Sie wußte nun, daß sie Schriftstellerin werden und diesen Beruf auch dazu nutzen wollte, den Finger in die Wunden zu legen, die die Politik geschlagen hatte. Sie wurde in den nächsten Jahren zur unermüdlichen Pazifistin, die sich den Ideen des Frauenkongresses anschloß. Ein Münchner Mitglied des Kongresses, die Fotografin Anita Augspurg aus dem Atelier »Elvira«, beeindruckte Annette durch ihr Engagement. Die Augspurg war aus dem gemeinsamen Fotostudio mit der Freundin Sophie Goudstikker ausgeschieden, um in Zürich Jura zu studieren. Fortan wollte sie sich nicht nur politisch, sondern auch juristisch für die Rechte der Frauen einsetzen.

Auf dem internationalen Frauenkongreß in Berlin 1896 hatte Anita ihre zukünftige Arbeits- und Lebensgefährtin Lida Gustava Heymann kennengelernt. Beide Frauen kamen aus Familien, in denen die Mädchen zu »höheren Töchtern« erzogen wurden. Anita war 1857 in Verden/Aller auf die Welt gekommen und hatte eine Ausbildung an der dortigen höheren Mädchenschule erhalten. In den letzten Jahren ihrer Schulzeit empfand sie die kleinstädtische Umgebung zunehmend als einengend. So bald wie möglich ging sie nach Berlin, legte die preußische Staatsprüfung für das Lehramt an Mädchenschulen und die Turnlehrerinnenprüfung ab. Nebenher nahm sie Schauspielunterricht und erhielt ein Engagement am Theater. Doch die zahlreichen Tourneen im In- und Ausland entschädigten sie nicht für die starren Rolleninterpretationen an der Bühne, die ihr zu wenig Spielraum für eigene Auffassungen ließen. Anita wollte mehr, sie ging nach München, ließ sich zur Fotografin ausbilden und gründete mit Sophie das Atelier »Elvira«, das sehr schnell bekannt und anerkannt war. Damals erregten die beiden Freundinnen allgemeines Aufsehen. Zwei Frauen, die am Ende der achtziger Jahre des 19. Jahrhunderts sich erdreisteten, selbständig und unabhängig zu sein, Sport trieben, ritten, radelten und ihr Leben selbstbestimmt und frauenbezogen lebten, waren mehr als ungewöhnlich. Sie trugen einen Hauch von Boheme in die bürgerlichen Kreise und störten die bayrische Ruh'.

Anitas neue Gefährtin Lida Gustava kam aus einer reichen Hamburger Patrizierfamilie. Sie war genau wie Anita Augspurg mit vier Geschwistern aufgewachsen und erhielt ihre Ausbildung ebenfalls in einer höheren Töchterschule. Auch Lida Gustava Heymann strebte einen Ortswechsel an und ging für fünf

Annette Kolb, fotografiert im Münchner Fotoatelier »Elvira«.

Jahre nach Dresden. Hier besuchte sie eine Lehranstalt, in der Schülerinnen aus allen Nationen ausschließlich von Frauen unterrichtet wurden. Als sie zurückkam, stand für Lida fest, daß sie sich nicht den bürgerlichen Konventionen anpassen konnte. Sie würde nie eine Ehe nach konventionellem Muster führen wollen wie ihre Schwestern. *»Schon als ganz junger Mensch – wohl mehr intuitiv – empörte mich die Selbstüberschätzung und eitle Überheblichkeit der Männer. Ihre galante ebenso wie mißachtende Art, Frauen – besonders Ehefrauen – zu begegnen, beide widerten mich an. Erwachsen, meiner selbst bewußt, schwor ich, mir meine persönliche Freiheit niemals durch Männer beeinträchtigen zu lassen, d.h. soweit das eben unter den gegebenen Umständen im Männerstaat möglich ist.«*³ Als Lida und Anita sich aus den vorgegebenen Normen gelöst hatten, wurden sie zu Kämpferinnen für den Frieden und die Freiheit der Frauen.

Lida Gustava Heymann war vermögend und setzte ihr Kapital zum Ausgleich sozialer Mißstände ein, die besonders die Frauen trafen. In Hamburg gründeten die Freundinnen am 1. Januar 1902 den »Deutschen Verein für Frauenstimmrecht«, der in kurzer Zeit über das ganze Deutsche Reich verzweigt war. Während der Wintermonate waren sie politisch in Berlin tätig. Den Sommer über bewirtschafteten sie in Oberbayern einen heruntergekommenen Gutshof und brachten ihn mit ausschließlich weiblichem Personal wieder in Schwung. *»1908 traten beide Frauen in die ›Freisinnige Volkspartei‹ ein, verließen sie jedoch aus Enttäuschung darüber, daß Parteiinteressen vor humanitären Zielen rangierten. Fortan versuchten sie, die ›Frauen fernzuhalten‹ von der Parteipolitik der Männer.«*⁴

Auch Annette Kolb blieb immer parteilos, zu schnell durchschaute sie die kruden politischen Strukturen der Männerbünde. In ihren »Briefen einer Deutsch-Französin« von 1916 hadert sie mit dem Beginn des Krieges und ist der Meinung, daß er bei einer Regentschaft von Frauen verhindert worden wäre. *»Überhaupt – um von den Männern zu reden – meine ich, daß gegenwärtig kein Grund vorliegt zu ihrer Überhebung. [...] Wenn Frauen vom Schlage Maria Theresias mehr im Vordergrund gestanden hätten, statt ausgeschaltet zu sein, mit zu bestimmen, statt zu schweigen gehabt hätten, daß dann ›die Dinge‹, wie sie* *ohne ihr Zutun in dem selbstherrlichen Männerstaat erwuchsen, unmöglich noch ärger oder noch verfahrener sein könnten, [...]*«[5] In ihrer Schrift »Die Last« fügt sie noch hinzu: »Wer hat die ›dicke Berta‹ der ›Friedensbertha‹ vorgezogen, wenn nicht die allmächtigen Männer?«

Baronin Bertha von Suttner, geboren am 9. Juni 1843 in Prag, war Schriftstellerin, Leiterin der österreichischen Friedensgesellschaft, Vizepräsidentin des internationalen Friedensbüros in Bern und in den Jahren vor dem Ersten Weltkrieg als Friedensfrau besonders aktiv. 1905 erhielt sie den Friedensnobelpreis. Ein mächtiges Propagandamittel wurde ihr Roman »Die Waffen nieder«, der im gleichen Jahr als Volksausgabe in einer Auflage von 60.000 Exemplaren erschien. »*Weil sie recht hatte, die mutige Frau von Suttner, die vielverlachte Friedensbertha, mit ihrer Behauptung, daß die erste Zwangsfolge des Krieges die Lüge sei! [...] Denn in keinem Lande ist es so unmöglich sich Gehör zu verschaffen, wenn man nicht in Amt und Würden schon ergraute, wie bei uns [...]*«[6], meinte Annette Kolb und vergaß noch zu erwähnen: besonders wenn man eine Frau ist.

Auch ihr war es nicht gegönnt, sich Gehör zu verschaffen, »ich redete gegen den Wind«, aber sie redete trotzdem. Wenn auch nicht so optimistisch wie Kaiser Wilhelm II., der 1900 noch angekündigt hatte: »Ich führe euch herrlichen Zeiten entgegen.« Das stürmische Tempo des wirtschaftlichen und militärischen Aufstiegs verband sich leider mit der Zunahme des deutschen Chauvinismus und einer sich verstärkenden Labilität der politischen Führung. Annette Kolb verfolgte die politischen Strömungen in Europa genau: »*Man stand im Zeichen der ersten sonoren Pendelschwingungen der Entente cordiale mit England einerseits, des rapprochements mit Italien andererseits; sie und l'Isolement de l'Allemagne bilden die Parole des Tages.*«[7] Diese Meinung verbreitet sie in den »Sieben Studien«, die 1906 veröffentlicht wurden und den Untertitel »L'âme aux deux patries« tragen, den sie auf Anraten des befreundeten Diplomaten Richard von Kühlmann hinzufügte.

Franz Blei, ihr früher Förderer, der neben seinem Schriftstellerberuf auch Schauspieler und Redakteur war, gab die Zeitschrift »Die Opale«, Blätter für Kunst und Kultur in Leipzig heraus und besprach darin im gleichen Jahr die »Sieben Studien«. Dieses Büchlein, das alles Kommende thematisiert, nannte Blei ein weltmännisches Buch, das die Themen Nation, Rasse und Individuum variiere und uns Eindrücke aus dem gesellschaftlichen Leben der Autorin mitteile. Vor allem stelle sie immer wieder die Frage nach der Beziehung zwischen Deutschland und Frankreich und hege den Traum eines vereinten Europa!

Annette Kolb zweifelte nicht, daß Bismarck ihn verwirklicht hätte, wenn er an der Macht geblieben wäre. »*Denn der vorbildliche Geist seines Wirkens schuf ihn zu einem so großen Lehrer der Menschheit, weit mehr als seine Taten, die das Schicksal und die Zeit ereilen können [...] Wer könnte zweifeln, daß ein heutiger Bismarck, ob er unser eigener, oder Cavours, oder Gambettas Landsmann wäre, zum Vorkämpfer eines föderierten Europas würde?*«[8]

Die beiden anderen Politiker, die die Kolb in ihrer Vision eines vereinten Europa noch heranzog, waren radikale Nationalisten, die ihrer Ansicht nach einer mäßigenden Führung bedurft hätten, damit ihr Engagement nicht zum Nachteil der Völker umgeschlagen wäre. Graf Camillo Benso di Cavour war der Schöpfer des vereinigten Italiens, ein genialer Staatsmann und glühender Patriot, der mit dem Schlagwort »Freie Kirche im freien Staat« operierte und seine mitunter skrupellosen Eingriffe in die Rechte und Freiheiten der Menschen wie Institutionen mit diesem Slogan rechtfertigte. Léon Gambetta, der Lehrer von Camille Barrère, hatte am 4. September 1870 die Republik in Frankreich proklamiert. Danach entwich er am 8. Oktober im Luftballon aus dem belagerten Paris und übernahm das Kriegsministerium bei der Delegation der Regierung in Tours. Als die Regierung auf Einspruch Bismarcks sein Dekret vom 31. Januar 1871 aufhob, zog er sich als Minister zurück und stimmte in Bordeaux gegen den Frieden. Seine patriotische Siegesgewißheit hatte sich nicht erfüllt. Im November 1882 wurde er von einer Geliebten angeschossen und starb wenige Wochen später.

Annette Kolb vertrat in den Jahren vor dem Ersten Weltkrieg einen liberalen Nationalismus, der sich angesichts der allgemeinen politischen Entwicklung zu einem radikalen Pazifismus wandelte. »*Von Herzen froh wird man ja heute nirgends. Kläglich veraltet und vermorscht sind heute unsere tausendjährigen Familienzwiste, als könnte ihrer Asche allein der neue Phönix unseres Erdteils entstrahlen: nur einem greater Europe ein greater England, greater Germany und greater France.*«[9]

In ihren Stimmungsbildern über das Paris, London, Berlin und München der Vorkriegszeit, die in dem Essayband »Wege und Umwege« von 1914 veröffentlicht sind, erkennen wir, daß die Autorin reisend auf der Suche nach einem geeinten Europa war. In Frankreich, England, Italien und Österreich war sie unterwegs, aber überall sah sie nur einen übertriebenen Nationalgeist walten, der ihre Mission der Völkerverständigung immer mehr in den Vordergrund rückte. Annette Kolb opponierte eindringlich gegen den Krieg; vergleichsweise zahm fielen dagegen die Äußerungen von Ricarda Huch aus, die der Meinung war, daß es besser sei, wenn Künstler nicht zu Kundgebungen veranlaßt würden. Die beiden Dichterinnen kannten sich aus München, und Annette Kolb schickte der Kollegin 1917 ihre »Briefe einer Deutsch-Französin« mit Widmung und »herzlichen Exil-Grüßen« aus der Schweiz.

Der weibliche Pazifismus, den viele Frauenrechtlerinnen vertreten hatten, war zum Scheitern verurteilt und sollte es bleiben. Am 4. Juli 1923 schrieb Lida Gustava Heymann an Annette Kolb, die ihr zuvor »M. 10.000« überwiesen hatte:

»*Schönen Dank für den Betrag […] er ist der höchste den ich bis jetzt erhalten habe, dabei gibt es manche Reiche unter den Mitgliedern, aber so geht es […]. Augspurg und ich haben eine Fußtour gemacht, […] es war herrlich! Oh! Die Welt ist so schön, warum müssen die Menschen sie so verschandeln! Viel Liebes und Gutes von uns Beiden.
Ihre Lida Gustava Heymann*«[10]

Das schmerzliche Bedauern der Frauen, die den Ersten Weltkrieg nicht hatten verhindern können, war deutlich zu spüren. Mit ihrer Spende wollte Annette Kolb den Kampf gegen einen zukünftigen Krieg unterstützen, denn es rumorte schon wieder unter der Oberfläche.

Die musikkritische Annette Kolb

Neben der Kämpferin für den Frieden gab es noch die schreibende, musizierende und kunstinteressierte Annette Kolb, die in den Jahren nach 1900 bis zum Ausbruch des Ersten Weltkrieges oft zwischen Berlin, Wien und München hin und her pendelte. In Wien um 1900 konnte sie häufig ihre Artikel in der Wiener Rundschau veröffentlichen. Ihr Interesse galt damals der Musik und insbesondere deren Entwicklung, die sie äußerst pessimistisch einschätzte. Schon in ihrer Sammlung »Kurze Aufsätze« von 1899 beklagt sie das Überangebot von Konzerten und musikalischen Veranstaltungen aller Art. Dieser Überfluß werde eine Verarmung der Kultur bewirken. Die »ganz Bevorzugten« und genialen Talente würden durch die Massenbewegung übertönt. Das Desinteresse des breiten Publikums an Klavierkonzerten beklagte sie ebenso wie das Verhalten der modernen Virtuosen, die das Klavier nicht mehr als Reproduktionsmittel der Werke großer Komponisten, sondern nur als Produktionsfeld ihres Selbst betrachteten. Kolb legte viel Wert auf Qualität und präzises Spiel. Sogar für die Militärmusik des Münchner Leibregiments konnte sie sich begeistern, weil sie »hinreißend« exakt gespielt werde. Sie suchte bevorzugt jene Cafés und Hotelhallen auf, in denen immer musiziert wurde. *»In München gab es das berühmte Café Fahring am Karlstor. Nicht elegant, stets überfüllt, aber es spielte ein grandioses Orchester. Keinen späten Beethoven, jedoch seine Ouvertüren und Konzerte, Mozart, Carl Maria von Weber; anheimelnd floß die ›Moldau‹ dahin, beseelt zogen Haydns ›Jahreszeiten‹ vorbei. Und hier war ein winziges Tischchen hinter einer Säule, nur für eine Person; und diese Person war ich. Pünktlich wie ein Beamter fand ich mich Tag für Tag dort ein, setzte mich hin und schrieb ungestört.«*[1]
Die musikalische Katastrophe begann für Annette Kolb nach

Annette Kolb am Flügel, 1927.

dem Zweiten Weltkrieg, als von früh bis spät aus jedem Bistro und jeder Schenke ein »Klimbim, ein Dingeldangel und eine Dudelei« zu hören war. »*Verschwindend wird die Zahl derer, die noch wissen, wie glücklich die Menschheit war zu Anfang des Jahrhunderts.*«[2] Diese Klagen über die musikalische Situation in der Welt schrieb sie 1963 in ihrer Essaysammlung »Zeitbilder«. Zwischen ihren Jammerreden aus den »Kurzen Aufsätzen« und ihrer Kritik aus den »Zeitbildern« liegt mehr als ein halbes Jahrhundert. Trotz dieser langen Zeit hat sie ihre Ansichten nicht wesentlich geändert. Das Ohr, ohnehin unser konservativstes Organ, blieb bei ihr lebenslang besonders unflexibel. Für Annette Kolb war in musikalischer Hinsicht vor 1914 in Deutschland der Gipfel erreicht worden und München das »Reiseziel der musikalischen Welt«. Die Begabung vieler Komponisten wurde ihrer Ansicht nach nicht erkannt, besonders wenn es sich um Genies handelte. Beispielhaft waren für sie die Schicksale von Mozart, Schubert und Wagner, deren Biographien sie später schreiben wird. Zu den verkannten Genies gehörte ihrer Auffassung nach auch Ferrucio Busoni, ein Pianist, der wie wenige das Instrument beherrsche und das Klavier vergessen machte, mit dessen Klängen er das Publikum verzauberte.

Annette Kolbs Urteil über die Bedeutung des Klaviers und damaliger Pianisten führte auch zu ihrem besonderen Verständnis des Spiels von Clara Haskil. Sie erlebte die Pianistin in den zwanziger Jahren in einem Konzert in Paris. Das ernste, scheue Kind Clara, geboren 1895 in Bukarest, wurde im Alter von sieben Jahren in das Konservatorium in Wien aufgenommen. Ein Jahr später spielte die kleine Musikerin in ihrem ersten öffentlichen Klavierkonzert Mozart so großartig, daß die Kritiker sie als »gottbegnadet« bezeichneten; einer ängstigte sich gar, sie »könnte den Neid der Götter« erwecken. Mit vierzehn Jahren war Claras Ausbildung am Konservatorium in Paris beendet, wohin ihr Onkel und Förderer sie zwei Jahre zuvor gebracht hatte. Die junge Pianistin ging auf Konzertreisen und lernte in der Schweiz den von Annette Kolb verehrten Ferrucio Busoni kennen. Er war so berührt von ihrem Spiel, daß er sie in Berlin als seine Schülerin aufnehmen wollte. Die Mutter war dagegen,

Clara hat dies ein Leben lang bedauert. Ab 1914 machten Clara gesundheitliche Probleme zu schaffen, die sie für fünf Jahre in ein Stützkorsett zwangen. An Klavierspielen war nicht zu denken, so vertiefte sie sich in die Partituren und spielte sie in Gedanken durch. Als sie aus dem Sanatorium in Berck-sur-Mer entlassen wurde, beherrschte sie ein beachtliches Repertoire von Mozart und Beethoven auswendig. Anschließend fuhr sie zur Erholung nach Lausanne. In der Schweiz ging es mit ihrer gesundheitlichen und künstlerischen Entwicklung wieder aufwärts. Clara Haskils Bekanntheitsgrad wuchs und sie wurde zu Konzertreisen in Europa und Amerika eingeladen. Trotzdem war sie noch kein Star im landläufigen Sinn, sondern blieb mehr ein Geheimtip für gute Musikkenner. Als Jüdin bekam sie natürlich obendrein die Repressalien der 30er Jahre zu spüren. Radiokonzerte von ihr wurden eingestellt, Engagements abgesagt oder erst gar nicht mehr abgeschlossen. Ihre Existenz, wie die vieler jüdischer Künstler, war bedroht. Nach einer schweren Schädeloperation im Juni 1942 in Marseille, die wegen der Bedrohung durch die Nazis unter abenteuerlichen Umständen stattfand, kehrte Clara Haskil nach einer Genesungsphase in Montredon in die Schweiz zurück. Dort erhielt sie am 7. November endlich die ersehnte Aufenthaltsgenehmigung. Bis zu ihrem Tod 1960 wurde Vevey ihre Heimat. *»Bei Clara Haskil ist es Wirklichkeit geworden. Ihre ganze Persönlichkeit hatte mozartische Merkmale, die traurig-tragischen Züge des Meisters, eine Traurigkeit, die anderen doch Glück schenkt, ein Glück, das uns zum jungen Mozart zurückführt.«*[3]
Annette Kolb, die Mozart-Anhängerin und -Biographin, war besonders gespannt auf das Konzert der überragenden Mozart-Interpretin. Sie erlebte »ein so musikalisches Wesen«, daß sie bedauerte, es erst so spät kennengelernt zu haben. Auch hier zeigte sich das sichere Gespür der Kolb für geniale Begabungen. Clara Haskil war trotz eines überragenden Talents jahrzehntelang von vielen Konzertveranstaltern ignoriert worden, da ihr schlichtes Spiel dem Publikum nicht die Vorstellung von blendender Virtuosität vermittelte und sie nicht bereit war, Konzessionen an den allgemeinen Geschmack zu machen. Erst nach dem Zweiten Weltkrieg gelang ihr der internationale Durchbruch, und ihr von

allem Pathos gereinigtes Klavierspiel galt jetzt als neues musikalisches Ideal, wie es sich die Kolb schon Jahrzehnte früher gewünscht hatte.

Angesichts dieses sicheren Erkennens musikalischer Größe ist es nicht verwunderlich, daß Annette Kolb ihre schriftstellerische Karriere mit Artikeln begann, in denen sie Komponisten lobte, schmähte oder in Schutz nahm. Den gerade erschienenen Roman »Il fuoco« von Gabriele d'Annunzio las sie im Juni 1900 in Rom, und er erweckte sofort ihren Widerspruch. Das schriftliche Ergebnis ihrer Lektüre schickte sie nach Wien. Das Thema des Romans hatte sie besonders herausgefordert, denn der Held ist ein venezianischer Dichterkomponist, der Richard Wagner abgöttisch verehrt. Die Handlung spielt in der Zeit, in der Wagner sich in Venedig aufhielt, und die Erregung, in die der Held durch den berühmten Komponisten versetzt wird, wird zur Ursache seiner leidenschaftlichen Liebe zu einer Schauspielerin. In verschlüsselter Form schildert der Roman d'Annunzios Liebesbeziehung zu Eleonore Duse, was von den Zeitgenossen sofort erkannt und begierig verschlungen wurde. Leider demontiert und demütigt der Dichter die Duse nach allen Regeln der Kunst, so daß der Roman einen veritablen Skandal hervorrief und zum Ende der Liebesbeziehung zwischen Dichter und Schauspielerin führte. Es wurde der bekannteste Roman des italienischen Schriftstellers. Seine Verknüpfung der Handlung, die eine Frau derart tief verletzte, mit dem von Annette Kolb vergötterten Richard Wagner mußte Kolb einfach veranlassen, das Werk zu besprechen. Alles am Charakter ihres verehrten Komponisten fand sie dermaßen fesselnd, »[...] daß (sie) darauf brannte, mit Menschen, die ihn gekannt hatten, zusammen zu kommen, um mehr über ihn zu hören. [...] daß (sie) auch seine Schriften kennen wollte [...] und alles was er gelesen hatte, wollte (sie) auch lesen.«[4] In der Tat hatte der Italiener einen Nerv in Annette Kolb getroffen, der empfindlicher nicht sein konnte. Er hatte ihren großen Lehrmeister Richard Wagner in einer Weise geschildert und vereinnahmt, daß es ihre Empörung hervorrief: »Dieses Mal aber vermisst sich d'Annunzio Richard Wagner gegenüber in allerlei persönlichen Ansprachen! Wagner ist für ihn ein ›Grande

Barbaro‹. Als solcher wird er denn auch zum erstenmale mit ge-
wollter Consequenz und nicht ohne ›Überlegenheit‹ interpel-
liert, und hier ist der Punkt, wo auch wir uns wider dieses Buch
ereifern! […] In seinen Augen sind Wagners Errungenschaften
nur die Skizze von dem, was er d'Annunzio zu leisten verspricht,
wenn nur die Bedingungen zur schrankenlosen Entfaltung seines
Genies sich günstig erweisen.«[5]

Die Hybris des Dichters konnte Annette nicht gelten lassen,
und sie bedauerte es in ihrem Artikel, daß er nicht auf seinem
Gebiet, der Lyrik, geblieben war. Stattdessen habe er seine Flöte
ins Korn geworfen und sei ins Feld gezogen. Seine »Neronische«
Eitelkeit erinnere an den Selbstverherrlichungstrieb des römischen Kaisers. D'Annunzio war »ihrem« Wagner zu nahe getreten, ihr eigenes Urteil hielt sie für kompetenter. Allerdings finden Passagen melancholischer Poesie, in denen der Dichter die
herbstlichen Lagunen in seinem Roman beschreibt, auch die Anerkennung der Kritikerin.

Das Wagner-Thema hielt Annette Kolb weiterhin gefangen. Als
sie wieder in München war, machte sie sich sofort an die Arbeit
und schrieb den nächsten Artikel für die Wiener Rundschau. In
»Wagner und das Repertoire« beklagt sie den allgemeinen Miß-
brauch von dessen Kunst. Die zu häufige Aufführung seiner
Opern würdige die musikalischen Themen zu Gassenhauern herab, ein Schicksal, das Wagner mit dem von ihm sehr verehrten
Mozart teilte. Diese Art von Ausbeutung war Annette Kolb entschieden zuwider und wurde in den später entstehenden Biographien über diese beiden Musiker noch thematisiert.

Zu ihren Kritiken über Musiker im Jahr 1900 in der Wiener
Rundschau gehört auch eine Besprechung von Gustav Mahlers
c-Moll-Symphonie, in welcher sie den Komponisten wieder zu
ihrem Idol Richard Wagner in Beziehung setzt: »*In Gustav Mah-*
ler sahen auch wir Münchener eine Persönlichkeit vor uns, der
wir jene seltene, einzig fördernde Qualität zuerkennen durften,
die allein berufen sein kann, der dringenden Mahnung Richard
Wagners zu folgen: ›Schafft Neues!‹«[6]

1901 beurteilte sie die Kompositionen von Richard Strauss
mit sicherem Gespür für das Neuartige recht kritisch: »*Es ist be-*

dauerlich, dass eine so geniale Begabung ihr Element in jener ›cerebralen‹ Musik findet, die nicht Wille ist und Nothwendigkeit, sondern Willkür und Intellect, die immer sucht, fordert und erzwingt, aber, aller Ursprünglichkeit bar, in unorganischer Weise Literarisches gewaltsam zur Musik transportiert.«[7] Kolbs Besorgnis, daß hier »gewaltsam zur Musik transportiert« werde, teilte fast zwölf Jahre später auch Hugo von Hofmannsthal, der das Libretto zur Strauss' Oper »Ariadne« geschrieben hatte. Der Dichter schickte eine Premieren-Karte an das »ältere wirklich musikverstehende« Fräulein. Hofmannsthal meinte, daß Strauss »eine barbarische Überzeichnung« seiner Zerbinetta vorgenommen habe. *»Die ganze Stelle, das ›Hingegeben sind wir stumm – stumm – stumm‹, müsse verhauchen, gegen die hier hirnlose und herzlose Musik [...]«*[8] Der Librettist setzte seine ganze Hoffnung auf die Sängerin Hermine Bosetti. Als ihm Annette Kolb anerkennende Worte über sein lyrisches Drama »Ariadne« schrieb, fühlte er sich entschädigt für die »Stumpfheit von Tausenden«.

Mit einem kleinen Artikel über den Komponisten Claude Debussy begann nach Annette Kolbs Aussage ihre Laufbahn als deutsche Autorin. Seine Vertonungen von Baudelaire-Gedichten hatten sie fasziniert. Sie selbst fand ihre Besprechung gut und war ärgerlich über das Honorar von nur »4 Mark«. Sie schickte den ausgeschnittenen Artikel mit einem Brief an Debussy nach Paris und erhielt von nun an alle seine Werke mit einer Widmung zugesandt. Auf einer späteren Parisreise besuchte sie ihn persönlich. Was lag da näher, als ihn nach seiner Meinung über Richard Strauss und Richard Wagner zu befragen! *»Von Richard Strauss sprach er mit einer Mischung aus Bewunderung und Schüchternheit. ›Und Wagner?‹ fragte ich. Er blieb stehn, sah auf und sagte mit großem Nachdruck: ›Ich habe ihn sehr geliebt.‹«*[9] Das war für Annette Kolb der entscheidende Satz, durch den sie sich in ihrer Wagner-Verehrung bestätigt fühlte, auch wenn sie von sich behauptet hatte, keine Wagnerianerin zu sein. Sie wollte sich durch die Wagnersche Musik keine andere verstellen lassen.

Debussy hatte sie nur dieses eine Mal persönlich gesprochen, aber seiner Musik blieb sie treu. Nach 1933, als Annette Kolb im irischen Rundfunk Vorträge über Musik hielt, sprach sie auch über Debussy. Sie charakterisierte ihn als den großen Maler und Träumer unter den Komponisten. Ihre Ausführungen unterstrich sie auf dem Klavier mit gespielten Passagen aus seinem Werk.

Ihren Wagner-Enthusiasmus konnte die »Nicht-Wagnerianerin« ausgiebig befriedigen, als 1901 die ersten Richard-Wagner-Festspiele im Prinzregententheater in München veranstaltet wurden. Aber zu einem musikalischen Ereignis wurden sie für die junge Schriftstellerin erst ab 1904 durch den von ihr so verehrten Dirigenten Felix Mottl. Leider kam sie nur sieben Jahre in den Genuß des Dirigats von Mottl, der bei seiner 100. Tristanaufführung am 21. Juni 1911 einen Herzanfall erlitt und elf Tage später starb. Mehr als zwanzig Jahre besuchte sie danach keine Wagner-Oper. Sie hielt Felix Mottl, der noch von Franz List und Richard Wagner persönlich gefördert worden war, einfach für authentischer als andere Wagner-Dirigenten. »*Es ist mir eine ›Tristan‹-Vorstellung erinnerlich, deren Vollendung ins Geisterhafte rückte, in der die Anker von Mottls Genialität sich lichteten, ein Etwas sich losriß, das Bühne und Orchester weit über sich hinaushob [...]*«[10]

Genauso überschwenglich war auch ihr Urteil über Felix Mottls Mozart- und Bach-Interpretationen. Aber noch interessanter fand sie es, wenn sie den Dirigenten nach seinen persönlichen Begegnungen mit Wagner befragen konnte. Sie bedauerte es darum sehr, wenn sie ihn in der Münchner Gesellschaft so selten alleine antraf oder er sich bereits wieder verflüchtigt hatte, ohne ihr etwas erzählt zu haben. Das bescherte ihm einen Spitznamen nach antiker Vorlage, und in guter Laune unterzeichnete er seine Briefe an Annette als »Odysseus«. Sie aber wollte zu gerne noch weitere Anekdoten dieser Art über Wagner erfahren: »*[...] kaum aus der Dirigentenschule Dessows entlassen, spielt Mottl dem Meister vor, der ihn, durch sein Talent verblüfft, wie er geht und steht zu einem Frühstück bei Sacher mitnimmt. Diese Mahlzeit muß übrigens sehr animiert gewesen sein, denn Wagner ersuchte den neuen Adepten, beim Weggehen zu torkeln, damit der in der Nähe befindliche (Dirigent) Hanslick zugeben müsse, daß er, Wagner, seine Gäste gut bewirte.*«[11]

Eine Einladung von Mottl, ihn im Zug nach Nürnberg zu begleiten, wo er den »Fidelio« dirigieren sollte, bot Annette endlich die ersehnte Gelegenheit zu einem Gespräch. Schon um sieben Uhr morgens fuhr der Zug ab. Mit ihrem großzügigen Angebot an den Dirigenten, doch noch etwas zu schlafen, verscherzte sie sich leider die Befriedigung ihrer Neugierde. Denn der begehrte Gesprächspartner schlummerte sanft bis zur Ankunft.

Kolbs Verehrung für den Dirigenten und vor allem ihre sichere Einschätzung seiner Begabung führten 1907 zu einem engagierten Artikel in den Münchner Neuesten Nachrichten, als sich kritische Stimmen gegen Mottl erhoben. Er wollte München schon verlassen, überlegte es sich noch einmal und wurde dann doch Direktor der Münchner Hofoper. Seit dieser Zeit benutzte Mottl in seinen Briefen an Annette Kolb die Anrede »Meine liebe Pallas Athene«. Sie nannte ihn »einen Feind aller Mätzchen« und erkannte in seinen musikalischen Interpretationen schon die Anfänge dessen, was sie später am Spiel der Haskil so faszinieren sollte. Mottl revanchierte sich mit Freibillets für den ausverkauften »Ring« 1908. Zu dieser Zeit war auch Wilhelm Furtwängler Korrepetitor bei Mottl, und die Kolb lernte ihn am Anfang seiner Karriere kennen, wenn sie zu Hauptproben, an denen sie manchmal teilnehmen durfte, meist in den ersten Reihen saß. Mottls Ehefrau, der dramatischen Sängerin Zdenka Fassbender, die den Dirigenten erst in seinem Todesjahr geheiratet hatte, war Annette Kolb ebenfalls aufrichtig zugetan. Die Dichterin wußte ihre Künste zu schätzen, die die Sängerin »wie in Ekstase« über die Bühne treiben konnten. Sechzehn Jahre nach dem Tod des Dirigenten setzte sie ihm in ihrem Essay »Felix Mottl« ein literarisches Denkmal.

Welchen ungewöhnlichen Vorstellungen von musikalischen Aufführungsorten Annette Kolb manchmal nachhing, zeigen einige Zeilen aus einem Zeitungsartikel aus dem Jahr 1914: »*Wäre es nicht schön, den Aufwand neuen Bahnen zuzuleiten und einmal ein wirklich gutes Orchester, wirklich prachtvolle Musik auf einem so würdigen Boden wie den unserer großen Dampfer zu lanzieren? Das Meer ist eine so unvergleichliche Konzerthalle!*«[12]

Es kam ihr in ihren musikkritischen Artikeln nicht darauf an, technische Details zu beschreiben, sondern Kompositionen zu literarisieren; gerade so, wie sie mit Vorliebe ihre Texte komponierte. Eine Kostprobe ihrer literarischen Musikbeschreibung finden wir in ihren Erzählungen »Wera Njedin«.

Während der Donaueschinger Musiktage im Sommer 1923 hörte sie im Kurhaus auch einige kürzere Kompositionen von Paul Hindemith. Der gerade achtundzwanzigjährige Musiker spielte als Bratschist im Amar-Quartett seine eigenen Tonschöpfungen. Annette Kolb hat sich wenig über moderne Musik geäußert, aber über das erste Stück des jungen Künstlers jubelte sie: »*Und nun ertönte als erstes ein Militärmarsch, ein Militärmärschlein sage ich, ein goldiges Militärmärschli, dessen geringelte Ritornelle, dessen Ringelschwänzchen von einer Ritornelle die ulkigste, witzigste, übermütigste und zugleich saftigste Verhöhnung war, welche militaristischer Dünkel und Stupidität jemals erfuhren. Der Komponist spielte in sich hinein, machte seinen runden, lustigen Kopf, und sooft die Ritornelle seinem Bogen entquirlte, ging ein unwiderstehliches Gelächter durch den ganzen Saal. Oh! Hätte man solchen Rattenfängern von Hameln eher gelauscht!*«[13]

Es ist ein seltenes Lob über moderne Musik, die sie hier akzeptieren konnte, da sie sich indirekt gegen den Krieg richtete. Ansonsten blieb sie bei ihrem negativen Urteil über neue Musik und deren Komponisten. »*Und die Neuen? Auch sie, ein wenig voreilig wohl, haben schon ihre Kollektivausgaben, ihre ›Musik der Zeit‹, ihre ›Klavierbücher neuer Meister‹. Und was stellt sich heraus? Ein paar, höchstens ein paar Stücke per Heft, die auf verengter Plattform noch nicht dagewesene Klänge anschlagen, dem Reich der Töne abtrotzen und unaussprechlich rühren, wie ein erstes Frühlingsblatt. Der Rest aber – Katzenmusik!*«[14]

Annette Kolb war ein Doppeltalent, das sich für die Intensivierung seiner literarischen Begabung entschied. Vielleicht trug auch ihre Reiselust dazu bei. Bleistift und Papier konnte sie immer bei sich tragen, einen Flügel wohl kaum.

In ihren Artikeln »Radio«, »Radioleiden und Radiofreuden« von 1932 verschonte sie den Sender Stuttgart, von dem ihr Radioempfang abhing, nicht mit ihrer Meinung. »*Eines sollte die*

Sendestelle sich wirklich vor Augen halten: die Wehrlosigkeit des Radiobesitzers. Bläst, schrillt, schreit, posaunt, gellt, prasselt und heult es bei ihm, statt zu erklingen, und springt er verzweifelt auf, so rührt das niemand. Er kann ausschalten, das ist alles. [...] Mozart-Arien gehören zu den ausgesprochenen Radioleiden. [...] Ich beantrage eine Mozartsperre für alle Anfänger.«[15] Die Kolb war aber weitblickend genug, um zu erkennen, daß ihre Radioleiden auch von der damals noch unzulänglichen Technik abhingen. »*Erst unsere Kinder und Kindeskinder dürften das gegenwärtige Stadium unserer Radioanlagen mitleidig belächeln [...]*«[16]

Als infolge der politischen Umstände begonnen wurde, die »Blutkörperchen der Menschen« zu zählen, wurde ihr bewußt, wie sehr ihre literarische Arbeit sie an die deutsche Sprache band. Vielleicht hat sie es innerlich manchmal bereut, daß sie ihre musikalischen Fähigkeiten nicht professioneller entwickelt hatte. Musik wurde überall verstanden – das wäre ihrer kosmopolitischen Einstellung sicher entgegengekommen.

Annette Kolb nach einer Zeichnung von Ludwig Kirschner.

Annette Kolb und die bildende Kunst

Wien fand nicht nur wegen der »Wiener Rundschau« Annettes Interesse, sondern auch als Stadt der Kunst. Noch Jahrzehnte später erinnerte sie sich an eine Ausstellung, die 1901 im Unteren Belvedere stattgefunden und einen unauslöschlichen Eindruck auf sie gemacht hatte. In Max Klingers Monumentalgemälde »Christus im Olymp«, das sie unwiderstehlich anzog, fand sie ihre »heimliche Lieblingsidee« der Erfüllung und Ergänzung zwischen Christentum und Antike bestätigt. Ihre Vision, übertragen auf das Judentum und das Christentum, war die Versöhnung zwischen diesen Religionen. Für sie als Pazifistin konnte es auch keine Religionskriege geben.

Das Gemälde, das Klinger als Gesamtkunstwerk konzipiert hatte, war 1897 vollendet und nach einigen Zwischenstationen 1901 für die Moderne Galerie in Wien angekauft worden. »*Es ist ein Denk-Bild, eine Art Modell für die dialektische Aufhebung der alten Gegensätze in einer großgedachten Utopie, welche die beiden Hauptwurzeln der abendländischen Kultur versöhnt [...]*«[1]

Ähnlich wie Annette Kolb fühlte sich Max Klinger vor allem in seiner Jugend als »Weltbürger«, alles Militärische und Nationale war ihm zuwider. Geistig und künstlerisch orientierte auch er sich an Frankreich und zählte den Bildhauer Auguste Rodin zu seinen Favoriten. Klingers Kunst wurde besonders »*[...] von Künstlerinnen wie Käthe Kollwitz, Paula Modersohn-Becker, [...] sowie von Frauen, die die Möglichkeit zu publizieren hatten*«[2] geschätzt. Es waren in erster Linie Frauen aus der bildungsbürgerlichen Schicht, die die Korrespondenz zwischen der Thematik in Klingers Kunst – beispielsweise »Das Urteil des Paris« oder »Eva und die Zukunft«, um einige Titel zu nennen – und den Inhalten der Frauenbewegung am Ende des 19. Jahrhunderts erkannten. Die emanzipiert lebende Annette Kolb mußte also zwangsläufig auf die Kunst von Max Klinger stoßen und daran Gefallen finden, zumal sie seinen Favoriten Rodin und dessen Kunst schon kannte. In Paris war sie oftmals die lange Rue de l'Université zum scheunenartigen Atelier von Auguste Rodin hinaufgewandert. *»Mit jedem Male wurden meine Eindrücke bestimmter. Höchstes Entzücken alternierte da mit entschiedener Verwirrung; [...] Bald wußte ich's! Rodins diminutive Götterwelt war es, die mich hinriß.«*[3] In seinem Atelier wurde sie durch nichts in ihren Betrachtungen gestört. Anders in Wien; dort riß die Bemerkung eines Besuchers Annette Kolb aus ihrer Interpretation des »Christus im Olymp«, und sie wandte sich verstimmt ab. Sie fühlte sich wie ertappt, nur das auf dem Gemälde wahrgenommen zu haben, »was ihr in den Kram paßte«, nicht die Untergangsstimmung der Götterwelt. Sie sei dumm, aber weise, hatte Hofmannsthal einmal geschrieben. Es scheint eher, als habe sie manchmal gerne die Dumme gespielt und sich lieber weise geäußert: *»Aber offen gesagt, seitdem das Gescheitsein so in Mode gekommen ist, daß ein Jeder dafür gelten will, hält man es manchmal lieber mit den Dummen.«*[4]

Annette Kolbs kritischer Blick und ihr sicheres Urteil in der bildenden Kunst hatten schon früh eine Schulung erfahren. Die »Stehkonventionen« mit dem alten Freund Hugo Freiherr von Habermann während ihrer Schulzeit waren in einen dauerhaften zwanglosen Kontakt mit dem Maler übergegangen. Manchmal traf sie ihn auf Gesellschaften, und er machte Annette auf das Unkonventionelle im Leben wie in der Kunst aufmerksam. Für sie war er der toleranteste aller Menschen, und in Hochstimmung ging sie 1903 eine Woche lang Tag für Tag in sein Atelier, nachdem er einmal geäußert hatte, »eigentlich könnte ich Sie jetzt malen«. Die Entstehung des in Öl gemalten Bildes hat Annette Kolb später in ihren »Erinnerungen an Habermann« sehr einprägsam geschildert. Sie mußte immer völlig bewegungslos ausharren und durfte keinen Laut von sich geben. Leider ist das unter so mühevollen Sitzungen entstandene Gemälde, das nach seiner Fertigstellung viel bewundert wurde, verschollen. Der Mitbegründer und spätere Präsident der Münchner Secession,

Annette Kolb nach einem Ölgemälde von Hugo von Habermann, 1903.

der besonders für seine Frauenporträts bekannt war, schuf 1904 noch ein Pastellbild von Annette Kolb. Die Anstrengung, das Modell eines Künstlers zu sein, nahm sie gerne in Kauf, denn die Ateliers der von ihr bevorzugten Maler oder Bildhauer hatten ein aristokratisches Flair, das sie durchaus genoß.

»Die leitenden Künstler führten damals in München ein fast fürstliches Leben. Allen voran Lenbach, der Maurerssohn aus Dachau. Von seinem Talent abgesehen, war er ein gescheiter und großzügiger Kopf, der es verstand, selbst Giganten wie Bismarck kongenial und frei auf ihren Gebieten entgegenzutreten.«[5]

Bei Franz von Lenbach, der ebenfalls zu den damaligen Malerfürsten zählte, waren die Geschwister Kolb öfter eingeladen. In seinem Atelier konnten sie ihren Geschmack bilden und die Augen schulen. Vater Max Kolb hatte den Garten des Malers gestaltet, und zum Dank porträtierte von Lenbach die Tochter Germaine. Mit der Familie des Malers Friedrich August von Kaulbach war Annette ebenfalls befreundet und oft Gast in deren Landhaus bei Murnau. Zum Tod des Künstlers schrieb sie an Frida von Kaulbach am 30. Januar 1920 aus Konstanz, wo sie im Hotel Hecht logierte: *»Liebe Frida, ich kann Ihnen nicht sagen wie traurig es mich stimmte bei Überschreitung der Grenze die Nachricht vom Tode Ihres so verehrungswürdigen Mannes zu lesen, und an den Kummer zu denken [...] Das schöne Haus in Ohlstadt nun ein Trauerhaus [...]«*[6]

Für Annette Kolbs Kunstverstand prägend war auch ihr väterlicher Freund, der Bildhauer Adolf von Hildebrand. Er habe für das Belanglose so wenig Einstellung wie das Auge einer Ziege für die Schönheiten einer Landschaft. In einem Aufsatz beschrieb sie eine Seite seines Charakters, die sie sehr schätzte: *»Die expeditive Art, mit welcher die sehr beschäftigten oder sehr wertvollen Leute die soziale Seite ihres Lebens liquidieren, habe ich schon früh bewundern gelernt: sie hat nichts mit Ungeselligkeit zu tun [...] denn sie sind der Kürze des Lebens stets eingedenk.«*[7] Wenn Annette Kolb Gäste hatte, ging sie gerne mit ihnen in sein Atelier, um ihre Bewunderung für die Büsten und Statuen des Bildhauers mit ihnen zu teilen. Im Hildebrand-Haus, das auch heute noch etwas vom damaligen Flair eines fürstlichen Künstlerlebens in München ahnen läßt, wird der Nachlaß der Dichterin aufbewahrt.

Der Porträt- und Landschaftsmaler Ludwig Kirschner, der von 1896–1900 Schüler der Münchner Akademie war, stellte 1897 im Glaspalast seine Bilder aus, wobei sich wiederum über Annette Kolbs Vater Max, der für den Blumenschmuck zuständig war, ein Kontakt ergab. Der Maler fertigte eines der schönsten Bilder der jungen Schriftstellerin, eine farbige Kreidezeichnung, die ihre ganze Lebendigkeit zum Ausdruck bringt. Später wurde Kirschner Mitarbeiter der Münchner Zeitschrift »Licht und Schatten«, für die er zahlreiche illustrative Beiträge lieferte. Manchmal wird er mit dem expressionistischen Künstler Ernst Ludwig Kirchner verwechselt, der einen berühmten Holzschnitt von Annette Kolb schuf. Sie hatte ihn in Dresden kennengelernt, und er schrieb ihr im Juni 1926 aus Davos: »*Die Tage in Dresden, als ich Sie sah, waren ein Erlebnis für mich. Denn ich habe sehr selten Künstlerinnen gesehen und gesprochen. Gewiß werde ich sehr gerne versuchen ein Buch von Ihnen zu illustrieren, wenn ich vom Verleger an keine bestimmten Termine gebunden werde, denn Illustrieren ist eine rein künstlerische Arbeit, die wachsen will wie ein Bild.*«[8] Zu diesem von ihr gewünschten Projekt kam es leider nicht mehr. Als der Künstler 1938 starb, war Annette Kolb schon fünf Jahre im Ausland.

Etwa um die gleiche Zeit wie Kirchners Holzschnitt dürfte eine Bleistiftzeichnung von Fred Dolbin entstanden sein, da die Porträts Kolb in annähernd demselben Alter zeigen.

Die Graphiker Rudolf Großmann und Olaf Gulbransson schufen Zeichnungen von Annette Kolb und Lithographien für ihre Bücher. Am bekanntesten ist die Einbandzeichnung von Gulbransson für ihr Buch »Kleine Fanfare«. Der Künstler hat sie auf einem riesigen Horn blasend dargestellt. Er schuf auch brillante Karikaturen für den »Simplicissimus«, eine satirische Zeitschrift, die bis in die dreißiger Jahre die besten Zeichner und Autoren engagierte. Frank Wedekind z.B. wurde für ein Gedicht, das im »Simpl« erschien, ins Gefängnis geworfen. Er hatte darin die Palästina-Reise von Kaiser Wilhelm II. durch den Kakao gezogen. Thomas Mann hingegen war dem Verleger des Simplicissimus, Alfred Langen, immer dankbar, da er als einer der ersten den Mut hatte, etwas von ihm zu drucken. Später kamen noch Erich Mühsam, Klabund, Alexander Roda Roda und andere hinzu, die dem Blatt seine unverwechselbare Richtung verliehen, das immer ein Stachel im Fleisch der Obrigkeit war, und genau dies war auch im Sinne von Annette Kolb.

Recht originell war die Lithographie »Kolbannette« von Großmann für »Das große Bestiarium der modernen Literatur« von Franz Blei, der darin einige Schriftsteller/innen seiner Zeit als Fantasiegetier charakterisiert: *»DIE KOLBANNETTE ist eine Edelziege von vornehmem Pedigree. Ihr Fell ist seidig und hat einen Schimmer ins Romantisch-Blaue. Ihre vier graziösen Beine tragen sie leicht, aber nicht immer sicher überall dorthin, wohin sie, mit einer Leidenschaft zu hohen Bergen, gern möchte. So muß sie bisweilen, wenn sie sich wieder irgendwo verstiegen hat, heruntergetragen werden. Die Kolbannette ist außerordentlich sauber, bis zur Zimperlichkeit.«*[9]

Nicht nur Maler und Graphiker schufen Abbilder der Dichterin. Auch den berühmten Bildhauer Georg Kolbe reizte es, ihren Charakterkopf nachzuempfinden. Kolbe war Professor der Akademie der Künste in Berlin, der Stadt, über die Annette Kolb in den »Sieben Studien« schon 1906 geschrieben hatte, sie sei imposanter und spannender wie keine andere. Kolbe gilt als der erfolgreichste Bildhauer zu Beginn des 20. Jahrhunderts. Er war von Klinger und Rodin beeinflußt und verstand sich als Fortsetzer und Vollender. Daß er eher nach harmonischer Ausgeglichenheit suchte als nach neuen Ausdrucksformen, wird Annette Kolbs Geschmack getroffen haben. Seit 1903 in Berlin, krönte er seine künstlerischen Studien im Jahr 1913 mit einer Reise nach Ägypten. In einem Werksverzeichnis des Bildhauers ist die Vollendung des bronzenen Porträtkopfes von Annette Kolb mit 1916 angegeben. Ihre Beschreibung Berlins, die 1914 in »Wege und Umwege« veröffentlicht wurde, legt den Schluß nahe, daß sie noch vor Ausbruch des Ersten Weltkrieges dem Künstler Modell gesessen hat, denn die Folgen einer emphatischen Rede, von der noch zu berichten sein wird, hatten es ihr während des Krieges unmöglich gemacht, nach Berlin zu reisen. *»Ich wußte erst, nachdem ich Berlin verließ, mit welch nationaler Anteilnahme ich es betrachtet hatte.«*[10] Die Büste befand sich später in ihrem

Besitz und wird heute in Badenweiler gezeigt.

Der Kontakt zu dem Bildhauer Georg Kolbe riß bis zu ihrer Emigration 1933 nicht ab. War sie in den zwanziger Jahren in Berlin, dann ging sie »*an vielen Restaurants, Zigarren, Delikatessen-, Obst- und Gemüseläden (vorbei), bog dann beim Lützowufer ein und ging geradewegs in Georg Kolbes Atelier.*«[11] Auch der Bildhauer legte Wert auf ihre Besuche, wie Zeilen vom 30. November 1928 zeigen:

»Liebe Freundin,
[...] Dass Sie im Januar kommen wollen freut mich herzlich dann können wir uns erzählen, wie herrlich es uns geht – Aber bitte bestimmt kommen, Ja?
Stets Ihr Kolbe«[12]

Annette Kolb mit Stock; Pastellbild von Habermann aus dem Jahr 1914

Der Berliner Künstler modellierte noch viele Freunde von Annette Kolb, darunter Harry Graf Kessler, Henry van de Velde, Richard von Kühlmann und Marguerite von Kühlmann-Stumm.

Die schon im Alter von dreiunddreißig Jahren 1917 verstorbene Freundin Marguerite war eine Schönheit, die Literatur und Kunst liebte. Wie die Familie Kaulbach besaßen auch die Kühlmanns in Ohlstadt ein Haus, zu dem sie gewissermaßen erst durch Annette gekommen waren. Während eines Aufenthaltes

Kolbs bei Kaulbachs hatte Richard von Kühlmann sie besucht und sofort Gefallen an dem Dorf gefunden. »[...] *die seit langer Zeit mit unserer Familie befreundete, begabte, aber exzentrische Schriftstellerin Annette Kolb schrieb mir, sie weile bei dem bekannten Maler Fritz August Kaulbach auf dessen Besitz in Ohlstadt. Um uns zu sehen und zu sprechen, wäre es am besten, wenn ich einmal nachmittags in dieses am Fuße des Heimgartens gelegene Bergdorf käme. Gesagt getan.*«[13]

Kurz darauf sah sich der Diplomat nach einer geeigneten Immobilie um und fand den Raunerhof, in den sich auch seine Frau Marguerite sofort verliebte. Bald nach Kriegsbeginn konnte er das Anwesen käuflich erwerben. Annette Kolb war häufig zu Gast und diskutierte mit der jüngeren Marguerite über die neuesten literarischen Schöpfungen von Gerhard Ouckama Knoop und Franz Werfel. Bezaubert von der Schönheit und dem ausgeprägt ästhetischen Stil, den Marguerite auf ihre gesamte Umgebung übertrug, schrieb sie nach dem Tode der Freundin einen ergreifenden Nachruf. Es war, als hätte sie alles schon einmal erlebt, so stark rief die früh Verstorbene in Annette Kolb die Erinnerung an den Tod ihrer Schwester Louise wach.

Persönlichkeiten wie die Kunsthistoriker Julius Meier-Graefe und Wilhelm Hausenstein prägten außerdem den künstlerischen Verstand der Dichterin. Schon 1906, auf seiner ersten Reise nach Paris, entwickelte sich Hausenstein zum Kunstschriftsteller. Seine Kenntnisse der Nationalökonomie trugen zur Fundierung seiner kunsthistorischen Arbeiten bei. Er erkannte auch die Notwendigkeit, sich an der heftigen Kontroverse zwischen Verfechtern von Tradition und Fortschritt zu beteiligen, die seit Anfang des Jahrhunderts tobte. In der Schrift »Deutsche und Französische Kunst« erschien 1911 eine eindeutige Stellungnahme zu Gunsten der ausländischen und der neuen Kunst. Es ging um die Spaltung der »Neuen Künstlervereinigung« in München, aus der sich wenig später einige Mitglieder zur legendären Künstlergruppe »Blauer Reiter« zusammenschlossen.

So spürte Annette Kolb den Riß zwischen Deutschland und Frankreich nicht nur in der Politik, sondern auch in der Kunst, weil sich ihrer Meinung nach auf ideellem Gebiet das Extreme und Maßlose bei den Franzosen freier entfalten durfte als anderswo. Mit der ihr eigenen multikulturellen Noblesse konnte die Dichterin leichter neue Stilrichtungen tolerieren, auch wenn sie nicht immer zu deren Anhängerin wurde. Zehn Jahre später schrieb sie »[...] daß es in der Kunst sowohl wie in der Politik so etwas gibt wie ein ›zu spät‹. Auch hier sind die Gelegenheiten dahin, die man verpaßte [...]«[14]

Julius Meier-Graefe, der wichtige Bücher über die impressionistische und expressionistische Malerei veröffentlicht hat, wurde auch als Berater herangezogen, wenn die Kolb eines ihrer Bilder aus Geldmangel verkaufen mußte. Seine erste Frau, Helene, blieb eine lebenslange Freundin von Annette.

Ihre markanten Gesichtszüge, vor allem im hohen Alter, machten die Dichterin für viele Künstler attraktiv. Die Künstlerin Gerda von Stengel hielt die über 80jährige in vielen Zeichnungen für die Nachwelt fest. Von der 95jährigen Annette Kolb schuf Ernst Andreas Rauch, Professor in Nürnberg, eine Bronzebüste. In ihrem Todesjahr, 1967, wagte sich der Bildhauer Hans Wimmer daran, ihren Charakterkopf in Bronze zu gießen. Es mag ihn besonders gereizt haben, denn »Kunst sollte nach seinen Worten ›den von der Zerstörung bedrohten Gegenstand nüchtern und ohne Vorbehalt darstellen.‹«[15] Diese Theorie hat ihn bewogen, von der Dichterin im gleichen Jahr noch eine Zeichnung anzufertigen, die Annette Kolb vor dem Klavier sitzend zeigt. Die Zeichnung entstand wenige Tage vor ihrem Tod; so schloß sich zum Ende ihres Lebens bildhaft der Kreis von Kunst und Musik und knüpfte zugleich an ihre frühe Jugend an: Über acht Jahrzehnte zuvor hatte die Schwester Germaine die 15jährige Annette schon einmal vor dem Piano gezeichnet.

Fotografie war für Annette Kolb ebenso Kunst wie Malerei. Ästhetische Fotos in Magazinen waren ihr eine Augenweide. Die schönsten Bilder, die sich von der Dichterin in ihrem Nachlaß finden, hat die mit ihr befreundete Fotografin Thea Sternheim aufgenommen. Die Ehe von Stoisy, wie Thea genannt wurde, die mit dem Dramatiker Carl Sternheim verheiratet war, bestätigte Annette Kolbs Auffassung, daß es besser ist, Männer nur aus der Distanz zu lieben. Als Thea die Aufzeichnungen der vielen Ge-

Die fünfzehnjährige Annette Kolb; Bleistiftzeichnung ihrer Schwester Germaine.

liebten ihres Mannes entdeckte, war sie über dessen Ausschweifungen alles andere als glücklich. Er hatte sich als Erotomane und Don Juan entpuppt. Sie »weinte sich in den Schlaf« und kompensierte die Demütigungen mit einem luxuriösen Leben in Künstlerkreisen, bis sie sich 1927 endlich scheiden ließ. Sieben Jahre später festigte sich Theas Liaison mit André Gide, sie unternahmen eine gemeinsame Reise: *»Stoisy beendet ihre Hochzeitsreise mit Gide am Thunersee und schreibt in dithyrambischen Glückstönen«*[16], kolportierte Annette Kolb einer Freundin.

In politischen Ansichten war Thea loyal mit Carl Sternheim und hatte ihn bei seinen Bemühungen um französische und belgische Flüchtlinge während des Ersten Weltkrieges unterstützt. Er war, genau wie die Kolb, mit Briefsperre und Zensurverboten belegt worden, weil er sich nicht gescheut hatte, die gesellschaftlichen Verhältnisse zu kritisieren. Sein Drama »Der Snob«, uraufgeführt am 2. Februar 1914, schildert den Emporkömmling Christian, der seine Herkunft verschleiert, um in Adelskreisen anerkannt zu werden. Die Komödie spiegelt den Kampf zwischen den sozialen Schichten und den Untergang einer Epoche wieder. Ein gutes Jahrzehnt später hat Annette Kolb dieses Thema in ihrem autobiographisch gefärbten Roman »Daphne Herbst« aufgegriffen.

Die unglückliche Thea, die zwanzig Jahre mit Sternheim verheiratet war und drei Kinder von ihm hatte, zog 1932 nach Paris. Dort wohnte sie im selben Haus wie der Pazifist Frans Masereel, den Thea schon seit 1921 kannte. Der flämische Maler und Graphiker gehörte zum Kreis um Romain Rolland, mit dem Annette Kolb während ihres späteren Pariser Exils in Kontakt bleiben sollte. Nur unter Gleichgesinnten konnte sie sich wohlfühlen. *»Denn als Verführer ist der Geist mächtiger als die Leidenschaft.«*[17]

In der Kunst schätzte Annette Kolb vor allem das Ästhetische. Dieses Kriterium verband sie auch mit dem in Antwerpen geborenen Maler und Architekten Henry van de Velde, den sie schließlich persönlich kennenlernte. Als van de Velde 1898 nach München kam, war er begeistert von dem Enthusiasmus, den die Bewohner ihren Künstlern entgegenbrachten, von der Hochschätzung, die bildende Künstler wie Franz von Lenbach und Adolf von Hildebrand genossen, und von der Verehrung, die Richard Wagner galt. Selbst einem »Ausländer« fiel auf, wie einflußreich diese Persönlichkeiten waren. Die vollen Residenztheater der Stadt beeindruckten den Belgier ebenso wie die russischen und skandinavischen Autoren, die dort gespielt wurden, obwohl sie, außer in ihren Heimatländern, nahezu unbekannt waren. Henry van de Velde, der mit seinen Buchausstattungen, Innendekorationen, Modezeichnungen und Möbeln wie kein anderer den Jugendstil beeinflußt hat, träumte noch an seinem Lebensabend in Zürich vom München der Jahrhundertwende.

Geradezu besessen war Annette Kolb vom Phänomen der menschlichen Schönheit. In »Glückliche Reise« beschreibt sie eine Szene, in der sie gebannt ein Geschwisterpaar anstarrte, das ihr wegen seiner Schönheit aufgefallen war, und ernannte den jungen Mann zum »Flügeladjutant König Davids«, um so auf dessen edle Erscheinung aufmerksam zu machen. Die antike Idee, daß das makellos Schöne auch das Gute ist, war für sie eine unumstößliche Wahrheit. *»Wie der menschliche Körper durch die griechische Kunst, so hat sich seitdem das menschliche Leben selbst zu einem Ideal gestaltet«*[18], verkündete sie schon in einem Artikel über das Hotel Ritz in Paris im Jahr 1904, wo sie die Menschen beobachtet hatte, die dort ein- und ausgingen. Unverkennbar sind die Einflüsse von Oskar Wilde, der gut zwei Jahrzehnte zuvor in Oxford die »Ästhetische Bewegung« zu kreieren begonnen hatte, in der es modern wurde, sich selbst als Kunstwerk zu inszenieren. Vor dem Ritz in Paris kam zum ersten Mal der Moment, in dem Annette Kolb bedauerte, arm zu sein. »*[...] mir ist hier oft, als müßte mein Herz brechen vor Sehnsucht nach Geld! [...] ich konstatiere an mir selbst eine immerwachsende Leidenschaft für die Güter dieser Erde, und wie sehr sich unsere Anforderungen an das Leben mit unserer Kultur und unseren geistigen Fähigkeiten steigern.*«[19]

In ihren Aufsätzen »Schriftstellers Klage« und »Schriftstellers Notwehr« vergleicht sie die Kunst des Schreibens mit der bildenden Kunst – wieviel Mühsal das eine mache und wieviel Material das andere benötige! Mit dem Schreiben sei es wie mit der Kaltwasserheilanstalt; einmal drinnen, werde einem schon warm. Die bildende Kunst erscheint ihr als die glücklichere, da Gemälde und Statuen ja immerhin in sich ruhten. »*Aber Bücher, Bücher! Wie viel schwanker ist ihr Boden und was für ein Lärm ist um sie her.*«[20]

Das Exemplar

Die publizistische Arbeit von Annette Kolb ging zunehmend in literarisch gereiftes Schreiben über. Als 1905 ihr Text »Torso« in der von Samuel Fischer verlegten Neuen Rundschau in Berlin erschien, war die Mitdreißigerin zur Autorin eines führenden Literaturverlages geworden. Es folgten fünf Übersetzungen von Werken aus dem Italienischen, Englischen und Französischen ins Deutsche, an denen sie sich stilistisch übte und dazu beitrug, Literatur anderer europäischer Länder in unser Bewußtsein zu bringen. *»Nahm die Öffentlichkeit, das heißt die Presse Notiz davon? So wenig wie von einer toten Ratte. Arme Übersetzer, die zumeist gegen miserable Bezahlung sich der Aufgabe hingeben, Vermittlerdienste zu leisten! In Deutschland waren es im Gegensatz zu anderen Literaturen gerade die besten Autoren, die schon vor dem Ersten Weltkrieg sich als Pioniere einsetzten. Heinrich Mann hat Anatole France [...] Annette Kolb den Chesterton übertragen.«*[1] Gemeinsam mit Franz Blei übersetzte sie Gilbert Keith Chestertons »Orthodoxie«, in der Zeitschrift Hyperion veröffentlicht. In dieser Zeit lernte Annette Kolb auch Carl Sternheim kennen, der das Blatt für kurze Zeit gemeinsam mit Blei herausgab.

Als 1912 ein Vorabdruck ihres ersten Romans »Das Exemplar«, ebenfalls in der Neuen Rundschau, veröffentlicht wurde, hatte Annette Kolb den Durchbruch geschafft. 1913 erschien ihr Roman in Buchform und rief bei Kritikern und Freunden ein glänzendes Echo hervor. Eine erfolgreiche Schriftstellerin! Annette Kolb wird auf Wolken geschwebt haben. Aber wie glücklich war die Dichterin erst, als sie im gleichen Jahr den Fontane-Preis erhielt! Es war eine langersehnte Anerkennung ihres Schaffens, über die sie sich »närrisch freute«.

Ihrem Verleger Samuel Fischer gegenüber war sich die Kolb

immer bewußt, wieviel sie ihm zu verdanken hatte, und dessen Frau Hedwig war auch nicht eben unbeteiligt am Erfolg: Sie hatte den Titel des Buches ersonnen und auf seiner Umsetzung bestanden. »*Annettes erstes Buch war eine Reisebeschreibung [...] ihr Heimischsein in der großen Welt, mit Charme und tiefem Gefühl in eine einfache und doch erregende Fabel verflochten, gab dem Buch seinen wirklich einzigartigen Ton. Nur den Titel fand ich schlecht: ›Mariclées Erlebnis‹, und was ich auch von meiner Bewunderung damals an Annette geschrieben habe, ich bestand auf einer Umtaufe, es mußte ›Das Exemplar‹ heißen.*«[2]

Wie um zugleich ihre eigene Sehnsucht nach Reichtum und Ästhetik zu befriedigen, läßt Annette Kolb die Heldin des Romans, Mariclée, in mondänste Kreise Einlaß finden und an deren Lebensgenuß teilhaben. Der autobiographisch angelegte Roman schildert viele Landschaften und Herrensitze in England, die Annette Kolb selbst erkundet hat oder wo sie zu Gast war. Der Hauptschauplatz ist London während zweier Monate im Hochsommer 1909, der Plot eine Liebesgeschichte, die ohne Enthüllungen auskommt, aber trotzdem erotische Spannung erzeugt. Diese bewußte Verschleierung von Sex behält Kolb in allen ihren Romanen bei.

Die Titelgestalt, »das Exemplar«, ist John Ford nachgebildet, einem Legationssekretär der englischen Botschaft in München. Mit ihm hat Annette häufig Ausstellungen und Theateraufführungen in ihrer Heimatstadt besucht und ihn 1903 öfter in Paris getroffen. Ford wurde auch zur literarischen Vorlage des »Pariser Freundes« aus ihrem Aufsatz »Ritz« von 1904. Er entsprach ihrem von Oskar Wilde beeinflußten ästhetischen Ideal. John Ford war schön, elegant und geistvoll, liebte die Musik und das Sammeln von Kunst. Annette Kolb sah ihn 1909 in London wieder, und bis zu seinem Tod 1917 wechselten sie Briefe und tauschten Bücher. Auch die im Roman als Höhepunkt und Abschluß beschriebene Dampferfahrt von Southampton nach Cherbourg hat tatsächlich stattgefunden.

Die Heldin Mariclée reist nach London, um »Ihn«, der seit ihrem letzten Treffen verheiratet ist, wiederzusehen. Wie tiefgehend Annette Kolb im realen Leben enttäuscht war über die Ehe ihres Freundes Ford, läßt sich aus den wenigen erhaltenen Briefen nicht wirklich ablesen. Im Roman gelingt der Autorin die Gestaltung von Mariclées Verzicht auf den Geliebten ganz souverän: »*Im klassisch hergebrachten Sinne liebte sie das Exemplar mitnichten, und sogenannte Mädchenträume hatte sie nie auf sein Haupt gehäuft. Denn ihr Bereich waren jene Zwischenstadien, die unsere Mütter und Großmütter nicht kennenlernten.*«[3]

Die Darstellungen von Mariclées Gefühlsschwankungen und die schon fast ans Exzessive grenzende Selbstanalyse ihres Seelenzustandes sind realistisch bis ins Detail. Analytisch tiefschürfend offenbart Mariclée ihre Gemütslage: »*Seine Stimme! Diese Stimme, deren Klang fast aus der Welt verklungen, verhallt und fast vergessen, sie nun wieder bis ins Mark durchdrang; ihre Bänder waren nicht zerrissen, fest zusammengefügt zu jenem verwöhnten, melodischen Organ, vor dem ihr jetzt schwindelte und das tausend Erinnerungen in ihr wachrief als läge sie im Sterben.*«[4]

Das Ergebnis dieser Gefühlsanalyse läßt die Romanheldin keineswegs unglücklich werden, sondern bewußt nach einem neuen Liebeskonzept suchen, das den Aufbruch der Frau in einer Zeit signalisiert, als es für sie noch kein entsprechendes Muster im Gefühls- und Lebensbereich gab. »*Denn das Gebundensein, das ist's! Das ist's, was uns an alle Endlichkeiten knüpft. Die Befriedigung niemandem zu gehören hingegen ist so überbietend, daß man ebenso übermächtig daran hängen kann wie ein anderer am Genuß. Auf Seiten des Verzichts liegt die Moral [...]*«[5]

Hier beschreibt Annette Kolb das innovative Muster der Lebensgestaltung von Frauen, das sie selbst vorlebte. Viele ihrer Freunde waren verheiratete Männer oder Homosexuelle. Einer ihrer engsten Bekannten war mit der schönen Marguerite verheiratet; ohne Eifersucht verstand es die Kolb, die viel jüngere Frau zur Freundin zu gewinnen. Richard von Kühlmann lebte von 1909 bis 1914 als deutscher Botschaftsrat in London. Nach ihm hat Annette Kolb die Figur des deutschen Botschafters im »Exemplar« gestaltet. Seine auf Entspannung zwischen den Nationen ausgerichtete Diplomatie entsprach ganz ihren Vorstellungen. Während der Friedensgespräche in Brest-Litowsk 1917 führte von Kühlmann die Verhandlungen auf deutscher Seite und setzte sich für den Vergleichsfrieden mit England ein. Starke Kritik aus den konservativen und militärischen Reihen bewogen ihn zum

Rücktritt. Er blieb zeitlebens ein Freund und Berater von Annette Kolb und unterstützte sie regelmäßig auch finanziell.

Konturenscharf, wie die frühen Expressionisten, die an der Sinnlosigkeit des modernen Lebens litten, sah auch die Autorin die Ungerechtigkeiten der Welt. Ihre gesellschaftskritischen Ansichten verbreitet sie durch ihre Protagonistin Mariclée: »*Weil es nichts Rückständigeres gibt als die Gegenwart*«, oder: »*Gott! – wie der Herr da drüben essen konnte! – Was aß er denn? [...] Und mit einem Male schienen ihr all diese essenden Menschen namenlos grotesk. Der Hunger war der große Rattenfänger, die Speisen die Noten, aus denen er seinen Lockruf zusammensetzt, und zwar so, daß man nicht merkt, wie man ihm folgt, und stets so viel genauer weiß, was man ißt, als daß man ißt.*«[6]

Ihre eigenen Beziehungsphilosophien schildert Annette Kolb ebenfalls mittels der Romanheldin, die sie als »ein Kind ihrer Zeit« und vom »heutigen Manne gezeichnet« darstellt. Mariclée fesselt besonders solche Männer, die nicht als Heiratskandidaten in Frage kommen. Sie nimmt es als Schicksal, mit dem sie sich arrangiert hat, so daß es auch einem klassischen Liebhaber wie dem »Exemplar« nicht gelingt, sie von ihren platonischen Liebesvorstellungen abzubringen. Mariclée glaubt, indem sie keinem Mann angehöre, habe sie ein Recht auf alle liebenswerten Männer.

Die Erzählung »Kreutzersonate« von Leo Tolstoj, die Annette Kolb im Roman zitiert, hat ihr zweifellos auch als Exempel gedient. Der Dichter macht in dieser Erzählung seine Hauptfigur zum Sprachrohr seiner Ansichten über Liebe und Ehe. Gleichzeitig predigt Tolstoj das unerreichbare Ideal der Enthaltsamkeit und Keuschheit und empfiehlt, zur christlich-asketischen Tradition zurückzukehren. Von dieser 1891 erschienenen Erzählung war Annette Kolb offensichtlich beeinflußt, als sie den Charakter ihrer Heldin schuf. Den moralisch erhobenen Zeigefinger Tolstojs allerdings hat die Kolb umgewandelt in die selbstbestimmte, emanzipatorische Verhaltensweise einer Frau. »*Als (Mariclée) mit dem Exemplar zusammentraf, war die Natur schon so stilisiert, daß sie auf den Wogen eines grenzenlosen Meeres, in dem sie unter anderen Konstellationen zweifellos versunken wäre, sicheren Fußes wandelte.*«[7]

Die außergewöhnliche Freundschaft, die John Ford und Annette Kolb im wirklichen Leben verband, beschrieb sie einmal als einen »weißen Zauber, der zwischen uns herrschte«.

Die Meinungen, die einzelne Romanfiguren in langen Gesprächen äußern, stammen zum Teil aus schon früher in Zeitschriften veröffentlichten Essays. Die Gespenstergeschichte, die Annette Kolb eingebaut hat, geht zurück auf den Essay »Rufford Abbey« aus dem Jahr 1906. Darin schilderte sie ein Erlebnis, das sie als Gast auf dem gleichnamigen Herrensitz hatte, wo sich auch Edward VI. gerne aufhielt. In Rufford Abbey weilte Annette Kolb auf Einladung von Violet Helyar, der Witwe des britischen Legationssekretärs in München, eines Vorgängers von John Ford. Nach dem Tod ihres ersten Mannes hatte Violet Helyar Lord John Savile, Baron of Rufford, geheiratet und war Herrin auf dem schloßähnlichen Landsitz geworden.

Der Roman »Das Exemplar« erregte auch die Begeisterung der extravaganten Schriftstellerin Mechtilde Lichnowsky, deren Mann deutscher Botschafter in London war. Nach der Lektüre lud sie die Kolb spontan in die Londoner Botschaft ein. Mechtilde und Annette fühlten sich seit gemeinsam verbrachten Münchner Jugendjahren freundschaftlich verbunden, der Kontakt geht auf die Familie Kühlmann zurück. Richard von Kühlmann war als Botschaftsrat in England engster Mitarbeiter des Fürsten Karl Max Lichnowsky. Die Jugendfreundin Mechtilde Gräfin Arco-Zinneberg war so recht nach Annette Kolbs Geschmack, eine außerordentlich schöne und begabte Frau mit einem Hang zum Burschikosen. Ihre Unkonventionalität führte bisweilen zu brisanten Situationen. So besuchte sie im Herbst 1915 Annette Kolb in München in Männerkleidung und geriet in den Verdacht, ein Spion zu sein. Verstimmt über den Auftritt und seine unangenehmen Folgen, schrieb Annette im folgenden Frühjahr an die Freundin: »*Mir selbst aber wurde in Folge deiner Handlungsweise der Pass entzogen, und Postsperre über mich verhängt. – Wenn du in Berlin, – denn dorthin ist die Sache gelangt – mir nicht in kürzester Frist meinen Pass, den ich dringend brauche, und durch dich einbüste, wieder verschafft, so zwingst du mich, den Fürsten in den Sachverhalt einzuwei-*

Mechtilde Lichnowsky

hen. Damit er mir zu meinem Recht verhilft.«[8]

Im Kriegspresseamt in Berlin war der Verdacht aufgekommen, Annette Kolb hätte 1916 in London das Buch »Sovereigns and Statesmen of Europe« veröffentlicht. In Wahrheit aber war es Annettes Schwägerin, die Schriftstellerin Cathérine Radziwill, die das Buch unter dem Namen Kolb-Danvin publiziert und damit die Vermutung erweckt hatte, daß dessen Autorin mit Annette Kolb identisch sei. Das Verhalten ihrer Schwägerin führte zum lebenslangen Bruch Kolbs mit dem Bruder Emil. Die Freundschaft mit der Fürstin wurde auf eine harte Probe gestellt, denn ohne Paß konnte sich die Kolb nicht rechtzeitig ausweisen und geriet erst recht in Spionageverdacht. In Berlin hatten die Behörden angenommen, die Publikation sei eine Übersetzung der »fanatischen Pazifistin«, die ein Jahr zuvor in Dresden aufgefallen war. Aber Annette war nicht nachtragend. Als 1928 Mechtildes Novelle »Das Rendezvous im Zoo« erschien, die Parallelen zum Roman »Das Exemplar« aufweist, reagierte Annette Kolb ohne Konkurrenzgefühle und nannte sie ein »Meisterwerk«.

Noch eine andere Schriftstellerin, mit der die Kolb seit 1911 befreundet war, nahm lebhaften Anteil an dem Erscheinen des »Exemplars«. Es war die Urenkelin von Germaine de Staël, Pauline de Pange, die als jungverheiratete französische Diplomatengattin nach München kam und dort Annette Kolb kennenlernte. Noch nach Jahrzehnten war ihr ein Charakteristikum der Kolb in Erinnerung: *»Übrigens ist sie imstande jederzeit zu schreiben, sei es nun an einer Tischecke in einem Bräu, oder in ihrem eigenen Salon während sie auf Freunde wartet; und ob sie sich zufällig französisch oder deutsch ausdrückt, wird ihr kaum bewußt.«*[9]

Kolbs Freund Richard von Kühlmann war allerdings nicht

der Ansicht, daß Annette jederzeit schreiben könne. Er sah jeden Satz als Ergebnis harter, qualvoller Arbeit, die ihr am besten gelinge, wenn sie unter Menschen sei. Das Brauhaus war allerdings nicht Annettes Ort, viel lieber saß sie in Kaffeehäusern oder Hotelhallen. Am liebsten plazierte sie sich in die Nähe eines Orchesters und ließ sich von der Musik und den Besuchern inspirieren. Im Ritz in Paris, im Huguenin in Lugano oder im Kursaal von Montreux war sie schreibend anzutreffen und ließ das Flair der eleganten Welt auf sich wirken. Die Städte Europas waren ihr nicht mehr fremd, sobald sie ein Café mit Kapelle gefunden hatte und einen Platz zum Schreiben.

Hugo von Hofmannsthal sandte Annette Kolb am 2. Juni 1913 einen Brief mit anerkennenden Kommentaren zu ihrem Roman. Immer wenn die Kritiker ihr allzusehr zusetzten, holte sie seine Zeilen hervor, um sich an seinem Lob zu stärken. »*Die Figur des ›Exemplars‹ ist etwas absolut Bewunderungswürdiges; denn Elegance ist das Ungreifbarste, [...] Sie können sehr stolz sein. Sie haben Dinge hingestellt, die für die meisten Menschen gar nicht existieren, die wirklich zu fixieren eigentlich kein deutscher Autor auch nur versucht hat.*«[10]

Das positive Urteil Hofmannsthals betrachtete Annette Kolb als Lohn für ihre langjährigen Bemühungen, aus dem stillen Kämmerlein herauszutreten und sich in der Öffentlichkeit schreibend durchzusetzen. Der Kampf um Anerkennung hatte ihre Beobachtungsgabe geschärft, ihre Neugier geweckt und ihr gesellschaftskritisches Bewußtsein gegenüber weiblichem Rollenverhalten vertieft. Der nur ein Jahr jüngere Franz Blei schrieb 1927 in seinem Buch »Glanz und Elend berühmter Frauen«: »*Annette hat den Typus einer Frau als Vorläuferin vorweggenommen und lebendig hingestellt, wie wir ihn als geläufigen Typus für einmal in dreißig Jahren erhoffen, wo die weibchenhaften Hysterien dank eines sie nicht mehr verlangenden Männchens ausgestorben sein werden, [...]*«[11]

Ein zeitgenössischer Kritiker, Joachim Benn, spricht in einer Rezension des »Exemplars« von 1913 davon, daß man beim Lesen dieser tagebuchartigen, an geistreichen Wendungen verschwenderischen Darstellung voll impressionistischer Schilderungskunst das Legendäre empfinde und sich damit im Umkreis einer Welt fühle, in der wie zu allen großen Zeiten Kunst und Religion zusammenfließen. Die Schriftstellerin Luise Rinser schrieb 1955 in der Züricher Weltwoche: »*Wer Annette Kolb kennenlernen will, tut gut ihren frühen Roman ›Das Exemplar‹ zu lesen. Denn die Heldin dieses Romans, Mariclée, ist die junge Annette Kolb; alle ihre spätere Erfahrung ist in diesem Buch vorweggenommen. Ein Meisterstück der Selbstdarstellung, aus einer großen Distanz zu sich selber entstanden, voll gescheiter und melancholischer Selbstironie, voller Humor und Witz, und nicht zu vergessen; ein bezaubernder und eigentümlicher Liebesroman.*«[12]

Geheimnisvoll wie Mariclées Beziehung zum Exemplar im Roman blieben auch Kolbs Liebensbeziehungen im wirklichen Leben. Sie ließ sich nie in die Karten gucken, und auch mir ist es nicht gelungen, den Schleier so weit zu lüften, daß ich ihr mit Gewißheit eine leidenschaftliche Liebesbeziehung nachsagen könnte. Aber auch das Gegenteil kann ich nicht behaupten. In diesen Kapiteln ihres Lebens pflegte sie Allüren oder auch Affairen mit viel Diskretion zu umgeben.

Der Erste Weltkrieg

Einige Jahre vor dem Krieg hatte Annette Kolb damit begonnen, die Vorlesungen des Münchner Philosophen Max Scheler zu besuchen. Bei einer abendlichen Gesellschaft begegnete sie ihm persönlich und sprach davon, daß sie nach Paris fahre. Scheler schickte ihr daraufhin seine Visitenkarte und bat sie, einen Brief für seinen Kollegen Henri Bergson mitzunehmen. Beide Philosophen hatten in die Diskussion über die Abstammungstheorie von Charles Darwin eingegriffen, die die Biologie um die Jahrhundertwende beherrschte.

Bevor die Dichterin Bergson aufsuchte, begab sie sich erst einmal in Klausur, um seine Schriften zu studieren: »[...] *so mir nichts dir nichts wollte ich nicht zu ihm gehen und verbrachte nun in meinem Pariser Hotelzimmer die anstrengendsten Wochen meines Lebens mit der ›Evolution créatrice‹: Tag für Tag bei Morgengrauen und in die Nacht hinein.«*[1]

Mit diesem 1907 erschienenen Werk hat Bergson Weltruhm erlangt und großen Einfluß auf die Literatur und Ästhetik seiner Zeit ausgeübt. In brillanten Formulierungen vertritt er eine Philosophie, die von einem Lebensimpuls als Ursache aller Veränderungen ausgeht. Er wandte sich zu Gunsten der intuitiven Erkenntnis gegen eine mechanistisch-materialistische Weltauffassung. 1917 erhielt er den Nobelpreis für Literatur.

Annette Kolb hat in ihren Schriften nichts darüber hinterlassen, wie der erste Besuch bei Bergson verlief. Aller Wahrscheinlichkeit nach hat sie den Philosophen sogar verpaßt, wie aus einem Brief vom 22. November 1911, geschrieben aus der Villa Montmorency, hervorgeht:

»*Mademoiselle,*
ich bedaure, Ihren Besuch versäumt zu haben, und danke Ihnen, daß Sie mir die Arbeit des Herrn Dr. Scheler gebracht haben, die

ich mit lebhaftem Interesse gelesen habe. Wenn Sie erneut bis nach Auteuil kommen können, finden Sie mich kommenden Freitag am Spätvormittag, gegen 11 Uhr zuhause; es wird mir ein großes Vergnügen sein, mit Ihnen zu plaudern. Meine Kurse beginnen nicht vor dem 5. Januar. Empfangen Sie bitte die Versicherung meiner vorzüglichen Hochachtung!
Bergson«[2]

Der zweite Besuch führte zur langersehnten Begegnung und einem angeregten Gespräch. In einem Essay vom Februar 1914 schildert sie ihren Abschied von Bergson: *»Aber ich will nur den einen Moment herausgreifen, da ich im Flur von Professor Bergsons Hause der Ausgangstüre zuschritt und er mich geleitete. Ich weiß nicht wie es kam, daß [...] Duchesnes Name zwischen uns fiel, und wir seiner einzigartigen Stellung in der Welt gedachten. Und Bergson sprach vom Katholizismus im Lichte dieses größten Katholiken [...]«*[3]

Knapp zwei Jahre zuvor hatte der Naturwissenschafts- und Technikglaube der westlichen Welt, gegen den sich Bergson so vehement wandte, einen herben Schlag erlitten. Der Untergang der »Titanic« erschütterte die Menschen; was als unsinkbar galt, war auf der Jungfernfahrt an einem Eisberg zerschellt. Noch Jahrzehnte später, bei ihrer Überfahrt nach New York auf der »Queen Mary«, erinnerte sich Annette Kolb an das Ereignis und zog es zum Vergleich mit ihrer aktuellen Situation heran: *»Der Planet hat sich gewandelt. Auch andere Sinne stumpfen sich ab. Ginge dies Riesenboot wirklich unter, wie schwach wäre das Echo, verglichen mit dem Entsetzen, der Bestürzung, die alle Welt über das Los der Titanic erfaßte. Geläufig lesen sich die Berichte über Flugzeuge, die mit ihren Insassen brennend abstürzen. Man nimmt solche Dinge hin und geht zur Tagesordnung über. Sie gehören zu den › Wundern der Technik‹.«*[4]

Der unerschütterliche Glaube an die Technik führte vor 1914 zu einem hemmungslosen Wettrüsten. Die anschließenden Auseinandersetzungen weiteten sich zu einem Wirtschafts- und Handelskrieg zwischen den westlichen Ländern aus. Deutschland plante den Bau von 60 Kriegsschiffen; diese sogenannten »Wunder der Technik« kamen bald vernichtend zum Einsatz.

Im Frühsommer traf sich Annette Kolb in München mit Richard von Kühlmann in dem in ein Restaurant verwandelten Arco-Palais. Die an allem politischen Geschehen leidenschaftlich interessierte Dichterin war sehr erregt über die nahegerückte Perspektive eines neuen deutsch-französischen Konflikts. Wie ein Flächenbrand breitete sich der Krieg seit Ende Juli 1914 in Europa aus. Das Attentat von Sarajewo am 28. Juni, bei dem der österreichisch-ungarische Thronfolger Franz Ferdinand und seine Gemahlin Sophie ermordet wurden, bot im weiteren Verlauf Wien einen Vorwand, gegen Serbien loszuziehen. Damit begann der Untergang des alten Europa. In kriegerischer Euphorie zogen die verbündeten Staatengemeinschaften in den Kampf. Als ginge es um Sandkastenspiele kleiner Jungen, wurden alle auftauchenden Bedenken hinweggewischt. Der 44 Jahre zuvor aufgebrochene Graben zwischen Deutschland und Frankreich vertiefte sich erneut. Die Deutschen marschierten seit ihrer Kriegserklärung an Frankreich am 3. August 1914 auf Paris zu und lösten den großen Exodus des französischen Volkes aus dem Landesinnern nach Bordeaux, Biarritz, Marseille und Nizza aus.

Wie auf einem »Laufbrett« zwischen den Fronten wollte Annette Kolb Patrouillendienste verrichten und »inmitten des Wirrsals Aufklärerin« sein. Sie war der Überzeugung, daß sie als »Halbgermanin Frankreichs und als Halbromanin Deutschlands« zu den wenigen zählte, die es anzuhören lohne, bevor sie aus der Welt verschwunden seien. Nur dieser Personenkreis könne zwei Lager überblicken, die sich ganz aus den Augen verloren hätten.

Am 15. August schon schrieb Annette an den Freund Walter Alfred Heymel: »*Du kannst Dir denken mein lieber Alfred, wie meine Gedanken seit dem Ausbruch des Krieges Dich suchten! Es war ein lieber Gedanke von Dir mir Nachricht zu geben inmitten Deiner Vorbereitungen. Du weißt mit welchen Wünschen ich Dir folge. Ich freue mich, daß Du ziehen kannst, denn Du hättest es sonst doch nicht ausgehalten. Man ist gebrochen indem man wartet. Das Zurückbleiben ist furchtbar.*«[5] Noch schickte Heymel »Meldekarten vom Siegeslauf der Armee Bülow« an die Redaktion der »Süddeutschen Monatshefte«, die ganz im Dienste einer kriegsbegeisterten Berichterstattung stand. Im Oktober schrieb Annette ihm voller Verzweiflung über den Beginn der bewaffneten Auseinandersetzung, daß sie die Toten beneide. Am 26. November 1914 war Heymel schon gefallen, mit sechsunddreißig Jahren. Dieser sinnlose Tod beschleunigte Annettes Umschwung von einem gemäßigten deutschen Patriotismus zu einem radikalen Pazifismus. In ihren »Briefen einer Deutsch-Französin« opponierte sie, daß die Süddeutsche Zeitschrift weit hinter der Front dem Kriegsgott Blumen streue und es sie nicht anfechte, wenn noch mehr Menschen zu Krüppeln werden.

Am 25. Januar 1915 löste Annette Kolb in Dresden einen ungeheuren Pressewirbel aus: Mit einem leidenschaftlichen Vortrag im Saal des Künstlerhauses rief sie die Gegner auf den Plan, weil sie es gewagt hatte, die Notwendigkeit einer pazifistischen Zeitschrift zu vertreten. Sie war von einem Blatt, das sich gegen die Hetzblätter in allen Ländern richtete, überzeugt. »*So können wir garnicht verstehen, daß die Völker, die doch allesamt ihre Revolutionen hatten oder zu haben versuchten, warum sie sich allesamt ihre hetzerische Presse gefallen lassen, warum sie sich die noch nicht verbaten; [...] Man hat schon Regierungen davon gejagt, aber der Herausgeber eines Hetzblattes thront wie ein Gesalbter des Herrn auf seiner Redaktion. Argwöhnisch wird das Tun und Treiben eines Monarchen verfolgt, wer aber hat es gewagt, gegen den ›Matin‹ einzuschreiten, der schlimmer als eine russische Knute Wahrheit, Vernunft und Mäßigung unterdrückt?*«[6]
Deutsche Presseorgane fühlten sich mit dem Pariser Blatt verglichen, Protestrufe wurden laut, Annette Kolb als Verräterin beschimpft. Der Vorsitzende der Literarischen Gesellschaft, der zuvor keinen Einblick in das Manuskript der Kolb genommen hatte, befragte die Versammelten, ob die Rednerin weiter sprechen könne, was empört verneint wurde. Die Veranstaltung wurde umgehend aufgelöst. Der allgemeine Tumult und die wüste Skandalszene, deren Mittelpunkt Annette Kolb geworden war, veranlaßten sie, schleunigst und grußlos das Podium zu verlassen. Sie ging aufgewühlt in ihr Hotel, schützend begleitet von vier gleichgesinnten Damen, die ihr ihre Sympathie versicherten.

Die Gesinnungsgenossinnen halfen auf Kolbs Bitte hin auch beim Packen, denn die Geschmähte wollte auf dem schnellsten Weg von Dresden fort.

Von Berlin bis München unterstellten die Zeitungen Annette Kolb in den folgenden Tagen deutschfeindliche Äußerungen. Ein Offizier der österreichischen Armee hatte allerdings spontan reagiert und eine »großmütige« Spende für das Zustandekommen der pazifistischen Zeitschrift »Die Internationale Rundschau« geschickt. Anfang März bedankte sich Annette Kolb bei Philipp Freiherr Schey von Koromla für seine Großzügigkeit und informierte ihn, daß die Zeitschrift Anfang April 1915 erscheine, und sie hoffe, daß sie sich trotz »Wind und Wetter« durchsetzen werde.

Ihr unterbrochener Vortrag »Die Internationale Rundschau und der Krieg« wurde in der März-Nummer der von René Schickele herausgegebenen Monatsschrift »Die Weissen Blätter« veröffentlicht. Annettes vehementes Eintreten für die Völkerverständigung veranlaßten ihn, die Autorin zur Mitarbeit an seinem Blatt aufzufordern und ihre pazifistischen Aufsätze darin zu verbreiten. Die in der Erstausgabe von 1914 der Zensur unterworfenen »Briefe einer Deutsch-Französin« erschienen nun unter dem Titel »Briefe an einen Toten« ungekürzt als Glossen in Schickeles Zeitschrift – bis zu Kolbs Emigration in die Schweiz. Der Herausgeber und Schriftsteller René Schickele war zu diesem Zeitpunkt selbst schon dort. Er sollte als Deutsch-Franzose bald ebenfalls Schwierigkeiten mit der Politik bekommen. »*In einer Stunde der Einsamkeit rief mich jemand an, er möchte mich sprechen. Und ich antwortete ihm: ›Mein Herr, das wird nicht viel Sinn haben, wenn Sie nicht wie ich denken!‹ Auf das erwiderte er: ›Ich will Sie ja nur deshalb sehen, weil ich denke wie Sie!‹ Fünf Minuten darauf war er bei mir. Es war der Elsässer René Schickele, und wir waren Landsleute. Und ich stellte ihn meiner Mutter vor, und sie sprachen französisch zusammen. Es war wie ein Lichtblick.*«[7]

Dieser Lichtblick war im Februar 1915. Nur drei Monate später, am 2. Mai starb die Mutter und im November des gleichen Jahres auch der Vater. Die Unversöhnlichkeit ihrer Herkunftsländer hatte den Lebenswillen von Annette Kolbs Eltern gebrochen. Zu allem kriegsbedingten Leid war nun noch dieser Schicksalsschlag hinzugekommen.

Über ihren persönlichen Schmerz hat sie kaum etwas in ihren Schriften hinterlassen, immer stand der Dienst an der Sache im Vordergrund, was auch Thea Sternheim beeindruckte, die ihr am 5. März 1915 schrieb:

»Ich habe immer wieder das Bedürfnis Ihnen zu sagen wie anständig ich's von Ihnen finde, so zu schreiben wie Sie geschrieben haben. Ihnen wird die Ehre bleiben, zum Anfang beigetragen zu haben, denn allen schon macht es sich bereits fühlbar, daß die Menschheit zur Vernunft kommen wird. Wenigstens der einflußreichere Teil. Wir grüßen Sie herzlichst Ihre Thea Sternheim«[8]

Hier irrte sich Thea; bis die Menschheit zur Vernunft kam, dauerte es fürs Erste noch einige Jahre, und auf den einen Weltkrieg sollte der nächste folgen ...

Wegen ihres Engagements für die Friedensbewegung war Annette Kolb den Behörden mittlerweile suspekt geworden. Als sie 1916 zur Gründungssitzung der »Internationalen Rundschau« eingeladen wurde, unterstellte man ihr Beteiligung an einer Zeitschrift, »die der Friedenspropaganda dienen soll«, und die Publikation von »Sovereigns and Statesmen of Europe« in London. Das Bayrische Kriegsministerium verhängte am 30. März eine Reise- und Briefsperre. Dadurch war Kolb in eine recht mißliche Lage geraten. Sie versuchte durch verschiedene Eingaben bei der Polizeidirektion in München und dem Vorsitzenden der Deutschen Friedensgesellschaft – von letzterer hatte sie eine Kopie an das Bayrische Kriegsministerium geschickt – eine Ausreise nach Holland und eine Aufhebung der Briefsperre zu erreichen.

Richard von Kühlmann hatte sie schon im Oktober 1914 vor den Folgen ihres politischen Engagements gewarnt und ihr geraten, ihren Vortrag in der Schublade zu lassen. Nun half er, ließ seine Beziehungen spielen und vermittelte Annette Kolb an Walter Rathenau, der wiederum seinen Einfluß geltend machte. Rathenau verhalf Annette Kolb zu einem neuen Paß – ihr alter war ja durch Mechtilde Lichnowskys »Hosenrolle« abhanden gekommen –, damit sie in die Schweiz ausreisen konnte. Sie nutzte die Gelegenheit, auf dem neuen Ausweis ihr Geburtsdatum mit einem Tintenklecks ein für alle Mal unkenntlich zu machen. Wenn sie schon in ein anderes Land emigrieren mußte, dann wollte sie dabei für die Öffentlichkeit wenigstens fünf Jahre jünger werden! Dies ist ihr über ihren Tod hinaus gelungen, erst Jahre danach wurde ihr wahres Geburtsdatum allgemein bekannt.

»*Am 1. Februar 1917 kam ich gegen Abend definitiv nach Bern. Trotz dieser so unvermittelt aufblitzenden Vision wurde die Mutlosigkeit, gegen die ich anzukämpfen hatte, immer drückender, und geradezu trostlos gestaltete sich meine Einfahrt in die Bahnhofshalle.*«[9]

Walther Rathenau hatte sich zuvor noch für ihre »Briefe einer Deutsch-Französin« engagiert und dafür gesorgt, daß sie als Buch in Deutschland 1916 erschienen, was allerdings der Bayrischen Regierung unangenehm auffiel.

Rathenau leitete zu Beginn des Ersten Weltkrieges die Kriegsrohstoffabteilung im preußischen Kriegsministerium in Berlin. Als Präsident der AEG – Rathenaus Vater war der Gründer der Allgemeinen Elektrizitätsgesellschaft – verfügte der Industrielle, Schriftsteller und Politiker über die nötigen Kompetenzen für ein solches Amt. Daneben schuf er ein umfangreiches Werk über die wirtschaftlichen und sozialen Fragen seiner Zeit. Wie Annette Kolb vertrat er weit mehr eine völkerversöhnende als eine nationalistische Haltung. Als die Dichterin während ihres Exils nach Deutschland zurückkehren mußte, um ihren Paß verlängern zu lassen, traf sie Rathenau in Lindau und bestieg mit ihm ein Zugabteil. Seine negativen Prophezeiungen über den Ausgang des Krieges rissen sie mitleidslos aus ihren Wunschträumen: »*Aber die sanfte, gleichtönende Stimme, mit welcher er auch heute wieder eine lange Dauer des Krieges, den des Unterseebootes, auf den sicher zu rechnen sei, weil es keine Dummheit gebe, die man nicht begehen würde, als Finale eine noch nie dagewesene Niederlage und die Verelendung des ganzen Landes in Aussicht stellte, brachte mich zur Verzweiflung.*«[10]

Walther Rathenau sollte Recht behalten. Nach dem verlorenen Krieg versuchte er die Unerfüllbarkeit der ungeheuren Reparationen, die im Versailler Friedensvertrag von Deutschland gefordert wurden, zu beweisen. Als Reichsaußenminister schloß er am 16. 4. 1922 den Rapallovertrag mit Sowjetrußland ab. Es war der Startschuß für die Wiederaufnahme der wirtschaftlichen und diplomatischen Beziehungen zwischen Deutschland und Rußland. Von nationalistischen und antisemitischen Gruppen wurde Rathenau aufs heftigste befehdet und am 24. Juni des gleichen Jahres in Berlin ermordet. Einige Zeit zuvor hatte Annette Kolb noch auf einem Fest ihres Verlegers Samuel Fischer mit dem Freund und Unterstützer getanzt.

Kurze Zeit nach ihrer in Dresden gehaltenen provokanten Rede lernte Annette Kolb auf einer Reise in die Schweiz den Musikhistoriker und Schriftsteller Romain Rolland kennen. Er hatte sich dort bei Kriegsausbruch dem Internationalen Roten Kreuz zur Verfügung gestellt. In ihrem Vortrag nannte sie ihn einen Schriftsteller, der in seinem Buch »Jean Christoph« die Krankheitssymptome des sich immer mehr entfremdenden Frankreich drastischer geschildert habe als jeder andere. Rolland war Franzose mit europäischer Gesinnung und, laut Kolb, wie André Gide einer jener »angedeutschten Geister«, die am meisten über das deutsch-französische Verhältnis sagen konnten. In seinem zehnbändigen Hauptwerk »Jean-Christophe«, entstanden zwischen 1904-1912, hat Rolland die Entwicklungsgeschichte eines in Deutschland geborenen und aufgewachsenen, später in Frankreich und Italien lebenden und leidenden Musikers geschildert. Der Roman ist ein Beitrag zum Verständnis zwischen den beiden Ländern und eine Auseinandersetzung mit der deutschen Kultur.
Aber der Rufer in der Wüste wurde bald unbequem. »*Ich habe die Tragödie einer Generation geschrieben, die im Schwinden begriffen ist. [...] von ihrem heldenhaften Bestreben im Ertragen des Leides, das eine übermenschliche Aufgabe ihnen aufgebürdet hat, ein ganzes Stück Welt neu zu schaffen: eine Moral, eine Ästhetik, einen Glauben, eine neue Menschheit*«.[11] Der dichterische Appell an die lebensbejahenden Kräfte im Menschen war nach ungeheuren Erfolgen vor dem Krieg nun heftiger Kritik ausgesetzt. Rollands Seelengröße beim Aufruf zur Brüderlichkeit unter den verfeindeten Nationen wurde nicht erkannt.

In seinen Aufzeichnungen »Das Gewissen Europas. Tagebuch der Kriegsjahre 1914-1919« schildert er im März und August 1915 das Leiden Annette Kolbs an der nationalistischen Überreiztheit Deutschlands gegen Frankreich. Er beschreibt die falschen Haßmeldungen, die gerade in München gegen die Franzosen umliefen, worin behauptet wurde, daß sie den verwundeten deutschen Soldaten die Augen ausrissen und ihnen Uniformknöpfe in die Augenhöhlen steckten. Und wie viele andere, die mit Annette Kolb zu tun hatten, berichtet Rolland fast liebevoll über Annettes Abergläubigkeit und ihre Überzeugung, aus ihren Träumen und den Karten die Zukunft zu lesen.

Über die kommenden Grabenkämpfe hatte sie gottlob nichts geträumt, woraus sie deren Greuel hätte voraussehen können. Aber sie las darüber in den »Weissen Blättern«, in denen 1917 Auszüge aus dem 1916 erschienenen Antikriegsroman »Le Feu« von Henri Barbusse veröffentlicht wurden. Hier wurde ein anderes Feuer beschrieben als sechzehn Jahre zuvor in »Il fuoco«. Aus Liebesleidenschaft war eine Kriegsfurie geworden. Barbusse hatte in vorderster Linie im Graben gelegen und den demoralisierenden Kampf gegen Wassereinbruch, Kälte, Hunger, Läuse, Schmutz, Erschöpfung und Verzweiflung eindringlich geschildert. Bei seinen Erfahrungen auf nächtlichen Märschen mit schwerem Gepäck, bei Schanzarbeiten, beim Truppenverladen, in Feldlazaretten und in den lehmigen Unterkünften der Notverbandsplätze war ihm jegliche Kriegsgloriole abhanden gekommen. Seine entlarvende Anklage gegen den grauenhaften Krieg wurde im Jahr 1917 nachträglich mit dem »Prix Goncourt« für 1914 ausgezeichnet und in mehr als sechzig Sprachen übersetzt.

Annette Kolb hatte zuvor schon in der Zeitschrift »Die Friedens-Warte« gewettert, man solle sich hinaus zu den vordersten Kampflinien begeben, wo die gehegten Söhne holder Mütter wie Tiere jämmerlich verenden. Man müsse die Kriegskorrespondenten verfluchen, deren Berichte mit ekliger Schönfärberei die unnennbaren Martern der Soldaten unterschlage. Sie nannte dies ironisch einen »würdigen Triumpf einer realpolitischen Presse!«. Im August 1917 erwidert Annette Kolb in der Neuen Zürcher Zeitung dem Verfasser eines Artikels »An die Männer«

mit ihrem Aufruf »An die Frauen«: »[...] *ob Männer oder Frauen, verbündet euch! Schließt euch zusammen und knechtet den geistigen Mob. Er ist es, der zur Herrschaft gelangte und sich triumphierend behauptet. Setzt ihn ab. Er ist der Feind. Erkenntnis ist Güte. Gelingt es den Auserwählten nicht, durch alle Länder und über alle Grenzpfähle hin ihre Macht zu sichern, so wird der Friede ohnmächtig und mit leeren Händen vorüberziehen.*«[12] Im April hatte sie sich schon im Journal de Genève über die gegenseitige Hetze in der französischen und deutschen Presse beklagt und alle Deutschen aufgerufen, sich gegen die jeglichen Friedensbemühungen abholden Politiker und Militärs zu erheben. Romain Rolland beglückwünschte sie zu dieser heldenhaften Tat und fragte, ob die »echt männlichen« Schriftsteller in Deutschland endlich ihre Stimme erhoben hätten, nachdem sie das Zeichen gegeben habe.

Der Artikel brachte weniger die »echten Männer« gegen den Krieg als die »Münchner Neuesten Nachrichten« gegen Kolb auf. Die Zeitung behauptete, die Veröffentlichungen dieser Deutsch-Französin im »bis in den letzten Winkel deutschfeindlichen ›Journal de Genève‹« offenbarten, daß sie mit Herz und Sinn ganz auf dem Boden der französischen Mentalität stehe. Ihre Kultursolidarität sei nur ein Firnis, hinter dem sich ihre undeutsche Gesinnung verberge. Sie genieße jedoch den Schutz übernationaler Intellektueller, die die angeblich völkerversöhnende und objektive Tendenz ihrer Vorträge dem simplen Patriotismus des Durchschnittsdeutschen als turmhoch überlegen feiere.

Gerade als undeutsch hat sich Annette Kolb in jenen Jahren überhaupt nicht sehen können. Diese Eigenschaft sah sie viel eher im »Alldeutschen Verband« gegeben, der 1891 in Berlin gegründet worden war und seine Aufgabe in der Pflege einer radikalen deutschnationalen Gesinnung sah. Dieser virulente Nationalismus mit seiner gefährlich einseitigen Geschichtspropaganda war, da sich auch eine breitere Öffentlichkeit für die imperialistische Expansion und die deutsche Weltsendung interessierte, in die bürgerliche Presse eingesickert. Annette Kolb schrieb 1916: »*Ich begreife nicht, warum die wahren Deutschen noch nicht dagegen protestierten, daß die Alldeutschen sich All-*

deutsche nennen. Sie sind doch so undeutsch! Nichts ist bislang undeutscher gewesen, als Ungedanklichkeit und Hochmut.«[13]

Im Oktober 1917 war noch einmal in der Neuen Zürcher Zeitung Annette Kolbs allgemeine Meinung über das Kriegsgeschehen zu lesen. In allen Kreisen und durch alle Zeiten hin werde die wahre Elite gepeinigt, geopfert und zur Ohnmacht verdammt. Urteilslose oder niedrig gesinnte Elemente genössen das gleiche Stimmrecht. Echte Demokratien seien zwar unbedingt notwendig, aber sie müßten aristokratisch sein, wenn sie nicht illusorisch sein sollen. In Zukunft rede man nicht von Utopien, sondern von neuen Gesetzbüchern und Statuten.

Annette Kolbs Arbeit für die »Friedens-Warte« begann im Mai 1917 mit dem Artikel »Ausblick«. Darin vertritt sie die Meinung, daß alle Kriege nur eine Vorstufe zu einem letzten Kampf seien. Mit ihm aber schlage zugleich die Stunde der Vergeltung an jenen Elementen, die von jeher Krieg verursacht, die schlechte Sache in der Welt betrieben und die gute verdorben hätten.

Der Herausgeber der »Friedens-Warte«, der österreichische Pazifist Alfred Hermann Fried, war für Annette Kolb einer der »guten und edlen« Menschen, die auf den Sprossen ihrer Jakobsleiter ganz oben standen. Er hatte 1892 die Deutsche Friedensgesellschaft in Berlin gegründet und 1911 den Friedensnobelpreis erhalten. Von 1915–1918 gab er die pazifistische Zeitschrift in Zürich heraus. Annette Kolb nannte ihn den Testamentsvollstrecker und geistigen Erben Bertha von Suttners. Sein Wissen und die Schärfe seiner Schriften hatten ihn schon früh zum Kopf der pazifistischen Bewegung in Europa gemacht. In ihrem Exil in der Schweiz stand Fried mit Kolb in engem Kontakt. *»Er war die Friedensecke, um die wir Verstreute und Entwurzelte uns zu sammeln gedachten. In dem immer kleiner werdenden Empfangszimmer des zusehends verarmenden Fried traf man sich während der Kriegsjahre in Bern und rettete sich vor der Atmosphäre, welche dort die Agenten, die Horcher an der Wand, der Oberste Nachrichtendienst, seine Zentralen und Nebenstellen geschaffen hatten.«*[14]

Der 1864 geborene Fried überlebte den Zusammenbruch seines Lebenswerkes nicht lange. Tief betroffen über den Tod des

Gleichgesinnten schrieb Annette Kolb 1921 ein Memorial und würdigte das unermüdliche Engagement ihres Gesinnungsgenossen für den Frieden. Die Möglichkeiten und Methoden des Weltfriedens seien schon vor dem Krieg zu einem mächtigen Material angewachsen, dessen bester Kenner Fried gewesen war.

Annette Kolb sah es als Hohn an, daß kein deutscher Vertreter bei Eröffnung der Friedenskonferenz am 18.1. 1919 in Versailles anwesend war. In Deutschland hatte man die Festschreibung der Alleinschuld am Ausbruch des Ersten Weltkrieges durch den Versailler Friedensvertrag entweder mit zusammengebissenen Zähnen akzeptiert oder als Schande angesehen.

Überwiegend Männer beklagten diesen Vertrag, der Deutschland ungeheure Summen kosten sollte; aber gerade in der Dummheit des Mannes sah Kolb die Ursachen der verlorenen Schlacht. »*Statt dessen ist es sein geistiges Debakel, jene Meisterprobe männlicher Stupidität, als die wir den Weltkrieg bezeichnen müssen [...]*«[15] Der Krieg hatte 10 Millionen Tote und 20 Millionen Verwundete gefordert und 996 Milliarden Goldmark gekostet. »*Mich interessierte, noch freute kein einziger Sieg. Nur dem Frieden gönnte ich den Sieg über eine so schmähliche Niederlage wie diesen Krieg.*«[16]

Das Kriegsende erlebte Annette Kolb in Montreux. Ein britischer Tankangriff am 8. August 1918 hatte die Widerstandskraft des deutschen Heeres gebrochen. Der Krieg konnte nun militärisch nicht mehr gewonnen werden. Dieser sogenannte »schwarze Tag des deutschen Heeres« ließ im September auch die deutschen Verbündeten Österreich-Ungarn, Rumänien, Bulgarien und die Türkei in schneller Folge zusammenbrechen. Das deutsche Heer wollte nicht mehr unter Wilhelm II. gegen die Revolution in der Heimat kämpfen. Die Massen forderten den Frieden, der Kaiser geriet ins Wanken und das Deutsche Reich in eine Lage, in der es gezwungen war, die Waffenstillstandsbedingungen widerstandslos zu unterzeichnen.

Nachkriegszeit

Die Aufsätze, die Annette Kolb während des Krieges in den Weissen Blättern, der Neuen Zürcher Zeitung und der Friedens-Warte veröffentlicht hatte, erschienen 1918 im Züricher Verlag Rascher unter dem Titel »Die Last«; und genau so hatte die Schriftstellerin ihr Exil auch empfunden. Die letzte Augustwoche 1918 verbrachte sie dagegen verhältnismäßig komfortabel: Sie logierte im Palace Hotel in St. Moritz und beobachtete die Gäste. Der Aufenthalt war unfreiwilliger Natur. Annette Kolb hatte einen Besuch machen wollen und war direkt bei der Ankunft gestürzt. Gezwungen, erst einmal ihre Beinverletzung auszukurieren, machte sie das Beste aus ihrem beschränkten Bewegungsradius. Neugierig und bestürzt zugleich beobachtete sie ihre Umgebung, »der Jammer des Krieges« hatte ihre Augen geschärft. *»Diese Menschenmetzger, Gewinnler am Elend der Menschheit und gemästet von ihrem Blut, hier machten sie sich breit und schlemmten. In der Umwertung der Gesellschaft selbst besteht heute die eigentliche und tiefe Revolution. Diejenige Klasse, die überall am Kriege die unschuldigste war, wird täglich an Interesse gewinnen und ihren Tag erleben. Der Arbeiterstand als Magnet: so schnell reiten die Toten!«*[1]

In ihrer Heimatstadt München gingen zwischen dem 7. und 12. August, kurz vor Kriegsende, tausende von Frauen auf die Straße und demonstrierten gegen den Hunger, den der Krieg verursacht hatte. Bei Brotaufständen und Protesten gegen zu hohe Lebensmittelpreise waren Frauen schon immer die ersten auf der Straße gewesen. Auch während der Französischen Revolution hatte eine Frauenabordnung im Generalrat der Pariser Kommune ihren Unmut über die Versorgungsnöte öffentlich werden lassen: *»Bürger, Eure Arbeit ist sehr anstrengend, aber unsere Leiden sind groß. Und jeder neue Tag bringt den Tod. Nichts ist* grausamer, als in dieser Zeit Tag und Nacht vor einer Bäckerei zu verbringen, wo man schließlich ein Brot bekommt, dessen Farbe und Geruch einen schon vor dem Essen satt macht. Bürger, im Namen der Republik, deren Unteilbarkeit wir beschworen, berücksichtigt unsere Eingabe. Es ist mehr denn je an der Zeit. Ihr habt unser Vertrauen erhalten, verschenkt es nicht!«[2] Wie damals in Paris haben sich kurz vor dem Ende des Ersten Weltkriegs die Münchnerinnen eingemischt; sie mußten sich noch lange gedulden, bis die Versorgungslage stabil war.

Wie weitsichtig Annette Kolb im August 1918 die politische Lage erkannt hatte! Am Morgen des 8. November überreichte ihr der Portier des Hotels in Montreux, wohin sie nach ihrem Unfall wieder zurückgegangen war, ein Extrablatt mit den Worten: »In Bayern ist Republik«. Das zweite denkwürdige bayrische Ereignis, das anderntags ihren besonderen Beifall fand, war die Einführung des allgemeinen Wahlrechts für Frauen noch am 8. November 1918. Bayern war damit der erste deutsche Staat, der Frauen das Wählen gestattete. Annette Kolb empfand Genugtuung; hielt sie doch den Einfluß der Frauen bei der Gestaltung der Zukunft für sehr wesentlich, wenn man ihnen endlich gestatte, sich an der Macht zu beteiligen. »[...] und wirklich hatte man in diesen Tagen die Illusion, am Anfange einer besseren Zeit zu stehen [...]«[3]

In der Rätebewegung, einem Zusammenschluß von Arbeitern und Soldaten seit Anfang 1918, waren auch Frauen zugelassen. Kurt Eisner, der in der Münchner »Novemberrevolution« am 7. 11. 1918 als Führer der »Unabhängigen Sozialdemokraten« den »Freistaat Bayern« ausrief und bayrischer Ministerpräsident wurde, hatte die Bewegung für Frauen geöffnet. Dem Ministerium für soziale Fürsorge gliederte er ein Referat für Frauenrecht an, das die Gründung von Frauengewerkschaften einleitete, Pressearbeit leistete und sich mit den Massenentlassungen von Frauen nach dem Krieg befaßte. Der Journalist, Theaterkritiker und Pazifist war im Januar 1918 einer der Hauptanführer des Munitionsarbeiterstreiks gewesen, durch den er die Frühjahrsoffensive unter General Ludendorff verhindern wollte. Eisner wurde verhaftet, aber im Oktober wieder freigelassen, weil er bei der Reichstagsnachwahl in München für die USP kandidierte. Ludendorf war aus den eigenen Reihen seiner Generalität gewarnt worden, eine Kette von Angriffen, die als »Büffelstrategie« kritisiert wurde, anzuordnen. Höhepunkt war im April die Schlacht am Kemmel in Flandern. Daraus als Sieger hervorgegangen, blieb Ludendorf in dem Glauben, das Kriegsende nur mit Waffengewalt herbeiführen zu können. Als Richard von Kühlmann im Juni im Reichstag gegen diese Auffassung Bedenken erhob, wurde er mit dem Vorwurf, die Moral der Nation zu gefährden, aus seinem Amt gedrängt.

In Berlin hatte die Revolution ebenfalls gesiegt und Kaiser Wilhelm II. am 9. November abgedankt. Zwei Tage später floh der Kaiser nach Holland. »*Mir griff es doch an die Gurgel, dieses Ende des Hohenzollernhauses; so kläglich, so nebensächlich, nicht einmal Mittelpunkt der Ereignisse*«[4], notierte Harry Graf Kessler über dieses historische Datum in sein Tagebuch. Zu Beginn des Jahres 1919 reiste Kurt Eisner nach Berlin, wo eine Kundgebung für den Völkerbund stattfand, eine Staatenvereinigung zur Sicherung des Weltfriedens und zur Entwicklung der Zusammenarbeit unter den Nationen mit Sitz in Genf. Vom 3. bis 10. Februar nahm er am Internationalen Arbeiter- und Sozialistenkongreß in Bern teil. Auch Annette Kolb fuhr mit René Schickele und seiner Frau Anna zu diesem Kongreß und nannte ihn das »einzige Ereignis von wahrhaftem Sein« seit August 1914, das mitzuerleben ihr vergönnt gewesen sei. »*Als Partei interessierte mich ja der Sozialismus so wenig wie jede andere. Aber das Ergebnis der kapitalistischen Ära war ein wirrer Knäuel ineinander verbissener Verbrecher, und es war eine Welt, welche der Sozialismus jedenfalls nicht bereiten half. Er hatte keinen Teil an ihr. Deshalb nur gab es keine andere Brücke als ihn, denn er war nur ein Weg, der weiterführt, indem er zurückgelegt und überwunden wird, niemals ein Ziel.*«[5]

Auf der Treppe des Hotels Bellevue begegnete Annette Kolb Kurt Eisner zum erstenmal. Sie wohnte im selben Haus und traf dort mit vielen Kongreßteilnehmern aus ganz Europa und namhaften deutschen Sozialisten zusammen. An einem Sonntag, der »großen Orgelpause des Kongresses«, lud sie Hugo Haase, den Rechtsanwalt und Leiter der Unabhängigen Sozialdemokratischen Partei, zum Tee auf ihr Hotelzimmer. Haase hatte 1914 gegen die zustimmende Erklärung der SPD zu den Kriegskrediten gestimmt und vom ersten Tag des Krieges an zur Parteiopposition gehört. Seine ausgeprägte pazifistische Orientierung führte dazu, daß er in den entscheidenden Tagen vor der Mobilmachung fast allein die Protestkundgebungen der Partei lenkte. Hugo Haase war 1907 als Verteidiger von Karl Liebknecht bekannt geworden; die Oberstaatsanwaltschaft hatte allerdings schon vorher versucht, den mißliebigen Strafverteidiger loszuwerden. 1919, nach der Gründung der KPD, trat er für eine Wiedervereinigung der SPD und USPD ein.

Mitten in der Diskussion um die Gefahren des revolutionären Deutschland klopfte es an die Zimmertür, und Kurt Eisner, den die Kolb ebenfalls eingeladen hatte, trat ein. *»Eisners romantische Schwäche für Bayern verriet sich sogar in einem hin und wieder freiwillig angeschlagenen Dialekt, dessen Unnatur etwas rührendes hatte. Und so war es mit der Revolution; sie war das Abenteuer seines Herzens, sein Geniestreich; was aber an dem Bilde fehlte, war die Kenntnis Bayerns: die Bayern, die sich hinreißen lassen, sind nicht dieselben, die sich wieder eines anderen besinnen [...]«*[6] Auf dem Kongreß hatte Kurt Eisners Rede Annette Kolb am meisten beeindruckt. Sein Vortrag begann mit einer schonungslosen Preisgabe der deutschen Kriegsführung und klagte an, daß der Krieg von einer kleinen Horde größenwahnsinniger Militärs im Verein mit Kapitalisten und Fürsten gemacht worden sei. Die Revolution sei eine planvolle Gegenwirkung gewesen. Zum Schluß forderte Eisner noch die Freilassung aller Kriegsgefangenen. Selbst im Arbeiter- und Soldatenrat stieß seine Ideologie als zu weltfremd auf Widerstand. Hier, in der Gesprächsrunde in ihrem Hotelzimmer, nannte Annette Kolb sein Plädoyer »denkwürdig« und für ihn »verhängnisvoll«.

Sie traf Eisner einige Tage später noch einmal am Bahnhof, als er nach Basel fahren wollte. Wenn er stürze, sagte Eisner ihr beim Abschied, sei der Bolschewismus in München unvermeidlich. Wenige Tage danach, am 21. Februar 1919 wurde Kurt Eisner in München auf dem Weg zum Landtag von Anton Graf Arco Valley erschossen.

Noch im gleichen Jahr, am 7. November, wurde Hugo Haase in Berlin Opfer eines Attentats.

Diese Morde waren in den Augen der Kolb ein zu hoher Preis für eine Erneuerung der Gesellschaft. »*In der Tat, wissen wir alle, was wir der französischen Revolution verdanken. Doch, als sie das falsche Spiegelbild in edler Empörung zerschlug, wurde mit diesem drastischen Vorgehen leider erst recht nur eine halbe Maßnahme getroffen.*«[7] Einen Tag nach dem Mord an Hugo Haase schrieb Annette Kolb aus Zürich, wo sie in der Dolderstraße 71 bei Frau Martini vorübergehend Unterschlupf gefunden hatte, an Graf Kessler: Haases Tod sei ja das Niederdrückendste, was man sich denken könne.

In München hatte es nach Eisners Tod gebrodelt. Seine Erben, Gustav Landauer, Erich Mühsam und Ernst Toller, riefen am 6./7. April die Räterepublik aus. Ernst Toller hatte am 8. April den Vorsitz des Revolutionären Zentralrats übernommen, wurde aber schon im Juni verhaftet und zu fünf Jahren Festungshaft verurteilt. Gustav Landauer, der die Totenrede am Grab von Kurt Eisner gehalten hatte, war noch früher als Toller von gegenrevolutionären Truppen verhaftet und am 2. Mai im Zentralgefängnis Stadelheim ermordet worden. Erich Mühsam starb später im Konzentrationslager.

Nur einen Monat dauerte die Räterepublik, in der schwerste Straßenkämpfe und sinnlose Erschießungen einander abgewechselt hatten.

Am 15. September trat die Verfassung des Freistaates Bayern wieder in Kraft. Einen Tag später wurde der Gefreite Adolf Hitler Mitglied der Deutschen Arbeiterpartei, und als erstes kommunistisches Blatt erschien die noch von Kurt Eisner geplante »Neue Zeitung«. Welch gegensätzliche Kräfte sich da aufgetan hatten, konnte Annette Kolb noch nicht überblicken, aber nichts konnte über die Trostlosigkeit der Arbeitslosen und Hungernden hinwegtäuschen.

Die Kolb wünschte sich eine »aristokratische Demokratie«, in der die »Edelsten« aus dem Adel und dem Volk eine gemeinsame Regierung bilden. »*Jener Satz, daß der Sprung vom niedrigsten zum höchsten Menschen größer sei, als der vom höchsten Tier*

zum niedrigsten Menschen, hatte Wasser auf meine Mühlen getrieben. Denn Rangunterschiede waren mein Steckenpferd.«[8] In
Kurt Eisner hatte sie solch einen »Edlen« gesehen, der sie an ihren
biblischen Josef erinnerte: »Ein fast gespensterhaft abstrakter, [...]
rein biblischer Jude stand da vor uns.«[9]

Für ihre allzu idealistische Politik wurde Annette Kolb von
Gegnern wie Freunden häufig kritisiert; ihr einziges Ziel sei Friede um jeden Preis! In der Tat war dieses Ziel für sie Lebensin-
halt; sie sah sich als Jeanne d'Arc ihrer Epoche. Ihr Freund René
Schickele bedauerte, daß sie nicht eine »Katharina von Bayern«
geworden war, wie ihre Schwester im Geiste, die Reformerin Katharina von Siena.

In Henri Barbusse hatte sie einen Verbündeten, der schon in
»Le Feu« und in seinem 1919 erschienenen Roman »Clarté« auf
den Zusammenhang von Krieg und imperialistisch-materiellen
Interessen hingewiesen hatte. Er fuhr 1920 nach Genf, um sein
Anliegen vor der Internationalen Arbeiterorganisation vorzutra-
gen, auf der zum erstenmal Soldaten zu einer gemeinsamen Aktion zusammenkamen, »[...] die auf Befehl ihrer Ausbeuter einander auf dem Schlachtfeld gegenüber standen und sich nun in
einer großen menschlichen Geste als Brüder im Leid und in der
Hoffnung erkannt haben.«[10]

Etwa zur gleichen Zeit schlossen sich in München Arbeiter
zusammen, die allerdings noch nicht wußten, welch einem Ausbeuter sie in die Fänge geraten waren: Am 24. Februar 1920
fand im Münchner Hofbräuhaus die erste Massenversammlung
der NSDAP statt, in der Hitler sein Programm verkündete. Es
war ein Ereignis, das Annette Kolb Unbehagen bereitete und sie
veranlaßte, nicht wieder nach München zu ziehen.

Als nächstes Spektakel folgte die Gründung der SA am 4. November 1921; die Sturmabteilung der nationalsozialistischen
Partei konnte nicht im Sinne einer Pazifistin sein. »In den frühen
zwanziger Jahren lernt sie das Phänomen des Faschismus zuerst
auf Reisen nach Italien kennen, in dem sie, die jede Nationalität
aus schärfste verurteilte, sofort Gefahr witterte [...]«[11] Ein halbes Jahr nach der Gründung der SA fuhr Annette Kolb in Venedig auf einem Vaporetto und las im Corriere della Sera, daß
Walther Rathenau am 24. Juni in Berlin ermordet worden war.

Die Gefahr hatte sie eingeholt. Ein Jahr später schrieb sie in ihren »Erinnerungen an Rathenau«, er gehöre zu den ganz wenigen feudalen Juden, die in Deutschland zu finden seien. Sein Ehrgeiz sei ohne eine Spur von Subalternität gewesen. Mochte er diesen oder jenen Fehler begangen haben, er sei an seinem richtigen Platz gewesen. Der Nachruf erschien im Berliner Tageblatt, einen Tag vor der Gedächtnisfeier im Reichstag, bei der auch Gerhart Hauptmann anwesend war.

Reisend, wie sie es schon vor dem Krieg getan hatte, erkundete Annette Kolb das Europa nach dem Krieg und verglich seine Veränderungen mit den Verhältnissen zuvor. Wie ein Seismograph spürte sie die kleinen Beben, die zur nächsten Katastrophe führten. Auf ihren Fahrten zwischen den Ländern traf sie im Winter 1920 in Berlin mit Gerhart Hauptmann zusammen und beurteilte ihn weniger streng als vor dem Krieg, da die verschwundenen Schützengräben ihr die Gegenwart »mit einem Glorienschein« zu umgeben schienen. Vielleicht hat sie ihn zwei Jahre später bei Alma Mahler wiedergetroffen, die sie herzlich zu sich einlud: »*Liebste [...] Kommen Sie doch mit Waldau um 10 Uhr zu uns heraus [...] Hauptmann möchte Sie auch so gerne sehen. Seien Sie herzlichst gegrüßt Ihre Alma Maria Mahler*«[12]

In ihrer biographischen Erzählung »Gelobtes Land – Gelobte Länder« bekennt Annette Kolb allerdings, daß sie sich nur vage an den Besuch erinnere. Mit Bertha Zuckerkandl, bei der sie eine Woche in Wien zu Gast war, war sie für eine Nacht zu Alma Mahler in die Villa am Semmering gefahren. Hauptmann erwähnt sie nicht, aber die Begegnung und das Gespräch mit Franz Werfel blieben ihr im Gedächtnis. Auf einem langen Spaziergang unterhielt sie sich mit dem jüdischen Autor über die Situation der Juden im Nachkriegseuropa und war nach eigenen Aussagen über ihre »ungehemmte« Äußerung selbst überrascht: »*Du darfst mir's glauben, Franzl, ihr macht mir viel Kopfzerbrechen. Jahrhunderte stand es um euch aussichtslos und unverrückbar wie Schilf, und mit einemmal habt ihr Boden unter den Füßen gewonnen, ja, ihr seid eingebürgert in der Welt.*« Die Diskussion ging weiter, und am Ende gestand die Kolb, daß sie ohne die Förderung durch Juden »auf der Strecke geblieben« wäre.

Es sollte nicht Kolbs letzte Begegnung mit Werfel gewesen sein: »[...] Mit ihm und Alma, an deren Seite er seine schönsten Werke verfaßte, kam ich noch verschiedene Male an den verschiedensten Orten zusammen.«[13]

Im November 1920 war Annette Kolb nach »sieben Jahren« Abwesenheit wieder in Paris. Fast könnte man meinen, sie habe diesen Zeitraum nach biblischem Muster gewählt. Durch die Vermittlung von Barrère konnte sie als eine der ersten deutschen Privatreisenden das Heimatland ihrer Mutter wiederbetreten. Als sie den Nachtzug in Straßburg bestieg, traf sie mit einer Französin zusammen, von der sie nicht als Deutsche angesehen und vertrauensvoll in ihr Schicksal eingeweiht wurde. »Und jetzt kommt, was ich zu hören fürchtete: sie hat ihre beiden Söhne verloren. Spurlos. Vergebens hat sie Wochen hindurch die Felder der Champagne durchsucht. Wie Spreu waren ihre Kinder verweht; vom Mörser des Krieges zerstampft. Sie spricht als zu einer Landsmännin von der gemeinsamen Not mit mir. Alles sei schlecht organisiert, und es geschähe nichts. Sie seufzt. Ich seufze. Hätte ich sie aus ihren Erinnerungen schrecken und ihr sagen sollen: Madame, ich führe einen deutschen Reisepaß. Ich tat es nicht.«[14] Das Leid dieser Mutter ließ Annette Kolb erneut mit aller Macht das schwierige Verhältnis zwischen Frankreich und Deutschland spüren, das wie ein »Hass der Geschlechter« besiegt werden mußte. Hierfür kämpfte sie mit ihren Mitteln, deshalb war Friede ihr oberstes Ziel.

In Paris angekommen, bangte sie vor dem Zusammentreffen mit alten Freunden, denen sie über die Geschehnisse der letzten fünf Jahre berichten sollte. Hatten nicht beide Länder unsäglich gelitten? In melancholischer Stimmung hatte Annette Heimweh »nach Paris mitten in Paris«. »Um nicht in der Ruine meines Zimmers zu bleiben schleppte ich mich noch spät in das Casino de Paris. Denn Revuen interessierten mich diesmal am meisten. An Sieg und Gloire auch nicht die leiseste Anspielung. [...] Aber die Hauptsache war natürlich das Auftreten der beliebtesten Diva von Paris, der Mistinguett.«[15] »Sie ist frech und steht allemal in der ersten Reihe, sie hat die größten Reiher und die grünsten Kostüme«, schrieb Kurt Tucholsky über die Sängerin. Er sah und hörte sie mit der gleichen Verehrung und Hingabe wie die Franzosen. Durch ihre erotische Ausstrahlung wurde La Mistinguett zum Symbol der Pariserin schlechthin. Als Annette Kolb sie auf der Bühne erlebte, war die Sängerin schon Mitte vierzig und hatte noch nichts von ihrer Faszination verloren. Im Gegenteil, ihre berühmten Beine waren mittlerweile hochversichert, und ihr tänzerisches Können hatte kaum jugendliche Konkurrenz. In Revuen war sie die große Attraktion, der sich auch die Kolb nicht entziehen konnte. Die Mistinguett konnte sicherlich Annettes »Heimweh« stillen, denn besser als sie verkörperte sonst niemand Paris.

Im April des nächsten Jahres kam die Schriftstellerin wieder und fand die Stadt verändert. In der Ungeduld der Franzosen sah sie die Gründe dafür, daß es möglich war, ein »neues und junges Paris neben dem alten und altmodischen« emporgrünen zu sehen. Drei Jahre später dachte sie während der Fahrt im Zug Paris-Lyon-Méditerranée darüber nach, wie oft sie sich schon geschworen hatte, keine Betrachtungen mehr über ihr Mutterland anzustellen. Denn immer und immer wieder verglich sie die Verhältnisse mit Deutschland. »*Frankreich mit seinem rar gewordenen Blut ist unser Wein. Sein Leben ist der Welt notwendig. Deutschlands geistige Existenz ist eine Großmacht geblieben, intangibel und der Welt notwendig. Es wäre aller Brot, wenn es doch endlich die Dinge treiben ließe. Sein Weizen wär' es, der dann blühen würde.*«[16]

Ihre Arbeit für die Berliner Weltbühne 1921 begann Kolb mit der Erinnerung an den von ihr so geschätzten Alfred Fried. Unaufhörlich thematisiert die Dichterin in ihren folgenden Artikeln den Frieden und die Beziehung zwischen Deutschland und Frankreich. So berichtet sie unter der Überschrift »Wiesbaden« von den Kontakten der Franzosen, die dort in Garnison waren, zu den Einwohnern der Kurstadt: Es seien diejenigen Gesetze in Kraft getreten, die für den Verkehr zwischen den Einzelnen – und was seien die Völker andres als Einzelne in großer Zahl? – bestimmend seien. Und da verstoße es nun einmal gegen die Sitte, den ungebetenen Gast zu spielen, unter einem Dach sich breit zu machen, dessen Besitzer man zur Last falle. Annette Kolb schwärmt vom Deutsch eines Franzosen, der jeder Silbe eine köstliche Modulation gab und so, ohne es zu wissen, die Sprache als Medium der Einigung nutzte. »*Und so ausgezeichnet mischen sich die Elemente hier, so beglückend ergänzt hier eine Art die andre, daß trotz der fürchterlichen Kluft immer wieder hell zu Tage tritt, wie geschaffen sie sind, um Hochzeit zu halten.*«[17] Gemeint sind die französische Marianne und der deutsche Michel, deren politische Verbindung Kolbs Lebenstraum war. Allerdings wurde sie es allmählich leid, immer das gleiche zu wiederholen und keine Versöhnung in Aussicht zu sehen. Trotzdem traf sie die Entscheidung, ihr Exil-Tagebuch »Zarastro. Westliche Tage« zu veröffentlichen: Ihr langweiligstes Buch müsse noch hinaus in die Welt! Es sei ein Tagebuch der Enttäuschungen, aber gerade sie seien das wertvolle daran. Ihre »Fibel der Wiederholungen« erschien 1921. Annette Kolb beschreibt darin das Schweizer Exil, das ihr zwar lästig, aber keineswegs langweilig wurde. Sie erzählt von ihren aufreibenden Tagen in Bern zwischen Journalisten und Diplomaten. Die Hauptfigur ist Fortunio alias René Schickele, der ihre vielen vergeblichen Vermittlungsbemühungen zwischen Deutschland und Frankreich anteilnehmend begleitete. In diesen Aufzeichnungen, in denen die Namen ihrer Freunde und Feinde verschlüsselt sind, wird ihr fast konspiratives Engagement für eine deutsch-französische Versöhnung noch einmal lebendig. Ihre Geduld wurde noch mehrere Jahrzehnte gefordert, bis endlich die langersehnte Verständigung zustande kam.

Aber es gab Hoffnung für Annette Kolb, ihrem ersehnten Ziel näherzukommen: Aristide Briand wurde im gleichen Jahr neuer Ministerpräsident in Frankreich. Er war für sie die kompetente Gestalt, die künftig in der Lage sein würde, zur Einigung Europas beizutragen, denn er hatte sich mit »Haut und Haaren« dem Frieden verschrieben. Schon vor dem Ersten Weltkrieg war er ein erfahrener Politiker, der mehrmals Ministerpräsident geworden war und verschiedenen Kabinetten gleichzeitig angehört hatte. So gilt noch heute in Frankreich die Trennung von Kirche und Staat, die er in den Jahren von 1906-1908 als Minister für Unterricht und Kultus einführte.

Als sich Annette Kolb ein Jahr nach dem Krieg einen Paß nach Frankreich wünschte und alle ihre Gesuche abgelehnt worden waren, schrieb sie an Camille Barrère, der, noch immer Botschafter in Rom, häufig in Paris weilte. Bei ihrer persönlichen Wiederbegegnung 1921 spürte sie, in welch heikler Situation sie sich ihm gegenüber befand, denn ihre Gesinnungsgenossen waren jetzt seine Gegner. Das Nationale, das er einst hatte überbrücken wollen, wurde nun von ihm vertreten. Dieselbe Energie, die er vor dem Krieg aufgeboten hatte, den Nationalismus zu verhindern, setzte er daran, ihn zu verteidigen. Annette Kolb erfaßte die »ganze Aussichtslosigkeit heutiger Dinge« und sie begann, die Politik zu hassen und zu verwünschen, die alles abgerissen und zerstört hatte. Nur persönliche Freundschaften hätten die Sintflut überdauert, und nie habe sie einen Mann gesehen, der solche Dinge höher hielt als Barrère. »*Als wäre nicht alles zerbrochen, als gingen noch Grüße hin und her, als sähe er sie jemals wieder, als sei nichts vorgefallen, mit solch unverwüstlicher Anteilnahme erkundigte er sich nach seinen deutschen Freunden, deutschen Künstlern, deutschen Kollegen [...]*«[18] Er ermahnte sie, ihre alten Bekannten in Frankreich wieder aufzusuchen, denn eine positive Entwicklung des deutsch-französischen Verhältnisses sei nur über den einzelnen möglich.

Albert Legrand, Annette Kolb und Camille Barrère.

119

Annette Kolb. 1924

Während der Weimarer Republik

Das Parlament der Weimarer Republik war am 19.1.1919 gewählt worden und die Verfassung im August in Kraft getreten. Staatsrechtlich wurde sie als Fortsetzung des Bismarckschen Reiches aufgefaßt. Vielleicht stand Annette Kolb als Bismarck-Verehrerin der demokratisch-parlamentarischen Weimarer Republik deshalb so euphorisch gegenüber. Es seien bessere Zeiten gewesen, wird sie sich an deren Ende wehmütig erinnern. *»Die Weimarer Republik, kaum war sie aus dem Ärgsten heraus, hegte unter ihren Söhnen die geistigen Arbeiter vor allen anderen; ihnen galt ihre Aufmerksacmkeit. Munter hielten wir unsere stark honorierten Vorträge [...], der alte S. Fischer behielt seine Autoren im Auge, und als Feste verliefen unsere Dichtertagungen. [...] Galt es doch in jener Zeit, die Dichter zu ehren.«*[1]

In einem sehr stimmungsvollen Essay über »Hedwig Fischer« schreibt die Kolb äußerst wertschätzend über das Haus Erdenerstraße 8 in Grunewald, wo der Verleger Samuel Fischer in den zwanziger Jahren mit ungemeiner Würde seine Empfänge abgehalten habe. Unvergeßlich sei, wie geistreich, interessant und überlegen, mit welcher Anteilnahme der kleine »self made man« sich über seine Autoren geäußert habe, die sein Hobby waren. Die Gastlichkeit des Hauses dagegen war ganz und gar Sache und Verdienst der ihrem Gatten grenzenlos ergebenen Hedwig Fischer, die allem, auch dem gesellschaftlichen Protokoll, mit Umsicht vorgestanden habe.

Annette Kolbs Interesse galt natürlich weiterhin Frankreich, seiner Politik und seiner Literatur. Sie verfolgte aufmerksam die Neuerscheinungen der französischen Dichter und Schriftstellerinnen. Insbesondere das 1920 erschienene Buch »Chéri« von Sidonie-Gabrielle Colette erregte ihre Aufmerksamkeit. Die fast gleichaltrige Französin hatte sich auf die durch Erotik ausgelösten Seelenregungen der Frauen spezialisiert. In ihrem neuen Roman war ihr eine subtile Analyse der weiblichen Psyche gelungen, die zu den besten psychologischen Darstellungen in der französischen Literatur zählt. Colette beschreibt das Drama der alternden Kurtisane Léa, die gegen Ende ihrer Karriere eine hingebungsvolle Liebe zu einem jungen Mann erlebt. Doch ihre Leidenschaft für den schönen Chéri läßt sie in eine krankhafte Abhängigkeit stürzen. Als Chéri sie verläßt, spürt sie, daß er ihr letzter Liebhaber war.

Diese Geschichte mußte Annette Kolb interessieren. Sie haßte Abhängigkeitsverhältnisse, wurde aber magisch von ihnen angezogen, um sie immer wieder aufs neue zu analysieren. So sah sie im Buch »Chéri« Parallelen zum Privatleben der Colette. »*Als sie noch Colette Willy hiess, konnte ich mich mit ihren neuen Büchern nicht recht anfreunden; ihre Atmosphäre sagte mir nicht zu. Aber dann kam Colettes Trennung von Herrn Willy, sie schrieb und zeichnete, allein bald zeigte es sich, daß für den unliebsamen Hauch er verantwortlich war, und die Luft wurde klarer um Colette. Heute ist sie die reizvollste Schriftstellerin von Frankreich [...] Ihr Roman ›Chéri‹ ist ein Meisterwerk.*«[2] Ohne Neid und Konkurrenzgefühle würdigte Kolb die dichterische Entwicklung der Colette, für die Paris »die Stadt der Liebe« war, in der ihr der Stoff zur Analyse weiblicher Seelen zu Füßen lag.

Als ein Jahr später die Schweizer Erinnerungen »Zarastro« erschienen, hatte sich auch die Schriftstellerin Annette Kolb verändert. Ihre Illusionen, die sie vor dem Krieg noch hegte, waren zerschlagen, ihre Stimme war nicht gehört worden und wurde auch weiterhin nicht gehört; trotzdem unterließ sie es nie, die Freveltaten der Menschen anzuprangern. Harry Graf Kessler, den sie in »Zarastro« als Graf Carry verewigt hat, schrieb ihr von seiner Freude über ihr neues Buch. Für ihn waren die Erinnerungen an Annette und die gemeinsamen Freunde jener Zeit wieder unmittelbar greifbar geworden.

»*Die Atmosphäre von Bern, der ganze Parfum dieser schlimmen Kriegstage erfüllt es, und wir kleinen Menschen, die uns darin abmühten, leben darin ewig in unseren drolligen Bewegungen*

und Aufregungen weiter. Ich würde gern über das Buch etwas
geschrieben haben; empfinde es aber als unmöglich, gerade weil
ich gewissermaßen damit ein Selbstlob schreiben würde. Ich
habe auch sonst hier, z.B. von Georg Bernhard, von Kühlmann
usw. kluge und sehr erfreuliche Urteile über den ›Zarastro‹ ge-
hört. In aufrichtigster Treue und Freundschaft
Ihr Kessler.«[3]

Als Annette Kolb ihn 1916 während ihres ersten Exils kennenlernte, war Kessler als Leiter der deutschen Kulturpropaganda
in die Schweiz versetzt worden. Sie schätzte ihn besonders wegen seiner Mitarbeit in der Friedensgesellschaft, deren Präsident
er zeitweise war. Sie hatten viele gemeinsame Freunde aus Literatur, Theater, Kunst und Politik. Der Sammler, Diplomat,
Schriftsteller und Kunstmäzen kannte sich in allen gesellschaftlichen Bereichen aus und besaß viel Einfluß. Als Adliger mit Vermögen hätte sich Harry Graf Kessler von der Politik zurückzie-
hen und seinem schönen Vorkriegseuropa nachtrauern können.
Er wollte aber aktiv bleiben und wurde ein eifriger Demokrat,
der sich sofort der neuen Regierung zur Verfügung stellte. Für
seine Meinung, daß man die Regierung von Friedrich Ebert stützen müsse, wurde er von seinen Standesgenossen aus ihren Ver-
bänden ausgestoßen. Kessler entwarf den »Plan zu einem Völ-
kerbunde« und wurde Mitglied der Deutschen Demokratischen
Partei. In den ersten Nachkriegsjahren betätigte er sich außen-
politisch im Dienst der Weimarer Republik. Sein Buch über
Walther Rathenau, das Gerhart Hauptmann ein erschütterndes,
aufwühlendes, tragisches und mächtiges Werk nannte, zeigt ihn
als Kenner der damaligen Politik. Kesslers Tagebücher wurden
zu ungewöhnlichen Dokumenten seiner Epoche. Er war ein Kos-
mopolit und großer Europäer, mit Wohnsitzen in Berlin, Paris,
London und Weimar. Sein Herz aber hing an Weimar, der Stadt,
in der er 1913 die Cranach-Presse gründete. Unsummen steckte
er hinfort in die Gestaltung und Drucke schöner Bücher. Sein
Haus in Weimar wurde von Henry van de Velde errichtet. Dem
Hauptinitiator des »Jugendstil« überließ Kessler auch die Aus-
stattung seiner Berliner Wohnung und der Wohnung seiner
Schwester Wilhelma Marquise de Brion in Paris. Der Ge-

schmack des Freundes und sein Sinn für Ästhetik haben auch Annette Kolb angesprochen, die das Edle so sehr liebte.

Van de Velde hatte 1902 in Weimar die Kunstgewerbeschule gegründet. Während des Ersten Weltkriegs war der Belgier als feindlicher Ausländer entlassen worden und in die Schweiz gegangen. Dort lernte ihn Annette Kolb kennen und stellte fest, daß sie viele gemeinsame Erinnerungen an das München der Jahrhundertwende hatten. Sie fühlte sich ihm als Leidensgenossin verbunden, und er schrieb ihr 1917 aus Bern:

»Liebe Freundin,
Dank für Ihre rückblickenden und rückwirkenden Grüße. Ich hätte Ihnen gern die Hände zum Abschied gedrückt. Ihre Abreise läßt uns untröstlich zurück, und Bern klagt, Bern siecht dahin, Bern stirbt. Was sollen uns seine Orchester und seine Cafés? Übrigens zerschlägt sich unsere Gruppe, und alles flieht dies von Ihnen verlassene Bern.«[4]

In der von Henry van de Velde ausgestatteten Berliner Wohnung hat Annette Kolb Harry Graf Kessler oft besucht. Schon im ersten Nachkriegsjahr »frühstückte« sie mit Schickele in Kesslers Wohnung – womit in den besseren Kreisen das Mittagessen gemeint war.

In Zürich führte das gemeinsame Interesse an dem Komponisten Busoni sie mit dem Grafen zusammen; er notierte in sein Tagebuch: *»Busoni-Wohltätigkeitskonzert im ›Baur au Lac‹. Nach dem Konzert kam Schickele aus Deutschland an. Mit ihm, Annette Kolb und Busoni nach dem Konzert soupiert.«*[5]

Den italienischen Pianisten und Komponisten Ferrucio Busoni hatte die Kolb 1917 in der Schweiz kennengelernt. Er war nicht nur Urheber zahlreicher Orchester- und Klavierwerke, sondern schrieb auch Opern und diverse musiktheoretische Werke. Der Erfinder neuer Musikinstrumente und eines neuen Notensystems war der bedeutendste Pianist seiner Zeit. Literarisch war der Komponist ebenfalls kreativ und verfaßte Romane, Gedichte und Opernlibretti. Kolb schenkte er mit Widmung »an die Künstlerin und Freundin Annette Kolb« 1918 eine Ausgabe seiner »Turandot«, die sie höher einschätzte als die gleichnamige Oper von Puccini. Immer wenn ein neues Werk von Busoni in

Zürich aufgeführt wurde, reiste Annette hin, um seine Musik zu hören. Ihr Glaube an einen genius loci hat sicherlich eine Rolle gespielt, warum sie so gern nach Zürich fuhr, um Konzerte zu erleben. Seit Richard Wagner dort lebte, war die Stadt für sie »eine Musikstadt von bester Tradition geworden.

Nicht nur seiner Musik, auch seiner pazifistischen Einstellung wegen schätzte Kolb Busoni. In einem Aufsatz schrieb sie später über ihn: » *Wie Goethe, so vermochte auch Busoni dem Kriege, dessen Natur beide durchschauten, keine bejahende Seite abzugewinnen.* «[6] Sie bewunderte den Komponisten, der mitten im Waffengedröhn die schöpferische Kraft besessen habe, das Tor zu sprengen und die in ihrem Riesenapparat festgefahrene Musik für eine neue Jugend frei zu machen.

Der von ihr so geschätzte Musiker starb achtundfünfzigjährig im Juli 1924. Hilfsbereit setzte sich Annette Kolb für die Belange der Witwe ein und wandte sich an den »Hilfsbund für deutsche Musikpflege«. Im Dezember teilte man ihr streng vertraulich mit, daß alles Nötige veranlaßt werde.

Noch im Jahr von Busonis Tod erlebte Annette Kolb ein Konzert mit dem Dirigenten Arturo Toscanini. Die Begeisterung für sein musikalisches Genie trieb sie zu einer zeitlichen und finanziellen Anstrengung: Sie folgte ihrem neuen Idol auf seiner Tournee durch die Schweiz. Gottlob sei die Schweiz klein, stellte sie erleichtert fest, sonst hätten seine Gastspiele sie ruiniert. Toscanini war von 1907–1921 Dirigent der Metropolitan Opera in New York gewesen, danach Dirigent der Mailänder Scala. 1929 sollte er die Leitung der New Yorker Philharmoniker übernehmen. » *Nebenbei gesagt, man braucht nur die Köpfe d'Annunzio, Busonis und Toscaninis mit dem Mussolinis zu vergleichen, man ist dann gleich im Bilde über die wahren ›Duce‹, auf welchen der Aufstieg des heutigen Italien gründet.* «[7]

Gewitzt bat die Dichterin ihre langjährige Baseler Freundin Theodora Von der Mühll, ihr doch Bescheid zu geben, wann Toscanini in Basel dirigiere; ob es wohl möglich sei, eine Pressekarte zu erhalten? Annette wollte auch wissen, an wen sie sich wenden müsse, um eventuell noch eine Karte für Schickele zu erhalten, da sie doch nun einmal Autoren, das heißt, Habenichtse seien. Zu Toscaninis Aufführungen in Zürich wurde sie von der Münchner Allgemeinen Zeitung geschickt und konnte durch diesen Auftrag wenigstens einen Teil ihrer Unkosten decken.

Ein »Duce« im positiven Sinn war für Annette Kolb auch Harry Graf Kessler, der im Äußeren viel Ähnlichkeit mit Toscanini hatte. René Schickele charakterisierte ihn als ein Blütenmeer von Unschuld, eine Symphonie voll höherer Wahrhaftigkeit und Einsicht in das, was in der Welt von Rechts wegen gültig sein solle. Wenn Schickele in Briefen an Annette über ihn schrieb, nannte er ihn »Dein Gatte Harry Kessler«. Schon als Kind hatte den Grafen besondere Schönheit ausgezeichnet. Er gehörte zu dem von Annette Kolb bevorzugten Männertyp eines eleganten, meist schnurrbärtigen Ästheten, der sich nicht für eine Heirat eignet.

Annettes Bewunderung für die beiden italienischen Komponisten blieb nicht ohne Einfluß auf ihren literarischen Stil. Hatte sie durch ihre Liebe zur Musik schon immer gern Metaphern aus der Musik in ihre Texte eingestreut, verstärkte sich diese Neigung während der Busoni- und Toscanini-Jahre noch. In ihrer Erzählung »Geraldine oder die Geschichte einer Operation« aus dem Bändchen »Wera Njedin« faßt sie die Gefühle der Heldin in musikalische Sinnbilder: *»Und war sie denn selbst ein besaitetes Holz geworden? Sie spürte nur ein virtuoses Kneten, wie rasche Fingersätze eines Pianisten in ihrem unempfindlichen Fleisch. Allegro, vivace, accellerando, presto, tempestuoso fuhren die Griffe wie auf Tasten dahin.«*[8] Beschrieb sie hingegen Musik oder Musiker, griff sie überraschenderweise hin und wieder auf das Vokabular des Krieges zurück, das ihr durch den Kampf gegen ihn allzu geläufig geworden war. *»Jeder hat seine militaristische Ecke. Sind solche Generalmusikdirektoren nicht die einzigen Generäle, solche Sturmangriffe, solche berittenen Attacken, sind sie nicht die einzigen Kriegsaktionen, welche Geltung, Begeisterung verdienen? Denn Schlachten sind es fürwahr, die hier bis zum letzten Hauch von Mann und Instrument geliefert und gewonnen oder verloren werden.«*[9]

Während der Weimarer Republik stand Annette Kolb im Zentrum des literarischen Lebens. Bedeutende Zeitschriftenverleger wie Kurt Tucholsky für die Weltbühne in Berlin oder Theodor Wolff, Chefredakteur des Berliner Tageblatts, rissen sich um ihre Beiträge. Die hochkarätigsten Dichter, Denker und Diplomaten wechselten freundschaftlich Briefe mit der Dichterin oder fragten sie nach ihrer Meinung. In der Familie ihres Verlegers Samuel Fischer in Berlin wurde sie wie eine Angehörige behandelt. Seine Tochter Brigitte beschrieb das Verhältnis sehr anschaulich: »*Annette Kolb nahm teil am Leben unserer Familie, sie wurde zugehörig, dem Verlag sowie dem Hause. Für mich hatte sie ein verstehendes Ohr, und mit ihrem klugen Spürsinn beobachtete sie meine Entwicklung von der Kindheit bis zum Erwachsensein. Aus dieser Zeit stammt ihre kleine Eintragung in mein Poesiealbum. ›22. VIII. 23. Liebe Tutti, Diese Zeit ist gräulich, da ist ein so ausgezeichnetes Mädchen wie Du doppelt wertvoll. Ich wünsche Dir Glück und setze Dich durch. Herzlichst Deine Annette Kolb*‹«[10]

Es ist eine der wenigen Passagen, in denen Annette Kolb auf das Inflationsjahr 1923 Bezug nimmt. Stärker beeindruckt war sie von den vielen Israeliten, die sie im Hause Fischer traf. »*Im geistigen Leben Berlins: im Theater wie im Konzertsaal, als reproduktive Künstler wie als Kunstkritiker, als große Regisseure, Chefredakteure, als Schriftleiter sowie als Schriftsteller standen sie in den vordersten Reihen. Sie hatten von der Börse so wenig Ahnung wie wir, hatten mit handeltreibenden Juden denkbar wenig zu schaffen und nahmen nur sehr vereinzelt Anteil am Druck und Nachschub aus dem Nahen Osten.*«[11] Diese assimilierten jüdischen Intellektuellen waren für Annette Kolb nicht vergleichbar mit den orthodoxen osteuropäischen Juden, die damals nach Berlin strömten. Trotzdem wurde sie in den zwanziger Jahren etwas »israelmüde« wegen der vielen »Essayisten und Dramaturgen«, die ihr, wie sie fand, den Blick auf das Christentum versperrten. »*Im Grunde war er* [der Antisemitismus] *längst eine protestantische Sache. Vollends München hatte längst aufgehört, sich über seine Israeliten aufzuregen. Sie spielten keine Rolle. Die meisten waren kleine Budiker.*«[12] Hier versucht Kolb den katholischen Glauben, der in ihren Augen ohnehin der kulturell wertvollere war, von der judenfeindlichen Bewegung auszunehmen. Die Ungehaltenheit, die sich bei ihrer

Beurteilung der jüdischen Intellektuellen allmählich bemerkbar machte, war deutlich zu spüren und kam schon in ihrer Diskussion mit Franz Werfel zum Vorschein.

Ihr wachsender schriftstellerischer Erfolg verhalf Annette Kolb Anfang der zwanziger Jahre zu einer Kreditwürdigkeit, die es ihr nun erlaubte, an ein eigenes Haus zu denken. Da sie nicht mehr nach München zurück wollte, suchte sie einen dem schweizerischen Uttwil ähnlichen Ort, den sie von Besuchen bei Sternheims und Schickeles her kannte. Bald darauf zogen René und Anna Schickele noch einmal um, weil sie in dem Ort Badenweiler, der nah bei Frankreich lag, ein schönes Grundstück gefunden hatten. Annette Kolb besuchte das Ehepaar in seinem neuerbauten Haus und fand Gefallen an der malerischen Gegend. Mit Hilfe einer Staatsanleihe ließ sie auf dem Nachbargrundstück, Kandernerstraße 12, einen kleineren Ableger von Schickeles Domizil errichten. Sein Architekt Paul Schmitthenner hatte auch ihr Haus geplant und den Bau ausge-

Annette Kolbs Haus in Badenweiler.

führt, der noch heute erhalten ist. Zu seiner Finanzierung soll sie damals ein in ihrem Besitz befindliches Gemälde des Münchner Malers Franz von Lenbach an eine Amerikanerin verkauft haben. Mit dem Verleger Kurt Wolff, der 1923 ihre Übersetzung der Erzählung »Das Bein der Tiennette« von Charles-Louis Philippe herausgebracht hat, verhandelte sie wegen der Finanzierung über eine englischsprachige Ausgabe, für die sie die Übersetzung übernehmen wollte. Die Übersetzungsrechte würde sie bekommen, da sie den Autor kenne. Das zur Aufbesserung ihrer Finanzen dringend benötigte Projekt kam leider nicht zustande. Was Wolff denn der »verschuldeten, aber talentvollen« Annette Kolb offerieren könne, ließ der Verleger fragen. 1924 verhandelte sie noch einmal mit Kurt Wolff, nicht wegen eines Manuskriptes, sondern wegen eines Gemäldes von Habermann. Der Erlös aus dem Verkauf dieses Bildes sollte noch zur Sicherung der Unkosten ihres Hausbaus beitragen.

»Lieber Herr Kurt Wolff,
ich schreibe mit gleicher Post an Frau von Kaulbach weil bei ihr das Bild steht. Wegen der Malerei wird sie gerne Auskunft geben. Photographie habe ich leider keine zur Verfügung. Das Bild ist ziemlich gross im weissen Rahmen stammt aus dem Jahre 1906 oder 1907, ich möchte es natürlich nicht billig hergeben da ich mich ja notgedrungen davon trenne. Man muß es hoch hängen.
In Eile viele Grüße
Annette Kolb«[13]

Die Kolb hat das Gemälde von Julius Meier-Graefe, dem sie als Kunstsachverständigen vertraute, begutachten lassen und erhoffte sich eine Summe von »1800 – 2000« Franken für ihren fast »20jährigen und sehr großen Habermann«.

Der Freund René Schickele verfolgte aufmerksam die spannenden Bemühungen der Dichterin, das Geld für ihr Häuschen aufzubringen. Mit ihm und seiner Frau Anna, die von Freunden liebevoll Lannatsch genannt wurde, verband Annette Kolb ein ungewöhnlich herzliches Verhältnis. Anna Schickele war die Schwester des Schriftstellers Hans Brandenburg und hatte schon aus diesem Grunde sehr viel Verständnis und Toleranz für den geistigen Austausch ihres Mannes mit einer Kollegin, die die Isolation am Schreibtisch aufbrechen konnte. Das Nahe-Beieinander-Wohnen trug noch dazu bei, sich alle privaten Ereignisse mitzuteilen. Böse Zungen unter ihren Zeitgenossen meinten allerdings, Annette sei die zweite Frau Schickele, und in geistiger Hinsicht traf das sicherlich zu. Doch auch zwischen Annette Kolb und Anna Schickele bestand eine gute Beziehung, so daß offenbar keine Eifersucht aufkam. Jedenfalls ging Anna mit der Tatsache, daß ihr Mann in solch engem Austausch mit Annette stand, sehr souverän um.

Noch während des Jahres 1923 hatten Schickeles eine neue Nachbarin und Badenweiler eine Bürgerin mehr. Von der Terrasse ihres Hauses hatte Annette Kolb einen herrlichen uneingeschränkten Blick nach Westen über das Rheintal auf die Vogesen. Nicht nur geographisch, auch politisch war ihr Blick auf den Westen Europas gerichtet. Basel war in Reichweite, ebenso die französische und Schweizer Grenze. Für sie wurde der kleine Kurort im sonnigen Markgräfler Land fast zum Zentrum Europas, und mit Kolbs und Schickeles gemeinsamer Anziehungskraft entwickelte sich ein Badenweiler Kreis, zu dem viele Politiker, Schriftsteller und Künstler zu Besuch kamen und in den Häusern von Annette und René ein- und ausgingen.

Annette Kolb mit Pudel Alec.

»Mein kleines Haus stand schon öfters in Zeitschriften abgebildet, doch wer mich fragte, was mir am besten gefiel, dem sagte ich: seine Weite. Nie aber sage ich mein Häuschen, sondern nenne es mein Haus, weil man so frei darin herumgeht, als wäre es groß. Nach Westen nämlich ist die Fassade eine ganz andere – sie ist die eines Pavillons.«[14]

Die damals etwas einsam gelegene kleine Villa am Waldrand hat sie sicherlich auch veranlaßt, »auf den Hund zu kommen«. Ihr Interesse galt eigentlich Katzen, und im Umgang mit ihnen hatte sie nach eigener Auskunft sogar deren Sprache erlernt. Doch nachdem der erste Hund »Lux« gestorben war, holte sie aus dem Freiburger Tierheim einen zweiten, »Alec«, einen weißen Pudel. Wie es Annette Kolbs Art war, über persönlich Erlebtes zu schreiben, verfaßte sie zwei Aufsätze über ihre Erfahrungen mit Hunden, die von leiser Melancholie durchzogen sind und von ihrer Verwunderung darüber, wie es diesen Tieren gelang, sie emotional anzurühren, obwohl sie doch gar keine Hundefreundin war.

Der zutrauliche Pudel Alec gewann schnell die Sympathie von Gästen wie dem Schriftsteller Kasimir Edschmid und seiner

»hochcharmanten spirituellen« Lebensgefährtin Erna Pinner, die bei ihren Besuchen auf der Terrasse des Kolbschen Hauses gern mit dem Hund spielten. Kasimir Edschmid, in seiner politischen Gesinnung der Gastgeberin verwandt, hatte 1919 in Straßburg mit einem »Aufruf an die revolutionäre französische Jugend« Aufsehen erregt. Viele europäische Zeitungen brachten einen Nachdruck der aufwiegelnden Rede. Auch Edschmids 1923 erschienenes Buch mit dem Titel »Das Bücher-Dekameron. Eine Zehn-Nächte-Tour durch die europäische Gesellschaft und Literatur« interessierte die Dichterin sehr, da es ihrem grenzüberschreitenden Blick entgegen kam. An Edschmids Lebensgefährtin Erna Pinner hatte Annette Kolb »einen Narren gefressen«, in ihr erkannte sie ihre eigene unruhige Natur wieder. Erna war Graphikerin, Tiermalerin und eine bekannte Illustratorin, sie hatte vier Erdteile bereist, eigene Reisebücher geschrieben und illustriert. In den Büchern über die gemeinsamen Reisen mit Kasimir Edschmid lieferte er den Text und sie die Bildgestaltung. Zur Zeit ihres Besuches bei der Kolb galt das Paar in biederen Kreisen als exzentrisch und extravagant. Beide lehnten eine bürgerliche Existenz ab, wollten keine Ehe und keine Kinder. Sie waren das kosmopolitische Musterpaar der zwanziger Jahre, das eine auf Liebe, Toleranz und Gleichberechtigung fußende Lebensgemeinschaft verkörperte. Für viele war das damals noch skandalös, nicht so für die weltoffene Dichterin.

Die ländliche Idylle in Badenweiler konnte Annette Kolb aber nicht lange darüber hinwegtäuschen, daß das Jahr ihres Einzugs ins neue Heim unter dem Stern der Inflation stand. Die Preise schnellten in astronomische Höhen. In Berlin beispielsweise kostete die Steuer für einen Hund 48.000,– Mark, und im November lag der Preis für ein Brot bei 105 Milliarden. Vom rapiden Verfall des Geldwertes profitierten die Besitzer von Sachwerten; während Bankguthaben zerrannen, konnten die Hausbesitzer sich preiswert von ihren Hypotheken befreien.

Der galoppierende Werteverlust der Mark war eine Folge des Krieges und ungeschickter Finanzpolitik. Finanzminister Rudolf Hilferding, erst kurz im Amt, setzte sich für eine Goldwährung als Gegenmittel ein. Er war gerade aus Belgien zurückgekommen, als Harry Graf Kessler ihn besuchte. *»Er ist gestern aus Brüssel zurückgekommen vom internationalen Sozialistentag. Die dort ausgearbeiteten, noch geheimen Vorschläge zur Reparationsfrage skizzierte er mir: Hauptsache Zahlung von Dreißig Goldmilliarden (nicht vierzig, wie Maltzan mir vermutungsweise gesagt hatte). Also weniger als meine fünfunddreißig.«* [15] Hilferding war die unangenehme Aufgabe zugefallen, die Kastanien aus dem Feuer zu holen.

Die Folgekosten, die der Erste Weltkrieg verursachte, wurden durch Staatsverschuldung und Erhöhung des Papiergeldumlaufs finanziert statt durch straffe Steuerpolitik. Am 15. November 1923 wurden die 2000 Notenpressen stillgelegt. Mit der Ausgabe neuer Geldscheine begann das Wunder der Rentenmark. Die zu einem Wechselkurs von einer Rentenmark zu 4,2 Billionen Mark ausgegebene Währung fand schnell Vertrauen. Die unter Hilferding beschlossene Einführung des neuen Zahlungsmittels konnte er in seiner nur sieben Wochen dauernden ersten Amtszeit nicht selbst durchsetzen. Seine finanzpolitischen Pläne, die sich in den folgenden Jahren bewähren sollten, fanden erst in seiner zweiten Amtszeit als Reichsfinanzminister 1928/29 die gebührende Würdigung.

Annette Kolb hatte im Inflationsjahr auch vom Ausnahmezustand gehört, der in Bayern verkündet worden war, und vom Hitlerputsch im Münchner Bürgerbräukeller. Am 1. April 1924 wurde Hitler zu Festungshaft in Landsberg verurteilt. Wie weitreichend dieser Mann und seine Politik auf ihr Leben Einfluß nehmen sollte, ahnte die Dichterin nicht. Sie war damit beschäftigt, den Badenweiler Kreis um interessante Menschen zu erweitern und versuchte sogar, den Dichter Hermann Hesse nach Badenweiler zu locken.

»Liebster Hermann Hesse
Heute erst lese ich [...] die wundervolle Kostprobe aus Ihrem nächsten Roman. Wo, wann erscheint der? Ich bin voller Begeisterung mit ihr zu Schickeles gelaufen und wir haben uns gedacht: was wäre der Hesse für ein Nachbar!! [...] wir möchten als Nachbarn nur Sie. Man kann hier so einsam leben als man nur will. Schauen Sie sich's an. Kommen Sie lieber Hesse. Wir

segnen jeden Tag die Fügung, die uns hierher verschlug [...]
Herzliche Grüße auch von Schickeles
Annette Kolb«[16]

Hesse hatte sie schon 1915 in der Schweiz kennengelernt, als er für das Rote Kreuz und die Gefangenenfürsorge arbeitete. Sie sah in ihm einen Gleichgesinnten und machte sich sogleich auf, ihn zu besuchen, da sie wußte, daß sie einen verständnisvollen Menschen treffen würde. Ihren Roman »Das Exemplar« hatte Hesse anerkennend besprochen, und auch seine späteren Rezensionen über ihr »Beschwerdebuch« sowie ihren Roman »Die Schaukel« ließen keinen Zweifel an seiner Loyalität mit der Dichterkollegin aufkommen. Annette Kolb war eine uneingeschränkte Bewunderin seiner Poesie, für die er 1946 den Nobelpreis für Literatur erhielt. Wenn Hermann Hesse auch nicht zum Umziehen zu bewegen war, so bedankte er sich doch überschwenglich für Kolbs »lieben Brief« und versäumte keine Möglichkeit, sich für sie einzusetzen. In seinen »Notizen über Bücher« schrieb er über sie:

»Ich weiß nicht ob es ein zweites Volk auf der Erde gibt, das seine eigene Sprache so wenig liebt, kennt und pflegt wie das deutsche [...] In einem anderen Land wäre Annette Kolb allein um ihrer schönen graziösen Sprache willen hochgeschätzt.«[17]

Zum Badenweiler Kreis gehörten auch der Kunsthistoriker und Schriftsteller Julius Meier-Graefe und seine Frau Helene. Sie war mit Annette besonders eng befreundet, und die Dichterin hat ihr viele Erstausgaben mit Widmung geschenkt, die sie ihr manchmal wieder »abluchsen« wollte. Nach der Scheidung Graefs von Helene hielt Annette Kolb nur noch über Schickele mit ihm Kontakt, wenn sie Informationen an ihn weiterleiten mußte. Sie wollte damit ihre Solidarität mit Helene zeigen, mit der sie weiterhin in vertrauter Beziehung stand.

Annette Kolbs literarische Badenweiler Zeit begann mit dem Bändchen »Wera Njedin«, das autobiographisch gefärbte Erzählungen enthält und ebenso wie die Novelle »Spitzbögen« 1925 erschien. Für ihre Reiseschilderung »Veder Napoli e partire«, die im gleichen Jahr publiziert wurde, erhielt sie eine lobende

Zuschrift des schweizerischen Historikers und Essayisten Carl Jakob Burckhardt. Begeistert kommentierte er diesen fiktiven Reisebericht »eines namhaften Deutschen«, der mit seiner Frau im verregneten Neapel Bibiane Rahm kennenlernt.

»Mein Fräulein und liebe Freundin, Sie wissen nicht, welches Vergnügen Sie mir mit ›veder napoli‹ bereitet haben. Der Schwung und das Talent dieser Prosa zeugen – wie jedes vollendete Kunstwerk – von einer Stärke des Charakters, die ich bewundere.«[18]

Kolbs Schreibtisch in Badenweiler.

Hinter der exzentrischen Journalistin Bibiane Rahm verbirgt sich Annette Kolb, die mit viel Witz den Umgang mit einem Ehepaar schildert. Sie erzählt aus der Sicht des Ehemannes, der eigentlich ohne »seine Gattin Paula« verreisen wollte, sich aber im Laufe des Geschehens als Anhang von Bibiane und Paula wiederfindet. Der Atmosphäre, die hier in eine tagebuchartige Dichtung einfließt, könnten durchaus mit dem Ehepaar Schickele gemeinsam verbrachte Tage zugrundeliegen, so präzise weiß Annette Kolb die Stimmungen zu beschreiben, in die eine mit einem Ehepaar befreundete Frau, die sich mit der Ehefrau verbündet hat, geraten kann.

»Bibiane schleicht mit ausgehöhlten Wangen zu uns herein, wirft sich auf Paulas Chaiselongue und rührt sich den ganzen Tag nicht von der Stelle. Bei ihr drüben sei es zu langweilig.«[19]

Langeweile war für Annette Kolb schwer zu ertragen, das wußte auch der seit 1918 in Wien als Diplomat tätige Historiker Carl Jakob Burckhardt. Er wurde ein guter Kenner ihrer kleinen Schwächen und ihrer Leidenschaft, sich mit Spielkarten die Zeit zu vertreiben. Genauso liebevoll wie Romain Rolland über ihre

Traumdeutungen geschrieben hat, schildert Burckhardt Kolbs Marotte, aus einem auf ihren Knien ausgebreiteten Kartenspiel die Zukunft zu prophezeien. 1927 wurde Burckhardt Professor für Geschichte in Zürich und rückte damit zur Freude Annettes nahe an Badenweiler heran. 1932 übernahm er eine Professur in Genf. Er war zwei Jahre Hochkommissar des Völkerbundes in Danzig und von 1944–1948 Präsident des Internationalen Roten Kreuzes. Burckhardt gehörte auch zum deutschen Widerstand, der sich gegen Hitler formierte. Sein Jugendfreund, der Architekt Hans Von der Mühll, heiratete seine Schwester Theodora, die eine der intimsten Freundinnen von Annette Kolb wurde.

Damit es ihr in der Badenweiler Idylle auf keinen Fall zu langweilig wurde, machte die Kolb immer wieder ihre beliebten Fahrten in die europäischen Großstädte. Vor allem wollte sie ein bißchen erschnuppern, was an neuen Strömungen in der Luft lag. Sie traf sich oft und gern mit kenntnisreichen Leuten aus Politik, Kunst und Kultur, um deren Meinung zur aktuellen Lage zu hören. Politisch war sie seit dem Krieg sehr desillusioniert, sie versuchte daher nicht mehr, sich in die Diplomatie einzumischen. Zu tief saß die Enttäuschung, daß man sie für eine Spionin gehalten hatte, als sie ihre Versöhnungsarbeit zwischen Deutschland und Frankreich während des Ersten Weltkrieges fortsetzte. Aktiv in die Realpolitik eingegriffen hat Annette Kolb nie, sie nannte ihr Politikinteresse zu »sentimentalisch«. Aber gut informiert wie sie war, scheute sie sich nicht, weiterhin ihre Meinung zu sagen.

Die sozio-ökonomischen Probleme ihrer beiden Länder, Frankreich und Deutschland, interessierten sie nur sekundär. Ihr ging es in erster Linie um die gemeinsamen geistigen Ideale, die endlich eine tragfähige Verbindung schaffen sollten. Ihre Grundidee der Verständigung war so weit gefaßt, daß sich in ihrem langen Leben nichts mehr daran änderte. »*Mein Leben wird letzten Endes vor allem die Geschichte eines Gedankens gewesen sein, der einer deutsch-französischen Verbrüderung! Deren Zusammenbruch ich erfahren mußte, auf deren Verwirklichung aber für mich das Heil Europas, also auch der Welt beruht. Ich wüßte nicht, was ich sonst noch von mir erzählen sollte*«[20], resümierte Annette Kolb schon 1920, ein Jahrzehnt vor dem Tiefpunkt der deutsch-französischen Beziehungen. Die hartnäckigen Bemühungen von Gustav Stresemann, seit 1923 Außenminister in Deutschland, der in Aristide Briand, dem französischen Ministerpräsidenten, einen wichtigen Partner für seine Verständigungspolitik gefunden hatte und gemeinsam mit ihm und Austin Chamberlain 1926 den Friedensnobelpreis erhielt, konnten das Kälterwerden des Klimas zwischen den Nachbarländern nicht verhindern, ebensowenig wie die 1926 erfolgte Aufnahme Deutschlands in den Völkerbund. Die Aktivitäten von Graf Coudenhove-Kalergi, der im gleichen Jahr die Paneuropäische Bewegung gründete und schon seit 1924 die Zeitschrift »Paneuropa« herausgab, blieben längerfristig ebenfalls erfolglos. Über den Paneuropa-Kongreß vom 1.-5. Oktober 1932 in Basel schrieb Kolb an Schickele:

»Der Pan Europa Congress tagt, während in Paris nur von Krieg in Generalstabskreisen gesprochen wird. Der ganze Congress ist eine Enttäuschung, die Aspecte zu schlecht, der Köpfe (oder des Kopfes selbst) zu wenig.«[21]

Aristide Briand und Gustav Stresemann hatten die am 16.10.1925 in Locarno beschlossenen Vereinbarungen über ein Sicherheitssystem in Westeuropa noch im selben Jahr in London unterzeichnet. Dieser Sicherheitsvertrag, der sogenannte Locarno-Pakt, sollte sicherstellen, daß sich das Deutsche Reich, Frankreich und Belgien unter Garantie Englands und Italiens an die im Vertrag von Versailles festgelegten deutschen Westgrenzen hielten und die entmilitarisierte Rheinzone achteten. *»Der Friede von Versailles hat viel weniger durch die Härte gewisser Bedingungen als durch gewisse Pfuschereien der neuen europäischen Karte, die er entwarf, einen bösen Keil in die Sache des Friedens getrieben. [...] Es wird heute wieder mehr vom Kriege als vom Frieden gesprochen, an sich bedeutet das nichts, aber die Atmosphäre hat sich getrübt«*[22], schrieb Annette Kolb gut drei Jahre später.

Um zu einer Versöhnung zwischen den Ländern beizutragen, ließ die Kolb nichts unversucht. Sie nahm 1926 die Wahl in die neugegründete Nationale Gruppe Deutschlands des Verbandes für Kulturelle Zusammenarbeit (VKZ) an und versuchte ihre Ideen einzubringen. Der VKZ war aus dem österreichischen Kulturbund hervorgegangen, der sich für »die geistige Annäherung« und Kooperation der europäischen Staaten eingesetzt hatte. Im Oktober 1926 fuhr Annette Kolb zur dritten Generalversammlung nach Wien. Gemeinsam mit anderen Vertretern aus Deutschland war sie zur Versammlung entsandt worden. Dort traf sie mit vielen ihr schon bekannten Intellektuellen und Künstlern zusammen. In Kolbs Werk hat das Engagement für den Verband keine Spuren hinterlassen, wahrscheinlich trug die Arbeit für sie nicht genug Früchte.

Im VKZ hatte eine Handvoll Staatsmänner in geduldiger Arbeit die wirtschaftlichen und politischen Wirren der Nachkriegsjahre in ruhigere Bahnen gelenkt. Allerdings rief diese Ruhe eine Scheinblüte hervor, die leicht durch außereuropäische Einflüsse zum Welken gebracht werden konnte, wie es die Weltwirtschaftskrise 1929 zeigte. Auf geistigem und künstlerischem Gebiet wirkte die Auseinandersetzung mit den neuen Problemen belebend und bereichernd und führte aus der starren Selbstgefälligkeit, die noch aus der Vorkriegszeit teilweise wirksam war, heraus. Es wurde Kritik daran geübt, daß viele Teilnehmer der Friedenskonferenz zu sehr die politischen Mängel der Vorkriegszeit korrigieren wollten und darüber die wirtschaftlichen Belange der Gegenwart aus den Augen verloren.

Zwei Monate nach ihrem Aufenthalt in Wien schrieb Annette erschüttert an Dora Von der Mühll, daß sie ganz krank von der Nachricht vom Tode Rilkes sei. Der fünf Jahre jüngere Poet war am 29. Dezember in Val Mont bei Montreux gestorben. Die Todesnachricht schob vorerst einmal alle Eindrücke beiseite, die die Kolb in der neugegründeten Gruppe gewonnen hatte.

Ein Opfer der politischen Nachkriegswirren war Alexander Prinz zu Hohenlohe geworden, der uneingeschränkt Annette Kolbs politische Ansichten teilte. Völlig verarmt war er 1924 in Badenweiler gestorben. Er war der Sohn von Chlodwig zu Hohenlohe Schillingsfürst, dem Reichskanzler und preußischen Ministerpräsidenten von 1894–1900, der in dieser Funktion auch Richard von Kühlmann protegiert hatte. Zwischen 1900 und

1907 hatte Alexander Prinz zu Hohenlohe die »Denkwürdigkeiten« seines Vaters veröffentlicht, die brisante politische Enthüllungen enthielten. Damit zog er sich den Unwillen des Kaisers zu, verlor seine Stellung als Bezirkspräsident in Colmar und zog nach Paris. Während des Ersten Weltkrieges ging er seiner pazifistischen Gesinnung wegen in die Schweiz und schrieb aufsehenerregende Artikel in der Neuen Züricher Zeitung. Trotz der Bemühungen des Dichters Rilke konnte Hohenlohe nicht in der Schweiz bleiben und kehrte krank nach Deutschland zurück. Schon 1913 war sein Buch »Vergebliche Warnungen« erschienen; der Titel zeugt vom Weitblick des Autors. Annette Kolb beklagt, daß sich die deutsche Regierung nach dem Krieg keinen Rat von diesem geborenen Staatsmann geholt habe. Die Erfahrungen und Erkenntnisse Hohenlohes, der sich für die Demokratie engagierte und das Verhalten seiner Klasse als Versagen eingeschätzt hatte, wären für den neuen Staat wertvoll gewesen.

Zwei Stunden nach dem Tod des Prinzen war die Dichterin »eine kleine Weile« mit ihm allein. »*Hier war einer heimgegangen, der den höllischen Irrsinn, den eklen Veitstanz der Kriegspsychose durchschaut hatte, auf keines ihrer Schlagworte hereingefallen war und grenzenlos unter seiner Einsicht gelitten hatte. Für seinen Freimut, seine Unparteilichkeit, für die Wahrheiten, die er nach allen Seiten hin richtete und dafür, daß er es niemand recht zu machen suchte, blieben im Ausland seine Villen, sein Vermögen, seine Sammlungen sequestiert, gingen seine Kostbarkeiten verloren und wurde er im Inland von den Vielen geächtet. Darum starb er so arm.*«[23]

Ihr Nachruf auf den politischen Freund wurde in der Weltbühne im Juni 1924 veröffentlicht und später auch in ihr Buch »Kleine Fanfare« aufgenommen. Der Herausgeber der Weltbühne, Siegfried Jakobsohn, bedankte sich bei ihr für den Nekrolog und verabschiedete sich mit der bezeichnenden Bemerkung: »Von der Regierung erwarte ich, daß weiter gewurstelt wird.« Er hatte erkannt, daß die Umstände zur Stabilisierung der politischen Lage in Deutschland nicht besonders günstig waren. Der Theaterkritiker Jakobsohn starb schon zwei Jahre später im Alter von 45 Jahren. Der Schriftsteller Kurt Tucholsky wurde sein Nachfolger und hatte viel Verständnis für Annette Kolb. Sie konnte weiterhin ihre Beiträge abliefern, in denen sie den Frieden propagierte, und sicher sein, daß sie gedruckt wurden.

Noch immer unermüdlich um Frieden rang auch der Pazifist und Schriftsteller Romain Rolland, dem Annette Kolb 1926 zu seinem 60. Geburtstag eine Würdigung schrieb: »*Ich möchte anläßlich dieses Tages von Rollands Liebe zu Frankreich etwas sagen. Wir, die ihn damals sahen, als ihn der Gram, die angstvolle Sorge um sein bis ins Mark bedrohtes Vaterland verzehrte, wir gedenken nicht ohne Ehrfurcht der heroischen Selbstentäußerung, des letzten Verantwortungsgefühls, des letzten Verzichts, den Rolland sich auferlegte, indem er es über sich gewann, inmitten des Aufruhrs seines Herzens das Ziel einer Versöhnung dennoch auf sein Banner zu schreiben.*«[24]

Seine Verleger gaben einen »Romain Rolland Almanach« heraus, und es erschien ein »Liber amicorum« mit internationalen Huldigungen.

1929 gehörte Romain Rolland neben Albert Einstein, Käthe Kollwitz und Selma Lagerlöff zum Ehrenkomitee der »Internationalen Frauenliga für Frieden und Freiheit«, die einen Kongreß in Frankfurt abhielt. Die Tagungsteilnehmer/innen traten für den Schutz der Zivilbevölkerung ein und forderten die totale Abrüstung. Persönlicher Höhepunkt von Rollands Engagement für den Frieden war der Besuch von Mahatma Gandhi 1931 in Villeneuve, seit neun Jahren der Wohnort des französischen Pazifisten. Schon 1923 hatte der Franzose eine Biographie über den indischen Staatsmann verfaßt.

1932 organisierte Rolland gemeinsam mit Henri Barbusse, gegen den er zehn Jahre zuvor noch polemisiert hatte, den Weltkongreß in Amsterdam gegen den Krieg. Wie viele andere Anhänger der Gewaltlosigkeit mußte er ohnmächtig miterleben, was sich in Deutschland zusammenbraute. Sein Ehrenpräsidium des Internationalen Komitees gegen den Krieg und den Faschismus konnte die unheilvollen Entwicklungen nicht aufhalten.

Daphne Herbst

Als Annette Kolb mit der Arbeit an ihrem nächsten Roman begann, hatte sich für sie wie für andere Schreibende vieles verändert. Seit Mitte der zwanziger Jahre war bei vielen Dichtern der Glaube an eine neue Menschheit erloschen. Nicht die Innerlichkeit des Impressionismus oder die Ekstatik des Expressionismus waren die wesentlichen Stilelemente bei der Darstellung von Gefühlen, sondern die äußeren Umstände der Menschen. Ihre Lebensweisen wurden genauestens beobachtet und beschrieben, da viele Literaten glaubten, darin die Ursachen der jeweiligen menschlichen Seelenzustände zu finden. Es war die Gefühlslage einer verlorenen Generation, die, auch wenn sie den Granaten des Ersten Weltkriegs entkommen war, mit der Wirklichkeit nicht zurechtkam, weil der Krieg ihr Gemüt zerstört hatte. Im Rückgriff auf historische Stoffe oder in realistisch-reportagehaftem Stil wurde der Mensch in der Literatur zum exemplarischen Fall der Unsicherheit, des kämpferischen Proletariats, des Gegenstands einer Landschaft oder der Geborgenheit in Gott. Die Handlung wird zur Parabel, in die der Dichter durch Kommentare, Verweise oder Zitate eingreift. Auch Annette Kolb benutzt diese Gestaltungsweise: » *Wie gewisse Milliardärinnen, die keine Ahnung von der Armut haben, hatte Daphne wenig Fühlung mit der Wirklichkeit. Es muss hier vermerkt werden. Wie könnte der Leser ihr Schicksal sonst begreifen.* «[1]

René Schickele arbeitete gerade an einer Romantrilogie »Das Erbe am Rhein« und hat seine Nachbarin wahrscheinlich beeinflußt oder angeregt, nach fünfzehn Jahren wieder einen Roman zu schreiben. Der erste Band von Schickeles Trilogie mit dem Titel »Maria Capponi«, der in der Zeit vor dem Ersten Weltkrieg beginnt und die menschlichen und politischen Schwierigkeiten eines Elsässers, der eine Italienerin geheiratet hat, behandelt, erschien 1926. Das eigentliche Thema aber ist die Landschaft, das Elsaß selbst, das nach Schickeles Überzeugung der gemeinsame Garten für deutschen und französischen Geist war. In diesem Garten wollte er die neuen Denkmäler Europas errichten sehen. Schickeles Roman ist eine Parabel der Versöhnung. Die Erfahrungen des Helden sind gespeist von der biographischen Verwurzelung des Autors in einer Grenzregion. Sein Herz sei zu groß für ein Vaterland und zu klein für zwei: Mit dieser Äußerung hat Schickele sehr treffend seine eigene Gefühlslage und gewiß auch die anderer »Grenzgänger« beschrieben.

Die biographischen Wurzeln von Annette Kolbs Roman »Daphne Herbst« liegen im München der Vorkriegszeit. Am Beispiel der Familie Herbst, deren literarische Vorbilder die Angehörigen der Schriftstellerin sind, beschreibt sie die Schwierigkeiten eines weltoffenen Lebens im monarchistischen Bayern. Es gelingt der Dichterin, ein sprechendes Bild vom Untergang jener Epoche zu entwerfen. Einen inhaltlichen Schwerpunkt bildet das Porträt von Annettes schöner Schwester Louise, der sie in der Figur der Daphne ein Denkmal setzt. Mit der Darstellung der Vergangenheit wird zugleich aber auch das diffuse Lebensgefühl der zwanziger Jahre, in denen die Kolb an dem Roman arbeitet, vermittelt. Wenn Annette Kolb den Vater Constantin die kommenden Schrecken des Ersten Weltkriegs prophezeien läßt, spielt die Autorin längst schon auf die nächste Katastrophe an: »*Es wird noch einen Krieg geben [...] weil wir zu dumm sind. Niemand merkt es noch, wie dumm wir sind, weil wir so tüchtig sind. Lieber weniger tüchtig und nicht so dumm [...] Finis Bavariae [...] und das dicke Ende kommt nach [...]*«[2]

Als habe sie gegen diese düsteren Vorahnungen anschreiben wollen, geißelt sie in ihrem Roman die Dummheit der Menschen. Für Kolb sind intelligente Menschen auch die besseren und edleren – allerdings nur dann, wenn sie sich auch human verhalten. Ob Sozialisten, Kommunisten, Republikaner, Monarchisten oder Demokraten – für die Schriftstellerin zählte nur eines: Politik im Interesse der Menschlichkeit. Ihr ausgeprägter Humanismus war das menschlich Überragende an ihrem Verhalten, durch das sie auch Widersprüchliches in sich versöhnte.

Die eigene Idylle, die Annette Kolb gerade in Badenweiler erlebte, der sie aber nie so recht traute, fließt in den Roman ein. Die beschriebene Gefühlslage in der Familie Herbst ist ähnlich gelagert: »Nicht-mehr-lang«, dann ist alles vorbei. Visionär hat sie es vorausgesehen. Daß sie die Kriegsprophezeiung der Figur des Vaters in den Mund legt, der im Roman als schwacher, seinen Töchtern unterlegener Charakter dargestellt wird, ist nur konsequent, denn Annette Kolb war noch immer von der Schuld der Männer am Krieg überzeugt. Auch zum Zweiten Weltkrieg wird sie sich in diesem Sinne äußern und behaupten, daß alle Männer in Europa versagt hätten. Schon in der Weltbühne von 1925 hatte sie polemisiert, daß man in einer Zeit lebe, die einem zweiten Krieg zusehe. Obwohl jeder Halbidiot die Idiotie des Krieges einsähe, wüßten die »Herren der Schöpfung«, die ihn selber machten, nicht, wie sie es anstellen sollten, ihn zu verhüten. Als die Kolb nach Erscheinen des Romans über ihr neues Buch befragt wurde, äußerte sie im Berliner Tageblatt:

»So hat mich denn die Ungleichheit der Menschen schon früh beschäftigt. Weshalb die unendlichen Verschleppungen, welche unseren inneren Fortschritt derart hemmen, dass sein Vorhandensein von vielen geleugnet wird? – Doch nur, weil wir jener Ungleichheit nicht beizukommen vermochten. Weit entfernt das Problem zu lösen, hat die Klassentheorie es nur vervielfältigt. Es mußte auf diese Weise sich so sehr verschärfen, daß zuletzt alles über den Haufen fiel, um wiederum einer schiefen Ebene zuzugleiten.«[3]

Sie fügte noch hinzu, wenn ihr Buch die Anregung zu weiteren wichtigen Ausführungen biete, könne sie sich nicht mehr wünschen und habe damit ihr Pensum verrichtet.

Auf das Urteil von Hugo von Hofmannsthal über ihren zweiten Roman war sie besonders stolz. Er hatte ihr einige Monate nach Erscheinen geschrieben, daß da ein moderner Roman geschaffen sei, desgleichen es vorher nie gegeben habe und daß damit das »Exemplar« weit übertroffen wäre. Annette Kolb holte seinen Brief immer hervor, wenn sie sich durch eine schlechte Kritik verletzt fühlte.

Die auf ihre Schwester Franziska zurückgehende Romanfigur »Flick« stattete die Kolb mit großer charakterlicher Dummheit aus, die zwangsläufig zu Konflikten und Katastrophen führen muß. Alle Leitungen von Flicks Intellekt hingen wie »Drähte ohne Knotenpunkt ins Leere«. Mit der von der Familie »Medi« gerufenen jüngsten Schwester Franziska verband die Autorin ein Konflikt, der nie beigelegt werden konnte. Im Roman ist Flick unabsichtlich am Tod ihres Bruders Franz und ihrer Schwester Daphne beteiligt. Flick hat Konventionen verletzt; der Bruder »rettet« sie aus einer peinlichen Situation und muß dafür mit der Einhaltung eines brutalen Rituals büßen: Er stirbt im Duell und fällt damit einem überholten Ehrenkodex zum Opfer. Die Aufregungen, die Flick heraufbeschwört, verschlimmern das Halsleiden von Daphne, das schließlich zu ihrem Tod führt. Alle Unglücke geschehen aus Flicks mangelnder Reflexion. Ein Mangel, den die Dichterin auch im realen Leben schlecht verzeihen kann.

Mit der Figur der Daphne wollte Annette Kolb eine moderne Frau gestalten, die sich einen Mann erreichbar wünscht, aber nicht mit ihm unter einem Dach leben wollte. Erst eine schwere Krankheit veranlaßt Daphne die immer wieder mit allerlei Ausreden hinausgeschobene Hochzeit mit ihrem inoffiziellen Verlobten Carry zu halten. Mit ihm hatte sie sich in Restaurants und auf nächtlichen Straßen schon ohne »Anstandswauwau« gezeigt und die damalige Sittenstrenge durchbrochen. Die Autorin schildert in »Daphne Herbst« auch jenen Teil der Gesellschaft um die Jahrhundertwende, der es sich leisten konnte, im Trend zu liegen. Sie wirkt dabei hochmodern, denn ihre Schilderung erinnert uns an das Kultur- und Reisekarussell der Jahrtausendwende. »Da war auch für das Leben der neueste Fahrplan Trumpf. Hinter der Welt selber jagte man her, auf Jachten, in Luxuszügen, per Auto. Irgend etwas entging einem dabei immer: und der Lido, das Engadin, Coventgarden oder Bayreuth, Caruso oder ein Rennen, eine Blumenausstellung, ein Kostümball oder das Requiem von Mozart.«[4]

Trotz dieser Einsichten mußte Annette Kolb ab und zu selbst »hinter der Welt« herjagen. Ihre dreijährige Arbeit am Roman unterbrach sie im Sommer 1927, um die gute irische Luft bei ihrer Schwester Germaine zur Erholung zu nutzen, und auch ihre sonstigen ausgedehnten Informationstouren führten manchmal dazu, daß sie Menschen oder Gelegenheiten verpaßte. Harry Graf Kessler hatte Annette in Berlin verfehlt und schrieb ihr klagend, warum sie denn nie nach Weimar komme. Schickele hatte sich den Arm gebrochen und er den Fuß, Harry witzelte aber bereits wieder über die »gebrechliche Gesellschaft«; er »laufe schon wieder einigermaßen solide« herum. Trotz des Mißgeschicks nahm Kessler regen Anteil an der Entstehung von »Daphne Herbst«:

»Wann kommt Ihr Roman in Buchform heraus? Ich bin darauf äusserst gespannt, werde ihn aber, Ihrem Rate folgend, in der »Vossischen« nicht lesen, da solche verzettelte Lektüre den Eindruck meistens schwer schädigt. Ich werde also versuchen, meine Neugier bis zum Erscheinen des Buches zu zügeln. [...] in aufrichtigster Treue und Freundschaft die allerherzlichsten Grüße. Ihr untertänigster Harry Kessler« [5]

Aus dem neuen Werk konnten ihre Freunde und Zeitgenossen auch Aufschlußreiches über die religiösen Einsichten der Autorin erfahren. *»Wer durfte das Recht des Glaubens beanspruchen, der dem anderen das Recht des Unglaubens bestritt?«*, oder *»Mag der Glaube Berge versetzen, Anker darf er keine werfen, Wissen um letzte Dinge, ihrem doppelten Gesicht, ihrer Negationen Schoß offenbart er nicht.«* [6]
Ihren eigenen Zwiespalt zwischen der protestantischen und der katholischen Kirche handelt Annette Kolb in diesem Roman ebenfalls ab, etwa wenn sie Daphne seufzen läßt, daß es den Vater sehr verdrieße, wenn sie einen Hugenotten heirate, und ihr Verlobter ungehalten antwortet: »Dann werde ich halt Kathole.« Ebenso erfahren wir von Kolbs Vorliebe für die Münchner Nepomukkirche. Daphne erzählt, daß sie schöne Kirchen mit goldenen Girlanden über Hochaltären, rote Baldachine mit seidenen Quasten, gewundenen Säulen, Pomp, Prunk und Amoretten liebe. Wie auch die süßen Pförtchen, Fensterscheiben, galanten Beichtstühlchen und beim Portal der kleine Seraph der Nepomukkirche ihre Andacht hervorrufe. Nur in kunstvollen Barock-Kirchen könne sie beten. »Ein paar stillose Fenster, mittelmäßiger oder auch nur langweiliger Gesang hätten Daphne verjagt.« Wie ihre Heldin bevorzugte Annette Kolb katholische

Kirchen und ging am liebsten ganz früh am Sonntagmorgen in eine Messe.

Der Vater von Daphne, Constantin, hielt in jungen Jahren um die Hand von Helga, einer jungen Geigerin an. Der unbelesene, fahrige feudale Freier wird wegen dieser Liebe prompt enterbt; der Sohn des Fürsten Währingen Fünfeck durfte keine Bürgerliche heiraten, auch wenn sie eine begabte Musikerin war. Constantins Vater strich den Namen seines »einzigen pflichtvergessenen« Sohnes aus dem Familienstammbaum. Souverän nahm der Sohn den Namen Herbst an und setzte sich mit Leichtigkeit über das Gezeter der Seinen hinweg. Biographische Bezüge sind unverkennbar, war Annette Kolb doch über »fünf Ecken« mit den Wittelsbachern verwandt. Sie hat dies zu Lebzeiten allerdings immer abgestritten. Die große Selbstsicherheit, die in Kolbs eigener bürgerlicher Familie herrschte, und der »monumentale Dünkel« der adligen Verwandtschaft schufen eine Kluft, die sie für unüberbrückbar hielt. Hinzu kam, daß Max Kolbs herzoglich-bayerische Abstammung von den Wittelsbachern nie offiziell anerkannt wurde.

Die Schilderung einer Rundreise von Daphnes Vater bei seiner aristokratischen Sippschaft, auf der ihn seine junge Frau Helga begleitet, nutzt die Autorin zur Studie über eine dekadente Gesellschaft reicher Snobs. »*Constantin hatte die Cousine Philiberte für zuletzt aufgespart. Und nicht eine Kutsche wartete diesmal. Das Auto verstand sich dort von selbst. Da wurde getutet, schneidig jede Kurve genommen, da war man oben, ehe man sich's versah, auf der vieltürmigen Burg [...]*«[7] Der Besuch bei Philiberte ist für die Geigerin Helga ein Alptraum. Sie spürt, daß in dieser Gesellschaft klassische Musik nicht erwünscht ist; dagegen äußert sie sich abfällig über eine Komposition des Salonmusikers Reynaldo Hahn, die sie der Verwandtschaft ihres Mannes zuliebe spielen mußte. Das sei Musik für Leute, die gut diniert haben und ein »Schmachtfetzen«, der die Interpreten unter sich begrabe. Helga lehnt die seichte Musik der Zeit ab, die von Snobs wie Philibertes Bruder bevorzugt wird. »*Aber der Snobismus ist eine Subalternität für sich. Es frönen ihm viele, die es nicht nötig haben, ja ein zeitgenössischer König sogar. In der Zeit, von der wir hier erzählen, war er schon stark ins Kraut geschossen [...] Die Intelligenz selber hat ihn auf den Thron ge-hoben.«* [8]

Solche gesellschafts- und musikkritischen Äußerungen ziehen sich durch den ganzen Roman und unterstreichen Annette Kolbs vorwurfsvolle Haltung gegenüber der Intelligenzija der Vorkriegsjahre. Durch das politische Desinteresse der gebildeten Schichten sei der nationale Chauvinismus in Deutschland angewachsen. Die Laxheit, mit der innen- und außenpolitische Entscheidungen getroffen worden seien, habe die soziale und politische Krise verschärft und dem Krieg den Weg bereitet.

So wie der überraschende Tod der Heldin Daphne ihre Umgebung verändert, hat auch der Krieg, den Constantin prophezeite, die Menschen verändert. Als müßten schwierige Charaktere sich läutern, wird das Mädchen Flick als Helferin an die Front gebracht.

»Arme Flick! Von Lazarett zu Lazarett geschickt, hat sie all die Zeit hindurch Verstümmelte ohne Zahl gesehen, und so manchen haben die schweren Augen in dem hellen Gesichtchen bezaubert, so daß er in seinen Fieberträumen nach ihr rief. Und doch – nie kristallisiert sich ein Gefühl für sie, noch eins in ihr. Und zuletzt sind es Retorten, feinste Scheren und Meßinstrumente, die man ihrer Sorge anvertraut.« [9]

Hier, am Ende des Romans, inszeniert die Autorin symbolisch das Abstumpfen der Menschen während des Krieges, ihre zunehmende Gefühlskälte, die sie in ihrer Schrift »Zarastro« schon beklagt hat und die den Blick für kommende Katastrophen verstellte.

Der erfolgreiche Schriftsteller Jakob Wassermann, ebenso wie Annette Kolb Autor im S. Fischer Verlag, schrieb ihr Zeilen der Bewunderung, nachdem er den Roman »Daphne Herbst« wenige Wochen nach Erscheinen gelesen hatte. Es sei ein bezauberndes Buch, in melodiösem Stil geschrieben und auf einigen Seiten so genial »Kolb'sch«, daß man die Verfasserin gern gründlich und verwundert betrachten möchte. Es sei etwas seltsam Aphoristisches, blühend Improvisiertes geworden, und, was er ihr hoch anrechne, es sei keine Konzession darin. Wassermann hat es geschätzt, daß Annette Kolb ihren Überzeugungen treu blieb und alle Figuren des Romans konsequent nach ihren Ansichten gestaltete. Zu Pfingsten 1928 schrieb Annette Kolb erleichtert an Theodora Von der Mühll:

»Liebe Dori
Ihr Brief hat mich sehr gefreut. Seit über 5 Wochen hat mich eine Kopfgrippe befallen, an der ich sehr zu leiden habe. Da ist es wie Blumen dass man ein freundliches Echo gefunden hat. Ich habe mich 1¹/₂ Jahre wirklich sehr geplagt, mein Äußerstes zu geben versucht, und da ist es, während ich so daliege ein tröstliches Gefühl für mich, dass es nicht vergebens war. [...]
Ihre Annette«[10]

Die Saat ihrer Sozialkritik, die sie vor dem Ersten Weltkrieg schon formuliert und nun auch in den Roman eingebaut hatte, war in den zurückliegenden Jahrzehnten leider nicht so aufgegangen, wie die Autorin es sich vorgestellt und erhofft hatte. Sorgen um die Gemeinschaft machte sich Annette Kolb ihr Leben lang.

Aristide Briand

1926, im Erscheinungsjahr von »Daphne Herbst«, bekam Annette Kolb vom Rowohlt Verlag den Auftrag, ein Buch über Aristide Briand zu schreiben. Als Frankreichkennerin und Europäerin stand sie diesem Staatsmann und seinen politischen Vorstellungen nahe. Drei Jahre später erschien ihr Buch »Versuch über Briand«, das sie als Studie verstanden wissen wollte. Der Freund Schickele notierte in sein Tagebuch: »*Annettes ›Briand‹ erschienen. Sie sitzt und wartet auf Lorbeeren. Hat mich im Verdacht, dass ich nicht ganz begeistert bin. Warum? Aus Neid? Ich hätte nie ein Buch über B. geschrieben. Aber mit ihrer Auffassung von B. wird sie wohl recht behalten.*«[1]

Selbstverständlich behielt sie recht. In den Jahren des Exils schrieb Schickele an Annette, daß Briand den Frieden wolle, unbedingt den Frieden, insofern sei er ihr Mann. Die Franzosen würden schon aufpassen, daß Hitler sie nicht hereinlege.

Etwas knapp wirkt allerdings ihre Darstellung, wenn man umfangreiche Informationen über den Menschen und Politiker Briand erwartet. Wie es ihre Art ist, beginnt sie das Buch mit persönlichen Schilderungen von Erlebnissen, die sie im Umfeld dieses Auftrags hatte. Einen dreitägigen Aufenthalt in Paris im Juli 1928, der zu einer Unterredung mit Briand führte, nutzt sie erzählerisch zur Einstimmung der Leserschaft. Sie habe sich im heißen und überfüllten Paris aufhalten müssen und nur noch im obersten Stockwerk eines Hotels am Bois de Boulogne ein Zimmer »wie in einer Bleikammer« bekommen. Um Luft zu schöpfen, geht sie zur nahegelegenen Brücke, der Concorde. Die frische Brise genießend, reflektiert, resümiert und räsoniert sie über ihr zentrales Thema: »*Doch ließ ich stets alle Träumereien der Politik zuliebe fahren; meiner größten Leidenschaft. Was aber nannte ich Politik? Sie gipfelte für mich in dem einzigen*

Problem, daß Deutsche und Franzosen sich vereinigen sollten. Die anderen Länder spielten nur Nebenrollen, England die des Verwandten. Alle nicht wichtig, sie kamen erst später dran. [...] Diese fixe Idee führte fast bis in meine Kindheit zurück. Im Prinzip hatte ich ja recht.«[2] Kolb wollte die deutsch-französische Einheit nicht neu erschaffen, sondern lediglich wiederherstellen, wie sie schon einmal unter Karl dem Großen bestanden hatte. Anhänger dieses weltpolitischen Konzeptes waren auch Rolland und Schickele.

Im Buch schildert Annette Kolb noch einmal ihre Erfahrungen aus der Jugend und aus der Zeit des Ersten Weltkriegs. Sie vergleicht Rathenau mit Briand, beides »hochgesinnte Typen«, die aber dem Krieg gegenüber naiv gewesen seien. Andere, die damals – wie Kolb – Monate oder Jahre in Zentren des neutralen Auslands verbracht hatten, kämen durch die geographische Distanz zu einem negativeren Urteil gegenüber den »Zubereitern und Schürern des läuternden Stahlbades«.

Der Bretone Briand, der seine frühe Jugend in dem Hafenstädtchen St. Nazaire verbrachte, war Angehöriger eines Küstenvolkes, dessen Wesen Kolb mit der ewig uneingeengten, in ihrer Wiederkehr nie festzulegenden, zuströmenden und sich entziehenden Meereswelle vergleicht. In Nantes am 28. März 1862 geboren, besuchte Briand dort auch das Gymnasium. Während seiner Schulzeit begegnete er dem Schriftsteller Jules Verne, der das spektakuläre Buch »Die Reise um die Erde in 80 Tagen« geschrieben hatte. Der Knabe war von dieser Geschichte ebenso fasziniert wie von deren Verfasser. Das Beeindrucktsein war offenbar gegenseitig, denn Verne charakterisierte in dem Roman »Zwei Jahre Ferien« den Knaben Briand als sehr intelligent, waghalsig, unternehmend und schlagfertig.

Annette Kolb hebt in ihrem Buch die taktische Klugheit Briands hervor, mit der er sich in der Parteienlandschaft behauptete. Wie es ihm mit Umsicht und Einfühlungsvermögen gelang, die Vertreter verschiedenster Weltanschauungen einander anzunähern, um einen Ausgleich zu erzielen. Insgesamt zwölfmal wurde er Minister, und zu der Zeit, als Annette Kolb ihre Aufzeichnungen über ihn verfaßte, hielt er sich schon seit einem

Vierteljahrhundert an der Macht. *»Kein Minister, der mit leichterer Gebärde, und wäre es auf immer, vom Sessel glitt, gelassener ihn wieder bestieg und den Stab von neuem schwang.«*[3]

Ungeduldig wartete Annette Kolb auf das vereinbarte Treffen mit Briand, der das »Pazifizieren im Handgelenk« habe. Am dritten Tag im hochsommerlich heißen Paris befielen sie Zweifel, ob Briand überhaupt vom Land in die Stadt hereingefahren käme. Der Arzt werde es ihm sicherlich verbieten und sie wäre umsonst gekommen! Schon vor dem Frühstück hatte sie sich über den viel zu hohen Preis für ihr stickiges »Bad mit Zimmer« ärgern müssen, wie sie den zerschnittenen Raum, in den man nachträglich eine Naßzelle eingebaut hatte, nannte. In Panik schweifte ihr Blick über ihre katastrophengleich verstreuten Sachen. Es gab kein Fortkommen ohne die Hilfe »des zarten und leidgewohnten« Zimmermädchens. Seine mitleiderregende soziale Lage hat Annette Kolb schon erfragt und bereitwillig Auskunft erhalten. Das Essen, das die Angestellten des Hotels erhalten, sei häufig verdorben, so daß die junge Angestellte es nicht vertrage. Zu lange stünden Hummer, Kaviar und andere Delikatessen auf den wärmer werdenden Buffets, bis endlich das Personal Zugriff darauf erhalte. Ein Anlaß für die Kolb, sich darüber ihre politischen Gedanken zu machen: *»Gibt es in den Innenministerien unserer modernen Demokratien keine Beamten, die eine Kontrolle über die Weise, in welcher in den Riesenkonzernen der Riesenhotels mit Riesenverdiensten auf Kosten einer solchen Angestellten gespart wird, zu üben geeignet wären? Und wie alle Wege nach Rom führen, so weisen alle Erwägungen, auch die scheinbar fernliegendsten, auf die Notwendigkeit eines Zusammenschlusses unserer verschiedenen Staaten, damit wir endlich den Krieg gegen unsere Mißstände eröffnen, auf sie unsere Beachtung konzentrieren.«*[4]

Während des Frühstücks, das sie auf dem Zimmer einnimmt, kommt der erlösende Anruf, daß sie kurz vor 15 Uhr abgeholt und zu Briand gefahren werde. Es plagen sie Selbstzweifel darüber, was sie dem Politiker zu sagen hat. Mit französischen Normalbürgern war ihre Kommunikation nach dem Krieg fast unbeeinträchtigt gewesen, aber gegenüber einem Politiker empfand sie den Bruch durch »vielhundertjährige Entfremdung« und den letzten Krieg. Als sie Briand endlich gegenüber sitzt, sieht sie eine Erscheinung »in voller Harmonie mit jeder Geste«. Trotz der vielen Bilder, die sie von Briand kannte, hatte sie sich den Politiker anders vorgestellt. Annette Kolb hat eine gewisse »innere« Gutmütigkeit und Behäbigkeit erwartet und findet keine Spur davon »[...] *sondern hier war in höchster Potenz der geschulte, gewaltige, der abgeschliffene Diplomat, der machtgewohnte, in sein historisches Kader eingegangene Staatsmann, der Routinier der Macht, mit Dingen der Macht identifiziert, [...]«*[5]

Annette Kolb kommt für sich zu dem Schluß, daß die Politik für Briand nicht nur eine Art Kunst ist, sondern auch Eros, und daß sein Charakter für sie undurchdringlich bleiben wird. Sie sagt ihm, daß sie ein Buch über ihn schreiben wolle – er erwidert, daß es übersetzt werden müsse. Der Bann ist gebrochen, und bereitwillig berichtet Briand in nahezu einer Stunde über die politischen Etappen seines Lebens, die allerdings im Buch nur am Rande Erwähnung finden werden. Der anstehende Besuch von Stresemann in Paris wird noch zum Gesprächsthema zwischen der Dichterin und dem Politiker. In wenigen Tagen wird der deutsche Staatsmann den Briand-Kellogg-Pakt unterzeichnen, durch den sich 15 Staaten verpflichten, den Krieg als nationales Werkzeug zu ächten; Verteidigungskriege ausgenommen. Für alles was der Sache des Friedens dient, hat Briand entschlossen gekämpft.

Im Anschluß an die Unterredung mit Briand fuhr Annette Kolb noch zu dessen Staatssekretär Hector Berthelot. Geistig erschöpft von der vorangegangenen Anspannung, fand sie keinen Zugang mehr zu ihrem neuen Gegenüber und konnte das Gespräch nicht für ihre Aufzeichnungen nutzen. Sie reiste bald ab, um erholt am 1. September in Genf zu sein, zur Eröffnung der IX. Völkerbundtagung. Dort hatte sie bald Gelegenheit, Briand in einem Vortrag zu hören.

Durch unklare Informationen, zu welcher Uhrzeit sein Vortrag am 10. September stattfinden würde, verspätete sich Annette Kolb fünf Minuten. Sie traf ein, als er bereits redete, und Briand zu hören wurde ihr gewissermaßen eine musikalische Sensation. Im Rhythmus seiner Worte habe er wohl ungezählte

Male die Hände ineinander gelegt und wieder geöffnet. Sie war so beeindruckt von der Musikalität, die in seiner Intonation lag, daß ihr hin und wieder ein Satz entging.

Briand sprach über die bisherigen Errungenschaften des Völkerbundes, um sich dann direkt an den Kanzler zu wenden. Angesprochen war der Sozialdemokrat Hermann Müller, Reichskanzler vom 29.6.1928 bis 27.3.1930. *»Wenn man einen Weg findet, braucht man nicht mehreren zu folgen. Tatsächlich Herr Kanzler, man braucht nur einen, aber was man vor allem braucht, ist ein gemeinsames Ziel, und wenn man auf dem guten Weg ist, darf man sich nicht darüber wundern, daß dieser Weg nicht absolut eben und leicht ist; wenn man dort andere Wegspuren findet, wenn sich dort Hindernisse erheben und wenn beim Überwinden all dieser Schwierigkeiten eine Gesellschaft wie diese, aus mehr als 50 Nationen zusammengesetzt, gezwungen ist, Schritt für Schritt maßvoll und vorsichtig vorzugehen.«*[6]

Im weiteren Verlauf der Rede Briands fiel Annette Kolb auf, daß die Minorität im Völkerbund, die gegen die allgemeine Abrüstung war, in Zukunft wohl nicht viel von ihm zu erhoffen hätte, aber daß er, wie auch Reichskanzler Müller, sich dem verkündeten Geist des Völkerbundes gemäß verhalten werde. Ein großes Bankett am Mittag schloß sich an, an dem im Kreise vieler Journalisten auch Kolb teilnimmt. Das Resümee ihres Eindrucks von Briands zweistündiger Rede: *»Ich für meinen Teil hatte sie schön, freimütig, sehr berechtigt und im höchsten Grade fesselnd gefunden.«*[7] Beim Abschied aus Genf wünscht sich die Dichterin »Kredit für Briand«.

Schon in den frühen zwanziger Jahren hatte der französische Politiker die Idee einer europäischen Union formuliert, aber die Zeit war noch nicht reif. Unter den europäischen Staatsmännern jener Jahre galt Aristide Briand als Visionär. Noch war Annette Kolb vom Erfolg der Paneuropa-Union unter Vorsitz des böhmischen Grafen Richard Coudenhove-Kalergi überzeugt. Briand hatte in dieser Vereinigung von Intellektuellen 1927 die Ehrenpräsidentschaft übernommen. Veranlaßt durch die bevorstehende Räumung der zweiten und dritten Zone der besetzten Rheinlande, appellierte er im Mai 1930 leidenschaftlich an die

Nachbarstaaten. Dies sei eine Entscheidungsstunde, in der ein waches Europa sein Schicksal selbst bestimmen könne. Seine Vorschläge zur Schaffung gemeinsamer europäischer Institutionen wurden aber nicht ernsthaft diskutiert; Briand war nicht mehr Ministerpräsident, sondern nur noch Außenminister. Gustav Stresemann, ein Verbündeter, mit dem er hätte rechnen können, war im Oktober 1929 an den Folgen eines Schlaganfalls gestorben und der amerikanische Außenminister Kellogg nicht mehr im Amt.

Der Friedenskredit, den sich Annette Kolb für Aristide Briand und Europa wünschte, wurde nicht eingelöst. Bei Erscheinen ihres Buches über den Staatsmann konnte sie dies noch nicht wissen, aber befürchtet hat sie es immer. Briand teilte das Schicksal Rathenaus und Eisners, auch er wurde ermordet. Am 7.3.1932 starb er in Paris durch Leute aus den eigenen Reihen.

Baron Coudenhove-Kalergi stellte 1938 die Prognose, daß Krieg für ganz Europa eine unausdenkbare Katastrophe wäre, aber zugleich der kürzeste Weg für ein vereintes Europa.

Veränderungen

»Abschied vom Jahr 1930«, so titelte Annette Kolb den ersten Aufsatz in ihrer Essaysammlung »Beschwerdebuch« von 1932. Die Lektüre hinterläßt den Eindruck, als habe sogar die Natur die Autorin auf kommendes Unheil hinweisen wollen. »*Um den Sommer wie um den Herbst betrogen! Katastrophenpolitik der Elemente, zu Land, unter der Erde und in der Luft: welche Bilanz für den Winter hinein! Drüben die Vogesen, doch man sieht sie nicht, und Nebel füllt die ganze Ebene aus. Warum sollten die Menschen besser als ihr Wetter sein?*«[1]

Untrüglich war Kolbs Gespür für politische Veränderungen. »*Es sind wieder die Töne von 1914, und es wird ihnen geglaubt, und unsere politischen Manieren sind die der Schulrangen, und alles ist so dumm, daß man's erleben muß, um es zu glauben.*«[2]

Schleichend und unberechenbar, wie sich die politische Atmosphäre allmählich zu verändern begann, fiel dies politisch naiven Menschen gar nicht auf. Erst als brutal in das Schicksal vieler Bürger eingegriffen wurde, begann der Umschwung sein Gesicht zu enthüllen. Aber selbst dann zeigten sich noch nicht die wahren Konturen des Schreckens. Die Biographien von Annette Kolbs Freunden Benno Reifenberg und Wilhelm Hausenstein sind beispielhaft für das Schicksal vieler.

Der Schriftsteller und Kunsthistoriker Benno Reifenberg war seit 1924 Leiter des Feuilletons der Frankfurter Zeitung. Das Blatt veröffentlichte unter seiner Leitung zahlreiche Artikel der Kolb. Reifenberg war der erste gewesen, der Kolbs Essay »Radioleiden und Radiofreuden« publizierte, und von ihren Erinnerungen an Hugo Habermann war er hingerissen. Er schrieb ihr im September 1930, daß er seit langem nichts gelesen habe, das ihn mit solcher Gewalt mitten aus allem Papier, aus den Klischees und der Phraseologie der Welt herausgerissen und die eigentliche Welt demonstriert habe.

Im gleichen Jahr wurde Reifenberg Korrespondent in Paris und ab 1932 politischer Redakteur der Frankfurter Zeitung. Seiner verehrten langjährigen Autorin blieb er weiterhin treu, trotz der aufreibenden neuen Position, die er mit Inhalten zu füllen hatte. Die Finanzen der Kolb konnte er allerdings nicht wesentlich verbessern. Für den Vorabdruck ihrer »Schaukel« im Sommer 1934 bekam sie »ganze 1200 Mark!«. Mit dem Honorar war Annette alles andere als zufrieden, aber sie tröstete sich damit, daß das Buch nun erst im Herbst herauskommen würde und sie den »schlechten Schluß noch einmal überdenken konnte«.

Kurz vor dem Verbot der Zeitung, 1943, wurde Benno Reifenberg entlassen. Die Veränderung des politischen Klimas hatte auch ihn eingeholt, da er mit einer als »nicht-Arierin« geltenden Frau verheiratet war.

Nach dem Krieg, als Reifenberg von 1959 bis 1966 als Mitherausgeber der Frankfurter Allgemeinen Zeitung fungierte, konnte Annette Kolb wieder manchen Artikel dort veröffentlichen.

Den Freund Wilhelm Hausenstein, den sie schon seit 1903 kannte, als er sein Studium der Geschichte und Volkswirtschaft in München abschloß, ereilte das gleiche Schicksal wie Reifenberg. Ebenfalls mit einer »nicht-Arierin« verheiratet, mußte er zum gleichen Zeitpunkt seinen Hut nehmen. Er hatte seit 1934 das Literaturblatt und die Frauenseite der Frankfurter Zeitung geleitet. Gleich im ersten Jahr ließ er ein Porträt über Annette Kolb, geschrieben von ihrem besten Freund Schickele, veröffentlichen.

Als Margot, eine junge belgisch-jüdische Kriegerwitwe – ihren Nachnamen tilgten die Wirren der Zeit –, 1919 in München Wilhelm Hausenstein heiratete, lernte sie auf der Hochzeitsfeier Annette Kolb kennen. Rainer Maria Rilke und Emil Preetorius waren die Trauzeugen. Die Tochter des Paares, Renée-Marie Hausenstein, traf der politische Umschwung Deutschlands in ihrer Existenz. Sie galt als »Mischling ersten Grades« und war damit ohne jede Chance auf eine Ausbildung. 1942 ging die Zwanzigjährige daher eine Proforma-Ehe mit einem brasilianischen Studenten ein und emigrierte nach Rio de Janeiro.

Zu der Überlegung, eine Konvenienzehe einzugehen, um die eigene Haut zu retten, sah sich Annette Kolb ebenfalls bald gezwungen.

Für die Familie Hausenstein begannen nach der Entlassung bei der Frankfurter Zeitung aufreibende Jahre. Erst die Ernennung des Kunstschriftstellers Hausenstein zum deutschen Generalkonsul 1950 in Paris ließ die Demütigungen durch die Nazis in den Hintergrund treten.

Annette Kolb befand sich in einem wahren Schaffensrausch, so als müsse sie gegen die bedrohlichen Strömungen anschreiben, die sich unaufhaltsam verstärkten. Ein Jahr nach Kolbs Buch über Briand erschien 1930 ihr Essayband »Kleine Fanfare«, in dem sie im wahrsten Sinne des Wortes noch einmal alles hinausposaunt, was sie in den letzten Jahren gedacht und auch bereits veröffentlicht hatte. Zugleich würdigt sie darin die Menschen, denen sie sich verbunden fühlte und die ihr Leben beinflußt hatten, in umfangreichen Porträts. Sie wollte noch einmal Signale setzen und ihre Botschaften verbreiten. Schon 1925 hatte ihr Carl Jakob Burckhardt im Zusammenhang mit seiner Meinung über »Veder Napoli« geschrieben: »[...] *Und bewahren Sie auf jeden Fall ›Kleine Fanfare‹, das ist es, was wir brauchen, die freimütige und helle Fanfare ohne Großsprecherei.*«[3]

Die Umschlagzeichnung von Olaf Gulbranson begeisterte Annette Kolb. Am 3. Oktober 1930 schrieb sie dem Graphiker:

»Lieber Olaf.
Deine Sache ist sehr schön ich bekomme sie soeben. [...] Es steckt auch so viel hinter der Zeichnung, man sieht es ist der Bläserin ernst, und die Sache für welche die Posaune ins Blaue sagt ist es auch und die Farben sind einfach herrlich. Vielleicht komm ich Ende Oktober oder Anfang Nov. hin oder her von Berlin. Oder sehen wir uns am Ende dort?
Herzlichst
Deine alte Annette«[4]

Das Horn ist seit vorgeschichtlicher Zeit ein Instrument, mit dem Rituale, Jagden oder Kriege angekündigt werden. Program-

matisch veröffentlicht die Dichterin in der »Kleinen Fanfare« noch einmal Aufsätze, die zu einem früheren Zeitpunkt schon in Zeitschriften erschienen waren. Sie muß ihre Ansichten wiederholen, damit sie nicht in Vergessenheit geraten. Die ihr liebgewordenen Persönlichkeiten der vergangenen Jahre – darunter unter anderem Adolf Hildebrand, Alfred H. Fried, Monseigneur Duchesne, Felix Mottl, Hugo von Habermann – werden sehr plastisch und lebendig in Erinnerung gerufen und zu ihrer Freude im Buch auch fotografisch abgebildet. Über diese »Bildeln« berichtete Annette Kolb u.a. auch der Freundin Theodora Von der Mühll:

»Liebe Dori, unsere Botschaften haben sich offenbar gekreuzt. Ich habe an Deinen Bruder geschrieben und fühle mich heuer sehr verwaist von Euch. Ich bedaure, daß Du nicht ins Römerbad kommen konntest. [Hotel in Badenweiler] *Es leert sich zur Zeit, was es viel angenehmer macht. Regen und Arbeit haben diesen Sommer richtig grauslich gemacht. Es steigt schon wieder ein Buch von mir. Zum Glück hat es Bildeln. [...]*
Herzlichst Annette«[5]

Mit den kulturkritischen Aufsätzen über Paris, Berlin, München und Wien in der »Kleinen Fanfare« hat Kolb das jeweilige Charakteristikum der Städte herausgearbeitet und ihnen ein liebenswürdiges Denkmal gesetzt. Interessanterweise veröffentlicht sie erneut auch einen kurzen Aufsatz zum Thema »Die Frau in der Politik«, worin sie unverhohlen den Mann für den verfahrenen Karren in der Strategie der Nationen verantwortlich macht. *»Die Art und Weise, in welcher das Selbstbestimmungsrecht der Völker sich verwirklichte, hängt viel enger als er es ahnt, mit der Unabhängigkeitserklärung der Frau zusammen. Ich will uns nichts beschönigen. Unsere Unzulänglichkeit ist groß. Wir nei-*

gen zur Albernheit. Der Mann ist dumm. Aber sollte die Albern-
heit am Ende heilbarer als die Dummheit sein?«[6]

Annette Kolbs Blickwinkel bleibt nach wie vor der einer Frau, die mit dem Finger auf den entscheidenden Unterschied der Geschlechter zeigt.

In ihrem im »Beschwerdebuch« enthaltenen Essay »Randglossen zur heutigen englischen Literatur« nimmt sie ebenfalls eindeutig Stellung zu Gunsten der Schriftstellerinnen und Dichterinnen. *»Auch der misogynste aller englischen Literaturprofessoren dürfte heute keinen Überblick der modernen englischen Literatur zu geben wagen, in dem er den Ruhmesanteil der englischen Schriftstellerin unterschlüge. Auch die begabteste unter ihnen ist kein Meerwunder mehr wie Jane Austen, Currer Bell, George Elliot und Elisabeth Browning, die, als Ausnahmen gewertet, die Regel bestätigen sollten, daß sich die geistige Potenz der Frau, mit der des Mannes gemessen, in ihren abgründigen Tiefen zu bescheiden habe.«*[7]

Über den Roman »Ulysses« von James Joyce, der nach ihren Worten die Drastik des Ausdrucks in Mode gebracht habe, urteilt sie, es sei ein Männerbuch – mochten es die Männer behalten, sie fühle sich nicht befugt, darüber auszusagen. Seine Schreibweise, den Leser mehr beeinflussen zu wollen, als seinen Geschmack zu berücksichtigen, sei jedoch einer Natur wie Virginia Woolf gerade recht gewesen, die nicht von ungefähr in die Literatur gekommen sei. Als Essayistin habe sie nicht ihresgleichen unter den lebenden Schriftstellerinnen, die in ihrer Geschichte »A Room of one's own« von der intellektuellen Erdrosselung der Frau ausgehend deren stetigen und heroischen Anstieg zeige, während der Mann von seinem Sockel herab an ihrer geistigen Minderwertigkeit wie an einem Dogma festhalte. Annette Kolb charakterisiert die englische Dichterin in ihrem Essay als eine geborene femme de lettres. Woolfs 1933 erschienene biographische Skizze »Flush«, die Geschichte eines berühmten Hundes, las Kolb im Herbst des gleichen Jahres. Es ist eines der liebenswürdigsten Werke der englischen Autorin. Die Kolb bezeichnete es gegenüber dem Freund Schickele als ein Meisterwerk. Obwohl selbst einem gewissen Konkurrenzdruck unterworfen, hat sie die Arbeiten ihrer Kolleginnen immer loyal beurteilt und Geniales anerkannt.

In der deutschen Literaturszene hatte sich die Dichterin Annette Kolb 1931 fest etabliert. »[...] *Am 5.2. muss ich über Briand sprechen, in Leipzig darf ich lesen, das ist leichter, so finanziere ich mich bis nach Berlin, wenn mich die Grippe nicht vorher behindert [...]*«[8] Im gleichen Jahr wurde sie auch für den Goethepreis vorgeschlagen. Das Kuratorium hatte sich diesmal entschlossen, eine Frau zu ehren, da der 200. Geburtstag von Goethes Mutter, »Frau Aja«, gefeiert wurde. Neben Annette Kolb wurden Ina Seidel, Käthe Kollwitz, Ricarda Huch und viele andere genannt. Bekommen hat den Preis Ricarda Huch, wobei sie nicht einstimmig gewählt wurde, wie aus dem Protokoll hervorgeht. Ein Redakteur meinte, man habe sich mit der Wahl »auf das Gestrige« festgelegt und bekenne sich zum 19. Jahrhundert. Ricarda Huch war siebenundsechzig Jahre alt, als sie den Preis erhielt. Annette Kolb mußte noch vierundzwanzig Jahre warten, bis sie zu den gleichen Ehren kam wie ihre Dichterkollegin.

Anerkennung für ihr Werk fand sie 1931 dennoch; die Schriftstellerin erhielt den Gerhart-Hauptmann-Preis. Bescheiden wie immer, erwähnt Annette Kolb diese Preisverleihung in keiner ihrer Erzählungen. Vielmehr lebt das Jahr 1931 in ihrer Erinnerung fort als das Todesjahr ihres geliebten Hundes Alec. »*Halkyonische Tage 1931. Erinnern Sie sich des Abends auf meiner kleinen Terrasse? [...] Acht Tage waren dahingegangen. Das Pförtchen meines Gartens führte zwar auf die Landstraße, gehörte aber schon dem Walde an. Hart an dessen Rande spielte der Hund unter den Tannen. Ein Auto schoss vorbei. Unbeschadet sass er im Grün. Ich rief ihm, und wie fröhlich eilte er da immer herbei. Doch der Schreck vor dem wilden Ungeheuer hatte ihn wohl ganz verwirrt. Er bewegte sich nicht. Angeblasen im Vorübersausen, nein, ausgeblasen hatte er sein zartes Leben, er war tot! Ach Edschmid! Ich glaube, dass es das Einhorn war.*«[9] Unter dem Titel »Intermezzi 2« ist der Brief in abgewandelter Form als Hundegeschichte im »Beschwerdebuch« nachzulesen. Die »halkyonischen Tage«, friedlich-heitere Sommerzeiten, sollten für immer mit der Erinnerung an den plötzlichen Tod des Hundes verbunden bleiben. Ihr Heim sei seines Magnetes beraubt, klagte Kolb; einfach, nein, einfach sei es nicht.

Bevor die Dichterin nach Leipzig fuhr, unternahm sie einen Abstecher nach Berlin. Da sie ohnehin ein Wiedersehen mit dieser Stadt plante, änderte sie ihre ursprüngliche Absicht und wartete nicht, bis sie sich ihren Aufenthalt durch die Lesung finanziert hatte, sondern reiste schon im Januar. In ihrer Aufzeichnung »Berlin 1931. Ein Notizblatt« beschreibt Annette Kolb ihre Eindrücke und Erlebnisse. Die Stadt steckt in ihren Augen voller Überraschungen, ein »omelette surprise«, voller Spannungen und sich treu, in dem sie sich stetig verändert. *»Es ist die Metropole der Kontraste, kalt und warm in einem Atem, kaum zu übertreffen in ihrer Gastlichkeit wie in ihrem geistigen Schwung, ohne Musik im Leibe wie Wien und doch die Stadt für große Musiker, wie sie die Stadt ist großer und bahnbrechender Bewegungen.«*[10]

Annette empfindet den winterlichen Berlin-Besuch als eine einzige Hetze. Die Veranstaltungen mit Berühmtheiten von Käthe Dorsch bis Werner Kraus sind zu verlockend; alles bisher Versäumte soll nachgeholt werden. Aber ein Theaterbesuch »ist kein ungefährliches Unternehmen«, bis auf die Vorstellung »Amphitryon 38« von Jean Giraudoux, von der sie restlos begeistert ist. Der S. Fischer Verlag lud Annette zu dem Schauspiel ein, das seine deutsche Erstaufführung am 15.1.1931 im Theater an der Stresemannstraße hatte. Sie sieht das Stück wenige Tage später. Nach Angaben des Dichters ist es das 38. Bühnenstück dieses Namens, das eines von vielen Liebesabenteuern des Gottes Zeus behandelt. Annette Kolbs massive anfängliche Skepsis, sich womöglich drei Stunden im Theater langweilen zu müssen, und ihr Zweifel, ob der Franzose überhaupt ein dramatischer Autor sei, verlangten Mut und ihre ganze Kraft, am letzten Abend ihres Aufenthaltes der Einladung überhaupt zu folgen.

»Aber welche Überrumpelung! Was für ein Stück! Ein Frühlingswirbel, ein Elexier! Hier war in seiner höchsten Entfaltung, der zärtlichste Geist unserer Epoche, in einer Fülle, einer Beweglichkeit, einer Grazie, einem Atem, einem Gefunkel, die, ohne es Wort haben zu wollen, an abgründigen Stellen des menschlichen Herzens rührt. Ein klassisches Stück wie kaum ein zweites in unseren Tagen, [...] Die Bergner drei Akte hindurch

*in Szene, sonder Wank. Wen sie bisher kalt ließ, ja wer ihr abge-
neigt war, erkannte zum ersten Male die große, immer wachsende Kunst dieser Frau.«*[11]

Die Kolb gehörte bisher nicht zu den Verehrerinnen der
Künstlerin, sie hatte immer nur »Momente« ihres Spiels bewundert. Mit der Rolle der Alkmene erobert die Schauspielerin Elisabeth Bergner die Dichterin im Sturm. Sie fühlte sich erfrischt,
als sie das Theater verließ, und empfahl geistige Genüsse als eine
Art Medikament, das in Form von Radioanlagen in Kranken-
häusern zur Heilung der Patienten eingesetzt werden sollte.
*»Munter wie ein Fisch, zu jeder Bergtour aufgelegt, bereit, den
Rucksack umzuhängen, und gleich, sofort, viele Stunden zu
marschieren. Dies war die Bilanz des Abends.«*[12] Hier in Berlin
hat Giraudoux sie wahrscheinlich zum ersten Mal für sich einge-
nommen und sie zu einer Anhängerin seiner Dichtung gemacht.
Fünf Jahre später war sie eine begeisterte Übersetzerin eines seiner Werke geworden.

In Berlin traf Annette Kolb auch die Schriftstellerin Ruth Landshoff-Yorck. Die Kollegin koche, bügele und schreibe täglich einen Artikel, berichtete sie Dora Von der Mühll beeindruckt nach
Basel. Ruth Landshoff hatte als Kolumnistin begonnen und feierte gerade ihren ersten Erfolg mit dem Roman »Die vielen und
der Eine«. Vielleicht aus taktischen Gründen hatte ihn nicht ihr
Onkel Samuel Fischer verlegt, in dessen Haus sie schon in frühe-
ster Jugend mit vielen bekannten Dichtern zusammengekommen
war, sondern der Rowohlt Verlag.

Ruth Landshoff schildert die bewegten Liebesabenteuer einer
Berliner Journalistin in den wilden Zwanzigern, die teilweise auf
die Erlebnisse der Autorin zurückgehen. Die Heldin erinnert an
Annette Kolbs Figur der Bibiane Rahm in »Veder Napoli«, obwohl die »brave« Bibiane nicht mit Erfahrungen aus Bars und
Cafés der homosexuellen Subkultur aufwarten konnte. Die dar-
gestellte Selbständigkeit von Frauen ist aber beiden Schriftstellerinnen wichtig.

Als Annette Kolb Ruth Landshoff traf, war die junge Kollegin
erst wenige Wochen verheiratet. Im Dezember hatte die hübsche
Jüdin den Grafen David Yorck zu Wartenburg geheiratet und war

so fleißig im Haushalt, daß es selbst Annette auffiel. Bewundernd staunte sie, wie die junge Ehefrau wohl nebenher ihr Schreibpensum bewältigte. *»Ruth Landshoff hat unleugbar Talent, sie hat eine große und liebenswürdige Eigenschaft, sie schreibt nicht langweilig. Aber sie hat einen weiten Weg und wird sich gehörig entsnoben müssen«*[13], urteilte sie über die Fähigkeiten der mehr als dreißig Jahre jüngeren Schriftstellerin.

Als die Druckfahnen von Ruths nächstem Roman, »Leben einer Tänzerin«, vorlagen, der ähnlich autobiographisch gefärbt war wie ihr Erstlingswerk, verhinderte die Machtübernahme der Nationalsozialisten sein Erscheinen. Wieder ein Schicksal, das von der »Katastrophenpolitik« betroffen war. Seit Ende 1932 lebte Ruth in Südfrankreich. Später besuchte sie Annette Kolb oft in deren Pariser Exil. Im Sommer 1937 emigrierte die junge Berlinerin in die USA. Sie ließ sich in New York nieder, das ihr zur zweiten Heimat wurde, und verfaßte noch drei antifaschistische Romane in englischer Sprache. Es gelang ihr, Anschluß an die US-amerikanische Literaturszene zu finden und in Greenwich Village viele intensive Kontakte zu knüpfen. Später nutzte Ruth Landshoff ihre vielen Beziehungen auch dazu, Annette Kolb mit Menschen zusammenzubringen, die der inzwischen über siebzigjährigen Dichterin das dritte Exil erleichtern konnten. Nach dem Krieg, nur gelegentlich unterbrochen von Besuchen in Deutschland, blieb ihr Aufenthaltsort Amerika. Die Landshoff sah ihre Aufgabe darin, als Kulturvermittlerin zwischen den USA und Europa zu fungieren.

Im Frühsommer 1931 war Annette Kolb wieder einmal in Paris. Die aufregenden Tage in Berlin hatten ihr offenbar nicht genug Abwechslung gebracht. Während des Besuches in der Seine-Stadt hatte sie eine schicksalhafte Begegnung: Für nur fünf Minuten traf sie mit der Amerikanerin Dorothy Thompson zusammen, einer Auslandskorrespondentin, die den Mitteleuropa-Dienst in Berlin übernommen hatte. Dorothy war mit vielen deutschen Schriftstellern und Künstlern befreundet und hatte sich zu einer Kennerin Deutschlands entwickelt. Ihre Berichte zählten zu den besten, die von Deutschland nach Übersee gelangten. Joseph Roths Roman »Hiob« wurde von ihr ins Englische übersetzt. Dadurch hatte sie erheblichen Anteil daran, daß der Künstler auch außerhalb Europas bekannt wurde.

Wie so viele konnte auch Dorothy Thompson nicht glauben, daß Adolf Hitler, mit dem sie gerade ein Interview gemacht hatte, der Diktator des Landes »der Dichter und Denker« werden könnte. Zu ungenügend erschien ihr sein Intellekt, um Führer einer Kulturnation wie Deutschland zu werden. Dann, 1934, wurde die Journalistin ausgewiesen – und in ihrer amerikanischen Heimat mit Kußhand empfangen. Die Zeitungen rissen sich um sie. Ihre wöchentliche Kolumne in der New York Herald Tribune wurde von vielen verschiedenen Blättern übernommen. 1939 war Annette Kolb drei Wochen bei Dorothy Thompson zu Gast, nicht ahnend, daß es mit dem Weltfrieden so bald vorbei sein würde ...

Als Gattin des englischen Schriftstellers Sinclair Lewis gehörte Dorothy zu den Gründern des »Emergency Rescue Committee«. Als sich der Flüchtlingsstrom aus Europa in Bewegung setzte, half sie vielen Exilanten und unterstützte Annette Kolb persönlich.

Ein von den politischen Veränderungen Betroffener war auch Heinrich Brüning. Er war von März 1930 bis Mai 1932 Reichskanzler gewesen und hatte in dieser Zeit mehrfach in Badenweiler Urlaub gemacht. In dem kleinen Badeort traf er zwangsläufig mit Annette Kolb zusammen, die eine Anhängerin seiner Politik war und gern mit ihm diskutierte. Bevor er 1935 in die Staaten emigrierte, besuchte Brüning sie in ihrem Pariser Exil und korrespondierte später mit ihr. Graf Kessler schildert sehr anschaulich die Pariser Begegnung: »*Vormittags traf ich zufällig Annette Kolb mit dem früheren Reichskanzler Brüning in der Buchhandlung von Ostertag, Rue Vignon. Brüning, der inkognito hier ist und mir sagte, daß er zum ersten Mal eine Nacht in Paris schlafe, machte den Eindruck größter Vorsicht, ja fast Ängstlichkeit. Er drückte aber Annette den Wunsch aus, heute abend bei ihr mich als Dritten beim Essen zu sehen.*«[14]

Annette Kolb hat es sehr bedauert und als gravierenden Fehler eingestuft, daß Reichspräsident Paul von Hindenburg Kanzler Brüning entließ. Als der Präsident am 30.1.1933 auch noch

Hitler zum neuen Reichskanzler ernannte, war sie entsetzt und fassungslos. Mit dieser Ernennung hatte Hindenburg dem Nationalsozialismus den Weg zur Macht freigegeben!

Was Dorothy Thompson nicht hatte glauben können, war geschehen. Die mangelnde Verwurzelung der Demokratie im Bewußtsein der Bevölkerung, verbunden mit der Wirtschaftskrise, hatte dem Führer der stärksten Partei Deutschlands mittels Nominierung zum Reichskanzler erlaubt, sich zum Diktator aufzuschwingen. Über die letzten Jahre der Weimarer Republik resümierte Annette Kolb später: »[...] *gewiß, es war ein freies, kulturelles Regime, und das ist viel. Statt ihm jeden Rückhalt zu verweigern, hätte man es stützen, einem Manne wie Brüning die nötige Frist gewähren sollen, um seines Amtes zu walten. Als ein Neuling war er zur Macht gelangt, doch ihm ließ man nicht Zeit. Keine Jahrespläne für ihn. Gehen sollte er, man hatte es eilig, ihn, als er sich eine Pferdelänge vom Ziele glaubte, zu Falle zu bringen. Zu welchem Ende!*«[15]

Etwa zur gleichen Zeit, als Brüning aus seinem Amt als Reichskanzler entlassen worden war, entdeckte Annette Kolb mit zweiundsechzig Jahren ihre Leidenschaft für das Autofahren. Sie meldete sich zum Fahrunterricht an und war sicher, daß alle in Badenweiler dasselbe wetteten: »dass sie durchfallen würde«. Doch am 9. September 1932 bestand sie ihre Fahrprüfung. Die Prüfungsfahrt schildert sie sehr plastisch in ihrem Buch »Festspieltage in Salzburg«. Als Journali-

Angaben über den Führerschein

Name .... (1)

Vorname .... (2)

Ort der Geburt .... (3)

Tag der Geburt .... (4)

Wohnort .... (5)

stin Aminta chauffiert sie durch das badische Markgrafenland und nimmt am Ziel stolz die Gratulation des Kommissars entgegen. Daß der Fahrlehrer einmal eingreifen mußte, hatte der Prüfer nicht bemerkt. Sofort schrieb sie an Dora Von der Mühll: »*Also ich habe heute meine Prüfung bestanden und dazu noch gut, denn der Herr Commissar gratulierte dem ›alten Sportsmann‹ ungewissen Alters.*«[16] In vielen Briefen grüßte sie in Zukunft als »alter Sportsmann«, besonders wenn sie mit dem Auto unterwegs war. Sie war dankbar, daß sie das noch erleben durfte und fand die Fortbewegung auf vier Rädern schöner als ihr »Geradel« und das Fliegen mit dem Freiballon. Die Freundin mobilisierte alle Freunde zu einer Spende und half Annette dadurch, die Anschaffung eines Wagens zu finanzieren. Der Freundeskreis sprach von einem »Hochzeitsgeschenk«. Es erwies sich aber als nicht ausreichend, und ein Teil der Hypothek, die Annette Kolb auf ihr Haus aufnehmen wollte, um in Ruhe an ihrem nächsten Buch »Die Schaukel« arbeiten zu können, wurde zum Kauf des Autos benutzt. Am 16. September schrieb sie deshalb an Dora:

»*[...] Ich war gleich auf dem Rathaus. Meine andere Hypothek ist noch in der Schwebe, so könnte ich sie noch sistieren und statt dessen Ihre so viel günstigere ergreifen, liebe Dori ich komme dieser Tage mit dem Dokument. [...] auf Credit wird mir ein kleiner Opel angeboten, o Dori ich werd ihn kaufen und wenn ich damit in den Schuldenturm hinein chauffiere. Gott helfe mir ich kann nicht anders. Ich fühle mich ganz wie ein ge-*

fallenes Mädchen mit einem verfrühten Kind [...] Ihr Sports-mann«[17]

Die Entscheidung, welches Gefährt sie sich zulegen sollte, fiel ihr nicht leicht. Sie dachte an einen Opel, interessierte sich für einen D.K.W., liebäugelte mit einem BMW. Schließlich entschloß sie sich für einen Babyford mit abnehmbarem Dach zu 2500 frcs., 200 waren am 15. Oktober fällig. Annette taufte ihr Auto »Andromeda«. Bevor sie sich genüßlich dem Fahrtwind anvertrauen konnte, mußte sie noch ein Hindernis überwinden; sie mußte sich im Herbst im Baseler Clara Spital einem Eingriff an ihren Augen unterziehen. Das Urteil des Arztes, der »absolut für das Chauffieren« war, bestätigte die Dichterin gottlob in ihrem Wunsch, Auto zu fahren.

Im November fuhr sie zu Vertragsverhandlungen nach Berlin in der Hoffnung, daß der Fischer Verlag in ihre etwas knappe finanzielle Situation ein »Einsehen habe«. Nur wenige Monate Freude waren Annette Kolb mit ihrem Babyford vergönnt.

Es war kein Zufall, daß ihr »Beschwerdebuch« 1932 erschien. *»Sie erhob ihre Stimme gegen die ›Vergasung der Gemüter‹ durch die ›Gefährliche Aktion des Bolschewismus wie des Faschismus‹.«*[18]

Goethes 100. Todesjahr war für sie ein Mahnjahr, um auf die politisch brisanten Veränderungen hinzuweisen. Es dürfe keineswegs geglaubt werden, daß die Nazibanden vor einem »Goethe verrecke!« zurückschreckten. Die Goethe-Medaille für 1932, die Romain Rolland zugedacht war, wies dieser 1933 aus Protest gegen das Nazi-Regime zurück. Als Weltbürger, der die Idee einer internationalen Brüderlichkeit verfocht, konnte er nationalsozialistisches Gedankengut keinesfalls akzeptieren. Im gleichen Jahr war Rolland Ehrenpräsident des Internationalen Komitees gegen den Krieg und den Faschismus.

Einer unter den vielen ähnlich Gesonnenen, die sich in Friedensorganisationen engagierten, war auch der Publizist Carl von Ossietzky. Er war von 1926 bis 1933 Chefredakteur und Hauptschriftsteller der Weltbühne in Berlin, wo Annette Kolb schon vor seiner Redaktion viel veröffentlicht hatte. 1931 wurde von Ossietzky wegen Landesverrats zu 18 Monaten Haft verurteilt, weil er die deutsche Rüstung immer wieder kritisiert hatte. Seit Mai 1932 saß er im Gefängnis Tegel, wohin ihm die Dichterin Grüße sandte. Er schrieb zurück, wenn sie ihm eine Freude machen wolle, solle sie ihm das »Exemplar« schicken und wieder häufiger für die Weltbühne schreiben.

1934 wurde Ossietzky nach Papenburg-Esterwege in ein Konzentrationslager »verlegt«. Ein Jahr später erhielt er den Friedensnobelpreis, den er nicht entgegennehmen konnte, weil die nationalsozialistische Regierung nach seiner Nominierung flugs allen Reichsdeutschen die Annahme des Nobelpreises verbot. Sein durch die Preisverleihung gesteigerter Bekanntheitsgrad führte jedoch zur Haftentlassung und zu einer Einweisung in das Sanatorium Berlin-Nordend. Den Luxus einer Klinik konnte von Ossietzky nicht mehr lange genießen; er starb im Frühjahr 1938 an den unvermeidlichen Folgen einer Inhaftierung als »Staatsfeind«. Seine Friedensarbeit wurde im Dezember seines Todesjahres in Frankreich mit einer Carl von Ossietzky-Plakette gewürdigt.

Ein anderer Schreiber »wider den herrschenden deutschen Ungeist« war der Bonner Hochschullehrer Ernst Robert Curtius, der zu Beginn des Jahres 1932 das Buch »Deutscher Geist in Gefahr« herausgebracht hatte. Nach Meinung von Annette Kolb wurde es in Rezensionen nicht oder zu wenig erwähnt. Hier hatte es einer gewagt, auf die geistigen Veränderungen in der Bevölkerung hinzuweisen. Schon mit der Wahl des Titels hatte Curtius die potentiellen Kritiker abgeschreckt, die diese heiße Ware des Inhalts wegen lieber nicht zur Kenntnis nahmen. Der Schriftsteller war daher vom Mut der Kolb beeindruckt, die sich nicht scheute, auf Brisantes hinzuweisen. Am 22. Dezember 1932 schrieb er ihr: »*Sehr verehrtes Fräulein Kolb! Universitätsprofessoren wie Schulkinder kennen keine reinere Freude als den des ersten Ferientages. In dieser gehobenen Stimmung lese ich heute Ihr ›Beschwerdebuch‹ [...] Lassen Sie sich von Herzen dafür danken [...] Solche Beschwerden sind uns nötig und heilsam.*«[19]

Als gebürtiger Elsässer war Curtius ebenso wie Schickele ein überzeugter Vermittler zwischen Frankreich und Deutschland. Einige seiner Werke – »Die literarischen Wegbereiter des neuen

Frankreich«, »Französischer Geist im neuen Europa« sowie »Einführung in die französische Kulter« – stehen dem Denken der Kolb sehr nahe. Er hatte in seinem vorweihnachtlichen Brief außerdem auch die Hoffnung geäußert, sie bald einmal in Köln zu sehen, und ihr angeboten, sie in der Stadt herumzuführen, um ihr seine Lieblingsplätze zu zeigen.

Nur wenige Wochen später war Annette Kolb wegen einer Radiosendung in der Domstadt. Es sollte ein Aufenthalt mit Folgen werden. Am 5. Februar 1933 las sie vormittags beim Kölner Rundfunk aus ihrem »Beschwerdebuch«. »*Was ich in Köln vorlas, war recht harmlos, wie mir schien. Einige kleine Stinkbomben, ohne Belang, flogen herein*«[20], spielt Kolb das Ganze herunter; doch enthält ihr Text durchaus genug verbale »Stinkbomben«, um sich politische Gegner zu schaffen. Wahrscheinlich wollte sie über die Konsequenzen dieser halben Stunde im Radio lieber nicht nachdenken, sonst hätte sie der Mut verlassen.

Nach der Sendung fuhr sie zu Robert Curtius nach Bonn und verlebte dort die einzig »hellere Stunde« der letzten Wochen. Abends ging sie mit einem gemeinsamen Bekannten, dem Schweizer Literaturhistoriker Max Rychner, ins Kino. Ansonsten hatte die »Katastrophenpolitik« Annette Kolb so sehr eingeholt, daß die sorglosen Tage immer seltener wurden. Wieder zurück in Badenweiler, fand sie einen Brief von Schickele vor, in dem der Freund mitteilte, daß er sich endgültig entschlossen habe, in Frankreich zu bleiben. Die veränderte Atmosphäre in Deutschland habe ihn zu diesem Schritt gezwungen.

Die Familie Schickele war bereits im September 1932 nach St. Cyr-sur-Mer abgereist und wohnte dort im Haus von Julius Meier-Graefe. Das Ehepaar Schickele wollte in Südfrankreich mit seinen Söhnen eigentlich nur Urlaub machen. Die Zeichen aber mehrten sich, daß der »Nazismus im Anmarsch« war, und René suchte eine eigene Wohnung, um nicht mehr zurückkehren zu müssen.

Annette Kolb antwortete am 10. Februar 1933: »*Es sieht alles derart trostlos aus, dass es unsagbar ist. Ich sehe nirgends eine Hoffnung. Die Situation verändert sich nur insofern jeden Tag, als sie sich immer verdüstert. Du weißt, wie ich zum Opti-*

mismus von Natur aus neige. Aber das berühmte Wunder allein könnte uns helfen, und wir haben ja gesehen, dass sie nicht geschehen. Pauvre Allemagne.«[21]

In den nächsten Tage war die reisefreudige Dichterin wieder unterwegs. Schickele sah als Ursache ihrer verstärkten Mobilität ihre panische Unruhe angesichts der politischen Lage. Er hoffte, daß sie bald zur gleichen Einsicht gelangte wie er und Deutschland vorerst verließ, bis sich der Spuk verflüchtigt hätte. Annette Kolb fürchtete zwar, daß an der Grenze Listen auslägen »für alle, die nicht mehr hinausdürfen«, und sie wünschte sich, schon nach Sanary unterwegs zu sein, aber: Wählen müsse man! Die Reichstagswahlen am 5. März wollte sie noch abwarten und dann von »der Urne weg« nach Mühlhausen fahren.

Der Annette Kolb sehr wohlgesonnene Schriftsteller Manfred Hausmann, der besonders durch seinen Roman »Abel mit der Mundharmonika« bekannt geworden war, hatte wenige Tage nach ihr ebenfalls eine Sendung im Kölner Rundfunk. Als er hörte, was die Dichterin über den Äther verkündet hatte, war ihm sofort klar, daß Kolbs Worte Konsequenzen haben würden. Er warnte sie in einem eindringlichen Brief vom 18. Februar, daß das, was sie vorgetragen habe, ihr durchaus auch von einem wohlwollenden Staatsanwalt als Hochverrat angelastet werden könnte. *»Sie haben sich dort sehr freimütig, wie es Ihre Art ist, über den Zerfall Deutschlands geäußert [...]. Sie haben diesen Zerfall sogar als wünschenswert hingestellt. Unter leidlich normalen Menschen läßt sich darüber gewiß reden. Wer in Deutschland ist heute aber noch leidlich normal? Außerdem wird ja ein ziemlich exakt arbeitendes Spitzelsystem von staatswegen herangezüchtet. Mit anderen Worten: überall haben Wände Ohren.«*[22]

Annette Kolb nahm die Warnung ernst, vor allem als sie sich der Rede Hitlers vom 31. Januar erinnerte, dessen hetzerische Sprachgewalt ebenso ihr »Herz erstarren« ließ wie »diese gemeine, niederträchtige Stimme«.

Sie, deren Maxime war, »lieber gekillt oder liquidiert, als ohne Recht auf freie Meinungsäußerung zu leben«, begriff, daß sie so schnell wie möglich aus Deutschland fort mußte. Am frühen Morgen des 21. Februar verließ sie, nur mit dem notwendigsten Gepäck versehen, »voller Trauer, jedoch ohne Zögern« ihr geliebtes Häuschen und ihr eben erst erworbenes Auto. Noch in der Nacht hatte sie alle Freunde brieflich von ihrem Schritt verständigt und Schickele gebeten, ihr nach Colpach zu schreiben. Ein ihr bekannter und seiner Gesinnung wegen loyaler Taxifahrer, dem sie auch ihren Babyford in Obhut gab, fuhr sie über den Grenzübergang Lörrach nach Basel. Im Hotel »Des Trois Rois« stieg sie ab, mit zwei Handkoffern und der unvermeidlichen Hutschachtel. Annette Kolb war ihrer Überzeugung gefolgt, daß »die Bande ans Ruder kam« und gab alles verloren. »*Aber ich hatte es geschafft, und entronnen war ich, entronnen um Haaresbreite. Warum wollte da kein Jubel mehr in mir aufsteigen? [...] Nun mit einem Male dämmte der Gedanke an das namenlose Unglück, das ich über Deutschland verhängt sah, jede Genugtuung zurück.*«[23]

Unter der ihr ins Hotel nachgesandten Post war auch ein Brief von der gerade in Luxemburg auf Schloß Colpach weilenden Aline Mayrisch. Sie wußte von Annettes Absicht, nach Paris zu ziehen, und riet ihr, sie vorher unbedingt zu besuchen. Diese Einladung kam der gerade Geflohenen sehr gelegen. Sie hatte bemerkt, daß ihre Schweizer Freunde ihre Flucht für überstürzt hielten und wollte sich bei ihnen nicht unwillkommen einquartieren. Ende Februar 1933 traf Annette Kolb in Luxemburg ein und konnte sich dort von den überstandenen Aufregungen erholen.

Aline – genannt Lou – Mayrisch de Saint-Hubert veröffentlichte schon seit 1898 in der belgischen Zeitschrift »L'Art Moderne« Beiträge über deutsche Künstler. In den Jahren, in denen sich Annette Kolb verstärkt mit den Belangen der Frauen auseinandersetzte, war auch Aline mit diesem Thema befaßt, und sie hatte sich an der Gründung des »Vereins für die Interessen der Frau« beteiligt. Außerdem setzte sie sich für ein Mädchen-Lyzeum ein und engagierte sich in einer Sozialenquete über die Lebensverhältnisse der Arbeiterklasse in Luxemburg. Dieser Blick für soziale Zusammenhänge hat Annette Kolb sehr imponiert, ebenso wie Alines Wirken in einem geselligen Kreis von Dichtern und Gelehrten. Als Gattin des wohlhabenden Luxemburger

Stahlmagnaten Emile Mayrisch erlaubten es ihr die Finanzen, salonartige Geselligkeiten zu pflegen. Der gemeinsame Wohnsitz Schloß Colpach war auf diese Weise zu einem Zentrum europäischer Intellektueller geworden. Schon Walther Rathenau war dort Stammgast gewesen, Ernst Robert Curtius und der französische Schriftsteller André Gide gehörten ebenfalls zu Alines Kreis. Den Franzosen Gide hatte Annette Kolb bereits bei einem Besuch 1923 kennengelernt. In seiner 1909 gegründeten »Nouvelle Revue Française«, die bis 1940 für das geistige Leben Frankreichs maßgebend sein sollte, konnte auch Aline Mayrisch veröffentlichen. Durch das reiche schriftstellerische Werk von Gide zieht sich eine Revolte gegen Politik, Moral, Kirche und Ehe. Die Freiheit des Menschen, fand der leidenschaftliche Franzose, sei die Voraussetzung seiner Würde und Zukunft. 1947 erhielt Gide den Nobelpreis für Literatur. Er war ein Mensch von bohrender Selbstbeobachtung und Gewissensprüfung. Diese Haltung war auch bei Annette Kolb ausgeprägt, obgleich weniger radikal. André Gide sollte später, in einer dramatischen Lebenssituation, wieder Annette Kolbs Weg kreuzen.

Im Kreis der Intellektuellen um Aline lernte die Dichterin kurz nach ihrer Ankunft den Redakteur Batty Weber kennen und konnte einige Artikel in seinem Blatt, der Luxemburger Zeitung, veröffentlichen – leider nur gegen miserable Bezahlung, klagte sie gegenüber dem Freund René. Die angespannte Finanzlage blieb ein ständiger Begleiter während der Exiljahre und bereitete besonders Schickele große Existenzängste. Acht Jahre ging die Post zwischen den wechselnden Wohnorten der beiden hin und her. Nur wenige Briefe enthalten keine Klagen über das fehlende Geld. Annette Kolb war längst wieder von Luxemburg nach Basel gereist, weil sie ihr Dienstmädchen aus Badenweiler kommen lassen mußte, um die weitere Nutzung ihres Häuschens mit ihr zu besprechen. Sie vermietete es in den folgenden Jahren und hatte mit den verschiedenen Bewohnern viel Ärger, aber sie war nun einmal auf die Einnahmen angewiesen. *»Meine Mieter in Badenweiler haben mein armes Häusel auf den Hund gebracht, da sie es im Winter leer liessen. Jetzt soll ich die Reparaturen zahlen, die sie verschuldeten.«*[24] Zu dem Ärger des Exils waren noch unerfreuliche Mieterquerelen hinzugekommen.

Ungewisse Monate

Nur sechs Tage nach Annette Kolbs überstürzter Ausreise nach Basel brannte das Berliner Reichtagsgebäude nieder. Das absichtlich gelegte Feuer war für Hitler ein willkommener Anlaß, die wichtigsten Grundrechte außer Kraft zu setzen. »Zur Abwehr kommunistischer Gewalttaten«, lautete seine Begründung. Wieder einmal wurde Kolbs Meinung über Hitler, »grauenhaft wird es werden«, bestätigt. Sie war froh, hinter der deutschen Grenze zu sein. Einige Schweizer Freunde, das Ehepaar Gugelmann, das Ehepaar Welti und andere hatten gemeint, sie habe mit dieser eiligen Flucht die Wichtigkeit ihrer Person überschätzt. »*Und von Ihnen aus gesehen hatten sie gewiß recht. Der Jammer war nur, daß ich es diesmal besser wußte.*«[1]

Die Freunde boten ihr trotzdem ohne jeden Vorbehalt an, in den nächsten Monaten bei ihnen zu wohnen, so oft es nötig sei. Vor allem bei der Freundin Theodora Von der Mühll in der Malzgasse in Basel schlug sie häufig ihr Quartier auf, wenn sie von Paris aus in die Schweiz oder nach Österreich fuhr. Theodora war der ruhende Pol in diesen aufregenden Jahren und half Annettes neues Leben zu organisieren, bis die Freundin eine Wohnung im Haus Nr. 23 in der Rue Casimir Périer im 7. Arrondissement von Paris gefunden hatte. Es vergingen allerdings noch 18 Monate bis zum kompletten Umzug, in denen die Kolb meist im Hotel Des Champs-Elysées in der Rue Balzac logierte. Sie wäre lieber wieder im Hotel Atala abgestiegen, aber da war eine große Zahl jüdischer Flüchtlinge bis »unters Dach mit Kindern und Kamelen eingegangen«. Dennoch war sie zufrieden mit ihrer Unterkunft, sie »habe ein Café mit Musik dicht bei«.

In Paris traf Annette Kolb viele Freunde wieder, die sie im stillen Badenweiler lange nicht gesehen hatte. Im April schrieb sie Schickele über Pauline de Pange und ihren Gatten: »*Die Beiner zerreissen sie sich ja für andere nicht.*«[2] Diese Beurteilung mag aus den Beobachtungen heraus geschehen sein, die die Emigrantin beim Umgang des Ehepaares mit Flüchtlingen angestellt hatte. Viele waren aus Deutschland nach Frankreich gekommen, nachdem die Nationalsozialisten am 1. April die deutsche Bevölkerung zum Boykott gegen jüdische Geschäfte, Arzt- und Anwaltspraxen aufgerufen hatten. Die Lektüre der Frankfurter Zeitung mache sie ganz krank, schrieb Kolb im selben Brief an Schickele. Das Blatt berichte diese entwürdigenden Tatsachen »einfach so«, als handle es sich um selbstverständliche Alltäglichkeiten.

Annette Kolb traf auch Richard von Kühlmann und speiste mit Harry Graf Kessler bei seiner Schwester Wilma. Der abscheuliche Juden-Boykott im Reich, dieser verbrecherische Wahnsinn habe alles vernichtet, was in vierzehn Jahren an Vertrauen und Ansehen für Deutschland wiedergewonnen worden sei, stöhnte Harry. Annette Kolb hatte den Freund in einem »sehr bescheidenen« Hotel und von Zukunftssorgen geplagt vorgefunden, als sie nach Paris kam.

Bei ihrem alten Bekannten Camille Barrère war sie ebenfalls eingeladen: »*Heute Mittag bei Barrère, ich wurde wie der verlorene Sohn mit Champagner traktiert. Er glaubt nicht, dass es länger als 1 Jahr dauert, gibt merkwürdiger Weise wie du, der Sache ein Jahr. Und zwar meint er, die Juden würden ihm den Hals brechen.*«[3] Beide Männer sollten sich gleichermaßen irren, der Spuk dauerte bis zum bitteren Ende noch über zehn Jahre.

Zu Thea Sternheim, die seit 1932 in Paris lebte, stellten sich gleichfalls wieder Kontakte her. Die frühere Freundin mußte mit der Schmach leben, bei einem Besuch in Berlin im März 1933 von Gottfried Benn, dem Berliner Arzt und Schriftsteller, als »Landesverräterin, die mit ihrem Geld ins Ausland sei«, beschimpft worden zu sein. Er hatte gerade an der »Säuberung« der Sektion für Dichtkunst an der Preußischen Akademie der Künste mitgewirkt. Auf Benns Vorschlag hin war am 14. März ein Rundschreiben versandt worden, das den Mitgliedern eine Loyalitätserklärung gegenüber dem nationalsozialistischen Staat abverlangte, die Anfang April abzugeben war. René Schickele war am 5. Mai gemeinsam mit Fritz von Unruh, Franz Werfel und vielen anderen aus der Akademie ausgeschlossen worden. Thomas Mann, Alfred Döblin und Ricarda Huch hatten schon vorher ihren Austritt erklärt.

Thea Sternheim war Benn gegenüber ob dieser wahnsinnigen Aktion nicht einmal nachtragend und blieb mit dem Dichter, den sie schon seit 1917 kannte, auch später in freundschaftlichem Kontakt. Diese Toleranz beruht wahrscheinlich auf der Tatsache, daß sich Benn 1934 vom Nationalsozialismus wieder abwandte, in dem er vorübergehend eine erneuernde Kraft gesehen hatte.

Thea Sternheim war genau an jenem 24. März 1933 aus Berlin abgefahren, als das »Gesetz zur Behebung der Not von Volk und Reich« verabschiedet wurde. Mit diesem Ermächtigungsgesetz wurde die Weimarer Verfassung unterlaufen und die Willkürherrschaft der Nationalsozialisten legalisiert. Thea hatte vor ihrer Reise nach Berlin noch mit Annette in Basel telefoniert und ihr gesagt, daß sie in Brüssel eine »faux mariage« eingegangen sei, um nach Deutschland hinein- und wieder herausfahren zu können.

Wenn Annette Kolb bei Leuten wie Marie-Anne Baronin Goldschmidt-Rothschild zum Abendessen eingeladen war, erfreute sie das aus mehreren Gründen. Die Baronin, die von 1920 bis 1923 in zweiter Ehe mit Richard von Kühlmann verheiratet gewesen war, stillte nicht nur Annettes Bedürfnis nach Geselligkeit, sondern kam vor allem deren Geldbeutel sehr entgegen. Sie nehme nie ein Taxi, fahre nur Autobus 2. Klasse und esse bei fremden Leuten; so schilderte Annette Kolb ihrem Freund Schickele die Art und Weise, wie sie sich in Paris über Wasser hielt. Sie schlug sich auch mit dem Gedanken herum, ihr Auto für mindestens 2000 Fr zu verkaufen. Noch zögerte sie, weil sie nicht wußte, ob die Sachwerte stiegen oder die französische Währung, und meinte, wie sie es mache, sei es falsch. Bei ihrem Treffen mit Richard von Kühlmann Mitte April, auf den sie »eine Stunde eingeredet« hatte, um ihr und Schickele durch seine Verbindungen bei einem Geldtransfer behilflich zu sein, stieß sie auf Ablehnung. Die Gefahr, daß er ins Gefängnis müsse, sei ihm zu groß, da in den Banken Nazikommissare seien, die auf solch einen klassischen Verschiebungsfall nur lauerten.

Daß ein Gesetz gegen Emigranten käme, darin war von Kühlmann sich mit Annette Kolb allerdings einig.

Schon drei Monate später wurde das »Gesetz über Widerruf von Einbürgerungen und Aberkennung der deutschen Staatsangehörigkeit« verabschiedet. Die erste Ausbürgerungsliste erschien Ende August 1933. Nach dem neuen Gesetz fiel das Vermögen der Ausgebürgerten an den Staat.

Annette Kolb hatte schon den ersten Drohbrief vom Finanzamt erhalten und Komplikationen mit ihrer Autosteuer bekommen. Außerdem wartete sie auf Nachricht, ob ihr Haus in Badenweiler wieder vermietet war. Es war wichtig für sie, denn sie unterstützte Schickele, der praktisch ohne Einkommen war, da seine Schriften nicht mehr verlegt wurden. Seinem ältesten Sohn Rainer, geb. 1905, konnte sie durch ihre Kontakte zu diplomatischen Kreisen die Ausreise nach Amerika im gleichen Jahr erleichtern. Ihrem jüngeren Bruder Paul wollte Annette auch Geld zukommen lassen. Seine Existenz war schwieriger geworden, seit er sich politisch verdächtig gemacht hatte. Er war vor 1933 Mitglied der Bayrischen Volkspartei, die als Gegengewicht zur Hitlerjugend die »Bayernwacht« einführte.

Wie wesentlich ein gutes finanzielles Polster oder wenigstens die nötigsten Mittel zum Überleben waren, hatte sie vor zwei Monaten erfahren, als Erich Mühsam verhaftet wurde. Es fehlten »dem armen Mühsam 15 Mark, um zu entfliehen«. Der 1878 in Berlin geborene Autor arbeitete seit 1901 als freier Schriftsteller in seiner Geburtsstadt und entwickelte sich rasch zum literarisch wirkungsvollen Vertreter des deutschen Anarchismus. Seit 1909 lebte er in München und war eine Zentralfigur der Schwabinger Boheme. Durch seine Freundschaften mit Thomas Mann, Frank Wedekind, Lion Feuchtwanger und anderen war er in Schriftstellerkreisen bekannt. Nach Ausbruch des Ersten Weltkriegs organisierte er Streiks und Proteste gegen den Krieg und versuchte einen internationalen Bund der Kriegsgegner zu gründen. Seine pazifistische Haltung bildete eine Gemeinsamkeit mit der Dichterin, ebenso wie seine frühen Mahnungen vor dem Nationalsozialismus. Er war einer der eindringlichsten Warner, ohne Rücksicht auf die Lebensgefahr, in die er sich damit begab.

Einen Tag nach dem Reichstagsbrand wurde Mühsam von SA-Leuten verhaftet. Nach einer wahren Odyssee durch das KZ Sonnenburg, das Gefängnis Plötzensee, das Zuchthaus Brandenburg, wurde er im Januar in das KZ Oranienburg gebracht, gefoltert und in der Nacht zum 10. Juli 1934 von SS-Männern ermordet, nachdem er zuvor aufgefordert worden war, sich selbst zu erhängen.

Ihre Einschätzung der politischen Situation verstärkte Kolbs Existenzängste und ließ sogar den Gedanken aufkommen, einen Schweizer pro forma zu heiraten, um eine andere Staatsbürgerschaft zu erhalten. Als sie am 17. Mai 1933 an Dora Von der Mühll schrieb, hatte sie sich schon konkret über ihre diesbezüglichen Möglichkeiten informiert:

»Nicht Présence sondern Brébence oder Trébence heisst der Mann und vielleicht wäre er die Rettung Ihre Landsmännin zu werden, aber so ist es halt. Und die Verpflichtung wäre nicht ohne Consequenzen. Ich könnte den Mann nicht als Luft behandeln, obwohl er mir versichert dass ich es dürfte. Die Stimmung gegen Deutschland verschlechtert sich jeden Tag. Ich sehe schon die Tore eines Conzentrationslagers sich spalten. [...] Mein Gott was ist mit dem Auto? Die Sache mit den 2000 frs scheint auch Essig! Gestern war ich halt bei Charly um meine gestörten Lebensgeister zu heben und habe mir zum Vollpreis von 200 frs ein neues ärmelloses Gewandstück bestellt. [...] Ich arbeite hier in einem Cafe mit Musik es sind die besten Stunden meines Tages.«[4]

Sie schrieb an ihrem Roman »Die Schaukel«; dem Freund Schickele gestand sie aber, wie schwer es ihr im Moment falle. Die Dauer ihrer für Ende Mai geplanten Reise nach Irland zu ihrer Schwester Germaine wollte Annette davon abhängig machen, ob sie dort auch genug Ruhe zum Schreiben fand. Gegenwärtig in Paris beschäftigte sie doch sehr das Thema einer Konvenienzehe. Nur fünf Tage nach ihrem letzten Brief an Dori schrieb sie ihr wieder: *»[...] Das ganze kommt mir so grotesk vor und dann wieder wie eine mögliche Rettung. Hier übrigens käme die Scheidung billiger, damit er gleich wieder frei ist und ich eine Schweizerin. Bei einer Scheidung von einem Franzosen verliert man nämlich sofort die Nationalität. Dann ist alles für* *die Katz gewesen.*«[5] Dieses Risiko wollte sie nicht eingehen und sah daher bei einem Schweizer Kandidaten die besseren Chancen auf eine neue Staatsbürgerschaft. Noch ein zweiter Anwärter wurde von ihr ins Auge gefaßt: Mit einem Maler, so teilte sie Dori mit, fahre sie sicherer, »wenn alle Schiesse reissen ...« Annette überlegte hin und her, wog alle Vor- und Nachteile einer solchen Paßhochzeit ab, zerbrach sich den Kopf und faßte den Entschluß, sich mit Schiess in London zu treffen. Das Projekt kam letztlich doch nicht zustande, Annette Kolb hatte auf einen »Retter« verzichtet.

Wenige Tage vor ihrer »Fastverheiratung« wurde in deutschen Universitätsstädten von SA-Uniformen tragenden Mitgliedern der »Deutschen Studentenschaft« die öffentliche Bücherverbrennung durchgeführt. Am 10. Mai 1933 warfen sie, von »Feuersprüchen« begleitet, die Bücherpakete, die an eigens dafür vorgesehenen Sammelstellen abgeliefert wurden, in die Glut. Dieses Autodafé war für die Nazis ein Sieg über den »undeutschen Geist« von Juden, Kommunisten, Liberalen und »ähnlichen Verderbern«. In Berlin wurden um Mitternacht 20.000 Bücher verbrannt. In München waren fünf Tage zuvor unter der Überschrift »Welche Bücher müssen brennen« zahlreiche Autoren in der Zeitung aufgeführt worden. Auch die meisten Bücher von Kasimir Edschmid sollten ins Feuer. Der Freund aus Badenweiler Tagen bekam Ende Mai von seinem Vater einen Brief: »*Deine Bücher sind nirgends mehr ausgestellt, werden also auch nicht mehr gekauft. Von was willst Du Dein Leben zukünftig bestreiten? Dein Zimmer oben hat keinen Wert mehr für Dich und ich könnte dann die Mansarde insgesamt vermieten [...]*«[6]

Erich Kästner, der sich in den fünfziger Jahren mit Annette Kolb anfreundete, hat dem Schauspiel und dem Brennen seiner eigenen Werke zugesehen. Selbst sein damals bekanntestes Buch »Emil und die Detektive« aus dem Jahr 1929 stand auf dem Index. Viele Professoren und Tausende von Bürgern verfolgten wohlwollend diesen Akt der kulturellen Barbarei und schrien Hurra bei jedem neuen Buchpaket.

Sechs Tage später erschien die »1. Amtliche Schwarze Liste« von Autoren, die in den öffentlichen Bibliotheken ausgemerzt werden sollten, im »Börsenblatt für den deutschen Buchhandel«. Außer Heinrich Mann seien keine Schriftsteller von Bedeutung darauf, schrieb sie Schickele am 24. Mai. Auch er sei nicht auf dem Index. Wie sie zu solch einem harschen Urteil über viele ihrer Kollegen kam, bleibt ein ungelöstes Rätsel. Sicher ist: An dem Tag, als sie Schickele schrieb, war sie frustriert, weil sie in der linksintellektuellen Wochenschrift »Literarische Welt«, die im Rowohlt-Verlag in Berlin erschien, ihren Namen nicht finden konnte. Die Zeitschrift hatte eine Frauen-Nummer herausgebracht, in der alle bedeutenden schreibenden Frauen der Gegenwart genannt waren, nur sie nicht. Sie habe diese Mißachtung ihrer schriftstellerischen Existenz, so schrieb sie Schickele, »mit stiller Verachtung« übergangen. Wahrscheinlich ist das nicht, denn am gleichen Tag war sie bei dem Ehepaar Pierre und Andrée Viénot zu Gast und hatte also hinreichend Gelegenheit, sich über die erfahrene Diskriminierung zu beklagen. Andrée war die Tochter von Aline Mayrisch und hat Annette Kolb in ihren Pariser Jahren oft geholfen. Bei den Viénots traf sie auch Rudolf Hilferding, der mit seiner Frau Rose ebenfalls aus Deutschland geflohen war. Das Programm der deutschen Sozialdemokraten im Exil, das »Prager Manifest« stammt aus seiner Feder. Der ehemalige Finanzminister, mit dem Annette Kolb die Lage in Deutschland diskutierte, versicherte ihr, das Klima sei so katastrophal geworden, daß er niemandem raten könne zurückzukehren.

Noch ohne festen Wohnsitz und in einem überfüllten Hotel logierend, war Annette Kolb froh, endlich aus Paris abreisen zu können. Ende Mai 1933 befand sie sich an Bord der Washington, um nach Cork zu fahren. Kaum auf dem Schiff, schrieb sie gleich an die Freundin Dora: »*[...] Ach ich unfreiwillige Prophetin! Vor 20 Jahren nach einer Tournée de Chateau schrieb ich schon und in der Daphne Herbst wieder wies ich darauf hin, dass wo die herrschende oder tonangebende Classe nicht auf ihre Bildung bedacht ist, sie bald den Herrn vom Diener nicht unterscheiden wird und nun erzählte mir Annie [Rauch, eine Bekannte aus Deutschland], dass die elegantesten Damen z. Teil um die Ehre sich rissen, dem Verfasser von ›Mein Kampf‹ vorge-*

stellt zu werden. Freilich sind es dieselben, die einen Bonsels nicht von einem Hofmannsthal unterscheiden können [...]«[7] Wenige Tage später sandte sie an Schickele auch die Zeile, daß »die Dummheit in Deutschland steige wie ein steinernes Meer«. Die politische Dummheit, die sie schon so lange zu bekämpfen versuchte, machte auch vor intelligenten Gehirnen nicht halt: etwa 70% der deutschen Professoren begegneten dem neuen Regime nicht mit Boykott.

In Irland erhielt Germaine Stockley von ihrer Schwester 5£ für ihre beiden Zimmer, soviel, wie auch andere Sommergäste zahlten. Auch die Stockleys waren knapp bei Kasse. Gleichzeitig bangte Annette Kolb darum, daß der Verleger Bermann-Fischer ihr weiterhin ihre Tantiemen überwies. Die Tochter von Aline Mayrisch hatte sie mit der Hiobsbotschaft konfrontiert, er dürfe keinen Geldtransfer mehr leisten. Sie lebte also sparsam in der »Mondlandschaft«, ging weniger aus und versuchte ihre Unkosten gering zu halten. In ihrer angespannten finanziellen Lage konnte sie leider auch ihre Nichte Sophie, die noch 1933 heiraten wollte, nicht bei der Ausrichtung der Hochzeit unterstützen. Über den Verlobten O'Mallin berichtet sie, daß kein Geld da sei, der junge Ingenieur immerhin aber etwas verdiene und gute berufliche Aussichten habe, falls die Politik ihn nicht aus dem Posten werfe.

Eine Fahrt nach Dublin zu dem deutschen Gesandten Georg von Dehn-Schmidt, der sie zu einem Empfang eingeladen hatte, riß ein tiefes Loch in ihren Geldbeutel: *»Irland ist das teuerste Land der Erde! Auch das. Reise nach Dublin incl. Nichte machte 5£. Sag mir, ob du von Bermann Nachricht hast. René, hätte ich jetzt meinen Basler Groschen nicht!! Aber was wird?«*[8] Von Ende Juni bis Ende Juli weilte Annette Kolb in London. Die Reise galt in erster Linie auch dem Versuch, finanziell flüssiger zu werden. Zunächst aber verlängerte die Kolb ihren berühmten »Kometenschweif« an vergessenen Dingen. Schon in den ersten vier Tagen verlor die ewig Zerstreute zwei Stöcke, einen Schirm und einen Füller; ein herber Verlust für ihr Portemonnaie. Sie wechselte sofort das Hotel, als sie eine preiswertere Unterkunft fand.

Daß Paul Scheffer, der Redakteur des »Berliner Tageblatts«
sie anrief, um sie aufzusuchen, begeisterte Annette dennoch
nicht sonderlich. Scheffer demoliere mit der einen Hand gleich
wieder, was er mit der anderen aufstelle, meinte sie. Gerade er
mußte erfahren, daß sie in London weilte! Scheffer gehörte zu
jenen, die die Figur Lenins zur Projektionsfläche ihrer Weltver-
besserungsideen machten und dadurch die Weimarer Republik
indirekt schwächten. Er war einer der deutschen rechten Intellektuellen, denen Lenin als Beispiel einer Führerpersönlichkeit
vorschwebte: Nicht-Jude, Asket und gewillt zu Opferbereit-
schaft wie zu Gewaltherrschaft. Die Neuigkeiten, die Annette
von Scheffer aus der Heimat erfuhr – daß die Reichswehr mehr
und mehr in die Opposition rücke, Hitler längst nicht mehr der
Starke und von Robert Ley in die Defensive gerückt worden
sei –, lösten keine Euphorie bei ihr aus, eher neue Zweifel. Der
Nationalsozialist Robert Ley hatte am 10. Mai 1933 die »Deutsche Arbeiterfront« gegründet, nachdem er vorher gewaltsam
die Gewerkschaften aufgelöst hatte. Die Organisation »Kraft
durch Freude« war ebenfalls von ihm ins Leben gerufen worden.
Solche Zwangskollektive waren nicht im Sinne der individuali-
stischen Autorin, und ihre Sorge über ihr weiteres Schicksal war
nur zu berechtigt.

Nach der Begegnung mit Scheffer schrieb sie an Schickele:
»*Ich denke mit solchem Grauen und so angstvoll an die Zukunft, dass ich nichts mehr weiss, nur Eines, dass ich nicht in die
Pestluft zurückgehe – aber mehr weiss ich nicht. […] nur dass
ich Geld ausgebe weiss ich.*«[9]

Um ihrem Geldmangel etwas abzuhelfen, versuchte sie sogar
ihr Porträt von Habermann aus dem Jahre 1903 zu verkaufen.
Sie hatte die Amerikanerin, die ihr schon vor Jahren einen Lenbach zur Finanzierung ihres Hauses abgekauft hatte, in London
wiedergetroffen und wollte ihr das Bild »andrehen«. Von dem
Erlös sollte auch Schickele in Sanary-sur-Mer etwas erhalten.
Das malerische Küstenstädtchen war von 1933 bis 1939 zu einem Sammelpunkt deutscher Exilschriftsteller geworden. Heinrich Mann, Lion Feuchtwanger, René Schickele, Julius Meier-
Graefe, Arnold Zweig, Ernst Toller, Franz Werfel und viele
andere hatten dort vorübergehend oder ständig Zuflucht ge-

sucht und versuchten nun mit ihrem Emigrantendasein fertig zu werden.

Der Juli war so heiß in London, daß Annette Kolb sich »niedergebügelt« fühlte wie von einer »deutschen Partei«. Trotzdem fuhr sie im Autobus »quer durch's Land«, nach Shrewsbury. Sie wollte zu ihrer Freundin Lady Teresa Berwick. Zuvor war sie in Somerset bei Dorothy Margaret Henage, einer Freundin, die sie durch Richard von Kühlmann kennengelernt hatte. Ihr Anwesen Coker Court war ganz wie jene englischen Landsitze, die Annette Kolb so liebte und in denen sie etwas Ruhe fand. Wieder zurück bei ihrer Schwester Germaine, berichtete sie am 31. Juli an den Freund nach Südfrankreich: *»In Attingham war es reizend. Teresa managed das prachtvolle Haus mit Hausmädchen nur [...] das mutet viel moderner an als der vermuffte Stab von Bedienten in Coker Court. Bei Berwicks ein herrlich angelegter, etwas verwilderter Park, Schafe, Paraden fliehender Rehe.«*[10]

Nach der gerade genossenen Idylle hatte Annette die beschwerliche Überfahrt als besonders anstrengend empfunden. Das Schiff, das sie wieder nach Irland brachte, war »zum Sinken voll«; Passagierin Kolb blieb die Nacht über lieber auf einer Bank an Deck, als eine »Kasematte« mit drei anderen zu teilen.

Fast den ganzen August blieb die Dichterin noch in Irland, sich immer wieder der verlockenden Illusion hingebend, sie könne zurück in ihr Haus im geliebten Markgräfler Land. Aber der Maler Emil Bizer, einer der besten Freunde aus Badenweiler Tagen, hatte ihr geschrieben, daß an eine Rückkehr nicht zu denken sei, er wisse bestimmt, daß sie auf der schwarzen Liste stehe.

Annette Kolb erwog sogar, Österreicherin zu werden, weil sie meinte, das Land sei billiger als die Schweiz. Ein weiterer Grund für eine solche Überlegung war die Tatsache, daß Oscar Maria Graf vor kurzem dorthin emigriert war, ehe er noch im selben Jahr nach Amerika ging. Annette Kolb las einen in der Frankfurter Zeitung abgedruckten Brief des Schriftstellers, der zur revolutionären Münchner Gruppe um Kurt Eisner gehört hatte. Der Brief, worin Graf sich mit den verfemten und verjagten deutschen Kollegen solidarisierte und seinen Austritt aus dem »Schutzverband deutscher Schriftsteller« erklärte, war an den SDS im Gau Bayern gerichtet. »Sehr gut. Die Frankf.«, kom-

mentierte sie den Artikel und bewunderte auch den mutigen
Schritt des Kollegen. Sie selbst erteilte einige Monate später der
an sie gerichteten Beitrittsaufforderung des »Reichsverbandes
der deutschen Schriftsteller«, in den der SDS integriert worden
war, eine diplomatisch formulierte Absage. In allem, was sie aus
Deutschland hörte, spürte sie nur Negatives. »*Ich glaube nicht,
dass wir noch ein Deutschland erwachen sehen werden, dessen
wir uns nicht schämen brauchen, wie soll sich, selbst wenn es zu
Unruhen kommt, dieses Teufels Knäul wieder entwirren.*«[11]
Außerdem klagte Annette Kolb auch über »diesen entsetzli-
chen Papst«. Pius XI. hatte am 20.7.1933 mit dem NS-Staat das
Reichskonkordat geschlossen und damit zur Stabilisierung der
Diktatur beigetragen. Schon früher hatte seine Verhandlungsbe-
reitschaft mit den Nazis dazu geführt, daß die deutschen Bischö-
fe in einem Hirtenbrief vom 28.3.1933 ihre Warnungen gegen
die NSDAP zurücknahmen. Heinrich Brüning, der noch bis zum
7. Juli die Zentrumspartei führte, war ein entschiedener Gegner
des Konkordates und ebenso erregt über den Vertrag zwischen
dem Heiligen Stuhl und den Nationalsozialisten wie Annette
Kolb. Nach Brünings Meinung war das Konkordat »so kau-
tschukartig abgefaßt«, daß es dem Vatikan nicht viel nütze.
»*Hinter der Verständigung mit Hitler stehe nicht der Papst, sondern die vatikanische Bürokratie und ihr Augure Pacelli. Ihnen
schwebe ein autoritärer Staat und eine autoritäre, von der vati-
kanischen Bürokratie geleitete Kirche vor, die miteinander einen
ewigen Bund schlössen. Daher seien Pacelli und seinen Leuten
katholische parlamentarische Parteien in den einzelnen Ländern, wie das Zentrum in Deutschland, unbequem und würden
von ihnen ohne Bedauern fallengelassen.*«[12]
Diesen Standpunkt über den Kirchenstaat und sein Handeln
vertrat Brüning zwei Jahre später während eines Abendessens
bei Annette Kolb in Paris. Harry Graf Kessler, der dritte Gast,
notierte es in seinem Tagebuch. Bis weit nach Mitternacht hatten sie zu dritt diskutiert und Kessler von seinen akuten bitteren
Gedanken abgelenkt. Seine Wohnungseinrichtung in Weimar
war am gleichen Tag beschlagnahmt worden. Für ihn war es
nicht nur das Ende eines mit viel Liebe aufgebauten Heims, sondern auch der zentralen Epoche seines Lebens.

Die finanziellen Sorgen und die Hoffnung, daß die Barbarei in Deutschland bald beendet wäre, hielten Annette Kolb immer wieder davon ab, sich auf den Roman zu konzentrieren, an dem sie gerade schrieb. Einzelne Kapitel sandte sie an Schickele, meist in der Ungewißheit, ob sie überhaupt ankamen. »Lucifer« heißt eines der letzten Kapitel, an dem Kolb nach ihrer Irlandreise arbeitete. Sie war mit ihrem Arbeitstempo nicht zufrieden, denn die Fertigstellung zog sich noch bis zum nächsten Sommer hin. Ihre Angelegenheiten in Badenweiler gingen ebenfalls nur langsam voran; das Haus war nicht vermietet, und das Auto verursachte nur Unkosten. Deshalb entschloß sie sich, im September von Irland aus nicht gleich nach Paris, sondern erst nach Basel zu fahren und von dort aus das Notwendigste zu erledigen. Anschließend fuhr sie nach Zürich und wurde von Rose und Rudolf Hilferding am Bahnhof abgeholt. Annette Kolb wollte zu Eduard Korrodi, der in der »Neuen Züricher Zeitung« in der Feuilletonredaktion tätig war, um mit ihm über einen Vorabdruck der »Schaukel« zu verhandeln. In seiner Zeitung erschien nach Abschluß des Romans allerdings nur das Kapitel »Erster Ball«. Ein kompletter Vorabdruck folgte von Mai bis Juni 1934 in der »Frankfurter Zeitung«, mit der es später jedoch Ärger wegen des Honorars gab: »*Ich habe lange geschwiegen weil mich der Kampf mit der Frankf. Zeitung ganz herunter brachte. Kühl lächelnd wurde mir geschrieben, ich hätte das Honorar in Deutschland zu holen und dort zu verzehren!*«[13]

Nicht nur für Verlage war es damals äußerst schwierig, Geld ins Ausland zu transferieren. Es mußte ein Antrag bei der Reichspressekammer gestellt werden, damit das Honorar nach Basel an die Adresse von Theodora Von der Mühll überwiesen werden konnte, wie es Annette Kolb wünschte. Aber trotzdem war es notwendig, daß sie die Auszahlung selbst in Empfang nahm, da die Schweizer Verrechnungsstellen sie nur dann genehmigten, wenn sie den Betrag in der Schweiz verbrauchte. Bei solchen Drahtseilakten war ihr die Hilfe der Freundin gewiß.

Ein Besuch von Erika Manns »Pfeffermühle« im Gasthof »Zum Hirschen« in Zürich war für die Dichterin selbstverständlich, wenn sie sich schon in der Stadt aufhielt. Das Kabarett spielte seit wenigen Tagen an dem neuen Ort. Am 6. Oktober schrieb Kolb an Schickele, heute Abend gehe sie »zu Erikas Pfeffermühle mit Annemarie Schwarzenbach«. Erika Mann, Schauspielerin, Kabarettistin und Schriftstellerin, war die älteste Tochter von Katia und Thomas Mann. Am 30. September 1933 hatte sie ihr Kabarett in Zürich wiedereröffnet, das sie nach nur wenigen Monaten Spielzeit in München kurz nach der nationalsozialistischen Machtübernahme hatte schließen müssen. Annette Kolbs Begleiterin war eine intime Freundin von Erika Mann. Die 1908 in eine Großindustriellenfamilie hineingeborene Schriftstellerin und Historikerin Annemarie Schwarzenbach unterstützte viele Projekte von Klaus Mann und seiner Schwester Erika. Die Schweizerin Annemarie kannte die Kabarettistin seit 1930 und hatte sich unsterblich in sie verliebt. Sie war fasziniert von Erikas souveränem Charme und angezogen von ihrer Stärke. Die beiden Frauen reisten viel zusammen, aber die leidenschaftlichen Gefühle von Annemarie konnte Erika Mann nicht erwidern. Sie empfand eher Fürsorge und Verantwortung für die an Selbstzweifeln leidende Freundin, die schon 1942 unter tragischen Umständen starb.

Zwei Tage nach ihrem Kabarettbesuch berichtete Annette Kolb den Eltern von Erika über ihren Eindruck: »*Die Pfeffermühle Ericas ist ganz einfach charmant, ein Riesenerfolg und sehr verdient.*«[14] Thomas und Katia Mann waren erst am 28. September in die Schiedenholdenstraße 33 in Küsnacht bei Zürich gezogen, in eine »sehr hübsche Villa« wo die Dichterin sie besuchte. Das Haus war noch kahl, sie erwarteten ihre Möbel, und Annette dachte daran, ihren »Habermann« als Umzugsgut mit über die Grenze schmuggeln zu lassen, um die Zollgebühren zu sparen. Ihre wirtschaftlich unsichere Situation zwang sie ständig, an mögliche Einsparungen zu denken.

Als Musikliebhaberin nutzte sie jedoch die Gelegenheit, sich trotz aller Sorgen eine Konzertkarte zu gönnen. Der Geigenvirtuose und Komponist Fritz Kreisler gastierte gerade in Zürich, und sie war begierig, ihn zu hören. Sie hat die Veranstaltung mit Rose Hilferding besucht und genoß die anregenden Stunden sehr. Über Basel, wo sie wieder einige Tage im »Trois Rois« verbrachte, fuhr sie dennoch ziemlich deprimiert nach Paris zurück.

»*Mir ist alles missglückt. Weder Auto noch Haus vermietet. Noch Vorabdruck; meine Reserven schmilzen wie Schnee und keine Verdienstmöglichkeit, nur Panik und Grauen, die mich oft packen.*«[15]

In Paris immerhin ein Lichtblick: Es hatte sich endlich die Aussicht auf eine Wohnung konkretisiert. Bis alles eingerichtet war, wollte Annette im Hotel Des Champs Elysées bleiben. Von dort berichtete sie Theodora Von der Mühll, daß ihre Möbel gekommen seien und ihr das ganze Unternehmen wie der Ausbruch eines »Lautenschlagschen Grössenwahns« vorkomme. »*Gott geb's. Die Concierge ist eine Art Pompadour hat alle Macht in Händen ihre Gunst ist wichtig, macht im Jahr 1000 frs mehr! [...] Das Haus ist ein aufgestocktes Palais, im Empfang lacht das Herz. [...] Aber Dori ich hab doch was auf der Basler Cantonalbanki ein Sparbüchel, [...]*«[16] Im Umzugsgeschehen und der Unordnung verlor sie einige Manuskriptseiten ihres neuen Buches, da stürzte sie »*[...] in ein Café mit Musik und schrieb mit Carlyle'scher Verbissenheit von neuem. So wurde mir besser.*«[17]

Es scheinen Annette Kolb wohl doch zu große Zweifel gekommen zu sein hinsichtlich dieser Wohnung. Sie blieb im Hotel und schrieb an Dora, daß sie das Domizil beim »Bois aufgegeben« habe, weil es zu teuer und die Busverbindungen zu miserabel seien.

Im Januar 1934 hatte sie sich noch nicht zu einem Umzug in eine andere Wohnung entschlossen und ließ ihre Möbel vorübergehend unterstellen. Um zur dringend benötigten Ruhe zu kommen, nahm sie eine Einladung in die Schweiz an. In Lugano, wo sie sich in einem »ganz aus der Welt« gelegenen neuen Bungalow von Emma Gugelmann häuslich niederlassen durfte, lebte sie mehrere Wochen »schlicht und billig«. Nachmittags fuhr Annette gern in die Stadt ins »Café Huguenin«, wo es ein kleines Orchester gab. Von dort berichtete sie im Februar dem Freund Schickele, daß sich mit ihrem Teilumzug aufreibende Verzögerungen ergeben hätten, die zu schildern sie ihm aber ersparen wolle. Ihre Geldnöte wurden noch vergrößert durch alte Mieterquerelen aus Badenweiler, die auch noch Prozeßkosten verursachten. Um wenigstens die zu decken, versuchte Annette Kolb ihr Glück am Spieltisch von Campione zu erzwingen, aber ihr Ausflug ins Casino brachte ihr nur den Verlust von 30 Schweizer Franken.

Wieder zurück in Paris, erlebte sie am 10. Mai 1934 zum »Tag des verbrannten Buches« die Eröffnung der »Deutschen Freiheitsbibliothek«. Ihr Gründer, der 1899 in Berlin geborene Schriftsteller Alfred Kantorowicz, war schon vor der ungeheuerlichen Bücherverbrennung in Deutschland nach Paris emigriert. Als er von diesem barbarischen Autodafé hörte, faßte er den Entschluß, alle gebrandmarkten Bücher zu sammeln und teilte dem »Schutzverband Deutscher Schriftsteller« in Paris seine Idee mit. Das Vorhaben stieß auf einhellige Zustimmung in der Organisation, die sofort begann, Kontakte zu französischen Schriftstellern und Emigranten aufzunehmen. Mit Spendengeldern wurde ein Raum gemietet, um die eingegangenen Bücher einzulagern. »*Romain Rolland, der große Verehrer der deutschen Kultur, veröffentlichte einen hinreißenden Aufruf und hat sowohl die Emigranten wie die Franzosen aufgerufen, alle in ihrem Besitz sich befindenden verfemten Bücher, der Deutschen Freiheitsbibliothek zur Verfügung zu stellen.*«[18] Es war der Versuch, alle geistigen Güter der Literatur, Philosophie, Psychologie und Soziologie, die in den letzten zweihundert Jahren in Deutschland entstanden waren, zu retten. In den folgenden Jahren wurden zum »Tag des verbrannten Buches« Kundgebungen veranstaltet, die der deutsch-französischen Freundschaft galten.

Während der Sommermonate 1934 war Annette Kolb vorwiegend außerhalb von Paris unterwegs. Colpach, Bern, Basel, Salzburg, Genf und Zürich waren die Stationen ihrer Aufenthalte. »*Am 10. Sept. also soll ich in Paris sein, darf's nicht verschieben, fahre aber wohl mit einem Retourbillet hin, suche eine Wohnung und sehe dann nach meinen Sachen. Furchtbar ist, dass ich meinen Freipass verlor, so wird die Zollfrage akut.*«[19] Anfang September war sie im Roten Schlößli in Muri bei Bern, in Emma Gugelmanns Hauptwohnsitz, zu Gast. Auf der Terrasse sitzend wollte sie die Aussicht genießen, aber die Sorgen waren stärker: »*Ach René, wie zieht es mich nach Nizza. Aber vor-*

her muss dies u. das, Geld, Wohnung, Préfectur, Zolldirection,
etc. bedacht, gesucht u. hoffentlich erledigt werden. Dann
möchte ich kommen. Aber Du?! Schon 2Mal, schon 4Mal fuhr
ich zu Euch. Nun, wenn ich eine Wohnung habe, musst Du
müßt Ihr [...] 1Mal kommen.«[20]

Am 17. September fuhr Annette mit Rose Hilferding wieder
zurück nach Frankreich und hat mit Hilfe des ebenfalls nach Paris emigrierten Bankiers Hugo Simon die »Nuss geknackt«. Sie
fand eine Bleibe; der Freund René war entsetzt, als er hörte, daß
sie 10.000 frs für eine Dreizimmerwohnung bezahlen wollte. Er
konnte ihr nicht raten zu mieten, der »Sprung ins Dunkel«
schien ihm zu halsbrecherisch. Sie aber war des Vagabundierens
müde und zog um ins Dachgeschoß im sechsten Stock des Hauses Nr. 23, Rue Casimir Périer. Die Freundin Dori, der sie noch
im Juli geschrieben hatte, daß sie immer noch eine Wohnung suche, gehörte zu ihren ersten Gästen: »*Grad war Dori bei mir,*
entzückt von meinen Räumen. Aber alles unfertig. Ich kaufe
nichts. Kein Stück. Habe Regale abbestellt, fülle die placards
mit Büchern und hänge die Türen aus, sieht sehr hübsch aus.« [21]

Neben ihren Möbeln, Bildern und Büchern, die durch die um-
sichtige Planung von Anna Schickele nach Paris gelangt waren,
konnte sie auch ihren Blüthnerflügel wieder aufstellen. Simone
Dumaine lieh ihr ebenfalls noch etwas Mobiliar, so daß die Ein-
richtung fast komplett war. Sogar auf ihr Dienstmädchen Annie
brauchte sie vorerst nicht zu verzichten. Die Deutsche war ihr
nach Paris gefolgt, trotz der notwendigen Aufenthaltsgenehmigung, um die es häufiger Schwierigkeiten gab. Nun, nachdem
die Exilantin Annette Kolb in Paris seßhaft geworden war, kümmerte sie sich um ihre Einbürgerung. »*Französin zu werden ist*
mein unwandelbares Bestreben, komme, was wolle. Muss ich
zurück – die Umstände könnten mich ja zwingen –, so geschähe
es nur als Französin.« [22]

Kolb hatte Camille Barrère seit ihrer Ankunft in Paris »in den
Ohren gelegen«, die französische Staatsbürgerschaft erlangen zu
wollen, nun setzte er sich intensiv am Quai d'Orsay für sie ein.
Auch die Söhne von Simone Dumaine, der Diplomat Jacques
und sein Bruder Jean, hatten ihre Beziehungen spielen lassen
und wurden zu Annette Kolbs wichtigsten Freunden in Paris.

Fast hätte Annette zwischendurch ihren Elan verloren, sich um die neue Staatsbürgerschaft zu bemühen. Mehrmals mußte sie den Gang in die Préfecture antreten, an Standesämter schreiben, Geburts- und Taufscheine der Familie beschaffen, weil für die französischen Behörden in keiner Weise erwiesen war, daß ihre Mutter Französin gewesen ist. Außerdem befürchtete sie, kein Geld aus Deutschland überwiesen zu bekommen. »*Ich erschrekke nun vor meiner Naturalisation, weil ich fürchte, kein Geld mehr zu kriegen! Wie wird das mit meinen 180 M. werden? [...] Plötzlich wird mir heiß und kalt vor der Transaction.*«[23]

Ein bißchen Vorteil wollte sie aber aus der »Transaktion« herausschlagen. An einem Leumundszeugnis, ausgestellt vom Bürgermeisteramt in Badenweiler, in dem ihr Geburtsjahr mit 1879 angegeben wurde, hatte sie nichts auszusetzen.

Die Schaukel

Trotz der vielen Widrigkeiten und Reisen der letzten Monate hat Annette Kolb ihren Roman »Die Schaukel« noch vor dem Umzug beenden können. »*[...] hier sitze ich, und schreibe mir die letzten wenigen Haare vom Haupt. Ein Buch zu Ende zu schreiben ist eine unsägliche Mühe!*«[1] Es erschien am 30. August 1934, und am 3. September hat sie schon Nachricht von Schikkele aus Nizza: »*Aber inzwischen kam die ›Schaukel‹. Ich las sie auf einen Sitz und lachte laut für mich. Laut!! Für mich allein erging ich mich wehmütig in Deiner Familie. Jeder von Euch ist ein vollendetes Original!! Ein wunderbares Buch – der Eindruck war viel stärker als beim Lesen des Manuskripts. Ein Labsal*«[2]

In einer Fußnote dieses dritten und letzten Romans würdigt Annette Kolb den geistigen Einfluß und die Förderung, die intellektuelle Juden auf das kulturelle Leben in Deutschland ausübten. Sie war sich bewußt, daß viele ihrer Schriftstellerkollegen und sie selbst davon profitierten, daß sie von deutschen Juden gelesen und verlegt wurden. »*Vom Tage an, da die Juden im geistigen Leben zu Einfluß gelangten, machten sich in der gefährdeten Existenz des Künstlers gewisse Chancen fühlbar, daß er nicht mit einer Mühsal wie bisher, die subjektiv gesehen nur zu oft einem Auf-der-Strecke-Bleiben gleichkam, sich durchzuringen hatte; [...] wir sind heute in Deutschland eine kleine Schar von Christen, die sich ihrer Dankesschuld dem Judentum gegenüber bewußt bleibt.*«[3]

Mit ihrer Offenheit hatte sich die Schriftstellerin wieder einmal in Schwierigkeiten gebracht. Durch die Aufmerksamkeit, die sie mit der Fußnote bei der jüdischen Leserschaft erregt hatte, wurden auch die Zensurbehörden aufmerksam. Als das 5. Tausend gedruckt war, mußte die Fußnote entfernt werden, wenn das Buch weiter erscheinen sollte. Die Kolb war einverstanden, schließlich mußte sie ihr Überleben finanzieren, und der S. Fischer Verlag, der das Buch herausbrachte, hatte ihr weiterhin eine Rente zugesichert. Sie war daher sehr erbittert, als die Emigrantenpresse heftig gegen die Fußnotenentfernung protestierte, schließlich war sie 5000mal schwarz auf weiß erschienen. Die Bayrische Staatspolizei hatte gar das Verbot der »Schaukel« verlangt; Göbbels in Berlin gab die Neuauflage nur frei unter der Bedingung, daß die Fußnote wegblieb.

Über die Erregung der jüdischen Emigranten urteilte Annette Kolb: »*Die Juden sind selber Schuld, dass die Fussnote heraus musste. Hätten sie keinen solchen Sums gemacht, hätte niemand an das Verbot gedacht. Für die Juden bestand das ganze Buch nur aus ihr; ›fusste‹ darauf. Den Rest lasen sie garnicht. Und es stehen viel borstigere und anzüglichere Sachen drin, als gerade sie [...]*«[4]

Auch Kolbs Verleger Gottfried Bermann-Fischer wurde wegen der Fußnotenentfernung angegriffen und obendrein in der Exilzeitschrift »Das Neue Tagebuch« als Naziagent beschimpft, da er Deutschland nicht schon 1933 mit seinem Verlag verlassen hatte.

Der ehemalige Arzt, der nach seiner Verheiratung mit Brigitte Fischer im Jahre 1925 in den Verlag seines Schwiegervaters eingetreten und 1929 Generaldirektor geworden war, führte noch im Frühjahr 1935 mit dem Propagandaministerium Verhandlungen über den Fortbestand des S. Fischer Verlages in Deutschland. Fischer erreichte die Freigabe von einigen inzwischen verbotenen oder mißliebigen Autoren, deren Werke er wieder verlegen oder wo er auf die noch vorhandenen Lagerbestände zurückgreifen durfte. Trotzdem bezweifelte er, daß er im Land bleiben und den Verlag »im alten Geiste« weiter führen könne. Bermann folgte seiner Skepsis und bereitete heimlich seinen Umzug nach Wien vor, wo er die unerwünschten Autoren ab 1.5. 1936 weiterhin verlegte.

Am 13. Januar hatte Thomas Mann Annette Kolb geschrieben: »*Liebes Annettli: Ich weiss nicht, ob Sie den Artikel gegen Bermann im letzten ›Tagebuch‹ gelesen haben. Ich war gleich recht unangenehm berührt davon, [...] Nun rief mich heute Ber-*

mann aus London an und zeigte sich begreiflicherweise sehr verstört über die Aeusserung, die seine Bemühungen in der Schweiz
und eventuell auch in Wien aufs Schwerste zu stören geeignet
ist. Ich meine doch, dass man dagegen Front machen müßte.«[5]
Daraufhin entschlossen sich Thomas Mann, Hermann Hesse
und Annette Kolb, eine gemeinsame Erklärung zur Verteidigung
des Verlegers zu schreiben. Sie erschien im Januar 1936 in der
Neuen Züricher Zeitung – was zur Folge hatte, daß ihr nun im
»Pariser Tageblatt« Auslandstäuschung vorgeworfen wurde,
weil sie weiter Artikel in der »Frankfurter Zeitung«, dem »Fei-
genblatt des Dritten Reiches« veröffentlichte. »Kübel werden
über mich im Central Blatt der jüdischen Emigration ausgegos-
sen, weil ich Thomas Manns Protest für Bermann mit unterschrieb. Das werde ich Ihnen zeigen Dori. Natürlich erwidere
ich nichts«[6], hatte sie enttäuscht hinzugefügt und keinen Sinn
darin gesehen, sich auch noch an dieser unerwarteten Front zu
verteidigen.

Der Roman »Die Schaukel« gilt als Kolbs erstes Exilwerk, obwohl sie ihn noch in der Badenweiler Idylle begonnen hatte.
Schon der Titel assoziiert das Schwingen, das Pendeln zwischen
Vaterland und Mutterland, zwischen Protestantismus und Katholizismus, zwischen Boheme und Biederkeit, zwischen Vergangenheit und Zukunft, Heiterkeit und Trauer. Als der Münchner
Glaspalast 1931, die vergangene Wirkungsstätte ihres Vaters,
durch einen Brand vollständig zerstört wurde, kam ihr das in
der Nähe liegende Haus ihrer Eltern, das unversehrt blieb, wieder in Erinnerung. Ein Funke der Inspiration war davon auf sie
übergesprungen, als sie beschloß, das Haus Sophienstraße 7
noch einmal mit den Bewohnern aus ihrer Jugendzeit zu beleben. In der »Schaukel« wirft die Autorin einen verklärenden
Blick auf ihre frühen Jahre in München. Die Erwähnung der
Brandkatastrophe am Anfang des Romans rief bei Erscheinen
des Buches auch den Reichstagsbrand ins Gedächtnis. Beide Ereignisse symbolisieren für die Autorin das Ende und den Beginn
einer neuen Ära.
Die Charakterisierung von zwei grundverschiedenen Familien
wird symbolisiert durch die Pendelbewegung der Schaukel. Kolb

zeichnet ein liebenswürdiges Bild der eigenen französisch-bayrischen Familie, die sie Lautenschlag nennt. Die künstlerischen Neigungen der Lautenschlags, die sich in einer gewissen Weltfremdheit gegenüber den Notwendigkeiten des Alltags niederschlagen, führen zu permanenten Geldsorgen. Annette Kolb kontrastiert die Lautenschlags mit der soliden Bodenständigkeit der Familie Zwinger, die aus Preußen stammt. Der gesellschaftliche Rang dieser Professorenfamilie ist zwar anerkannt, aber es fehlt ihr nach Meinung von Madame Lautenschlag, der die Autorin die Züge ihrer eigenen Mutter gibt, eine wesentliche Dimension im Leben, die sie ihrer Familie vermitteln konnte: die Musik. Da es für die Stellung von Bürgertöchtern nun einmal wichtig ist, Musikunterricht zu erhalten, gehen zwei der fünf Töchter Zwinger bei Madame Lautenschlag zum Klavierunterricht und traktieren deren Bechsteinflügel. Nach Meinung von Frau Zwinger braucht man Musik »[...] vor allem, wenn Besuch kam, um die leicht einschläfernde Konversation zu beleben oder den Wortschwall ordentlich in Gang zu bringen.«[7]

Kolbs Freund Schickele, dem sie manche Manuskriptseite zur Beurteilung zugeschickt hat, vermißte in alledem offenbar ein gewisses erotisches Spannungselement. Jedenfalls schrieb er der Autorin nach Durchsicht zurück: »Irgend einen Hecht musst Du in den Karpfenteich setzen, damit es Bewegung gibt. Ein Mann ist immer das Einfachste und – Wahrscheinlichste. Wenn Du eine richtige Liebesszene (mit Küssen!!) brauchst, mache ich sie Dir.«[8]

Sich selbst beschreibt Annette Kolb in der Figur »Mathias«. Ein jungenhaftes Mädchen, das bedingungslos die beiden älteren, anmutigen Schwestern bewundert und als burschikoses, schnippisches Element in der Familie Lautenschlag die Grazie der beiden Schwestern Gervaise und Hespera steigern hilft. Dies geschieht häufig durch ihr ungeschicktes Verhalten auf Gesellschaften der Mutter, bei denen sie zum Servieren eingeteilt ist. »[...] hochrot und verlegen betritt sie den Salon. Mit den Petits fours treibt Mathias eine ganz und gar selbständige Politik: sie spendet die besten nach ihrem Dafürhalten, dem Uditore immer nur gestrichene Brötchen, aber rosa überzuckerte Kognakkirschen für Monsignore Locatelli.«[9] Mathias ist der »Snob« in der

Familie. Sie nimmt auf die Gästeliste Einfluß; wer von ihr als uninteressant eingestuft wird, hat keinen Zutritt zum Salon von Madame Lautenschlag.

Auch im realen Leben hat die Autorin stets sorgsam die Personen ihres Umgangs ausgewählt. Mit der Abgrenzung gegen die Verwandtschaft tat sie sich schwerer. Ihrem Bruder gegenüber hatte sie Jahre zuvor viel Nachsicht bewiesen, als seine Spielschulden von der Mitgift der Schwestern beglichen worden waren. Emil, zunächst Offizier, verließ 1896 Deutschland, wurde Holzimporteur und lebte eine Zeitlang in Rußland. Erst die deutschfeindlichen Artikel seiner Frau Cathérine, die sie während des Ersten Weltkriegs in französischen und englischen Blättern veröffentlichte, stießen an Annettes Toleranzgrenze, die sie nicht mehr überschreiten konnte. Es war dies der Vorfall, weswegen sie nach Berlin mußte, um sich auszuweisen, da man ihr alle Schriften der Schwägerin unterstellte, ebenso das Buch, das Cathérine unter Kolb-Danvin veröffentlicht hatte. Es kam nie wieder zu einer Versöhnung.

Im Roman findet Emil seine Verkörperung in der blassen Gestalt des Bruders Otto. Sein Lieblingsthema: »*das Geld, die Goldminen und die Diamantengruben in Transval, und was das wäre, wenn man ganze Säcke voll zum Verkitschen hätte [...]*«[10] Otto ist der männliche Begleitschutz und Lastenträger, wenn die drei Schwestern Hespera, Gervaise und Mathias zu ihren nächtlichen Bergwanderungen aufbrechen. Als Emil am 29. 12. 1933 in Paris starb, schrieb Annette am selben Tag an Schickele: »*Lieber René, der arme ›verderbliche Otto‹ ist heute beim Einzug in seine Wohnung gestorben. Ich hatte es für ihn ersehnt, aber es trifft mich dennoch. Und ich habe ihn nicht mehr sehen können. Auch jetzt nicht.*« [11]

Wie in einigen anderen Schriften entwirft Kolb auch in dem Roman »Die Schaukel« eine überschlanke Frau an der Grenze zur Magersucht. Diesmal ist es Hedwig, eine Tochter der Familie Zwinger: »*Lange nicht so einfach steht es um Hedwig, diese wahrhaft sensationelle, fast überlebensgroße statueske Erscheinung, und infolge einer mysteriösen Krankheit so schlank, daß auch die faltigsten Kleider über das Nichtvorhandensein ihres*

Busens wie ihrer Hüften nicht im geringsten hinwegtäu-
schen. [...] Unvermeidlichen Ekel muß in ihr der Anblick dampf-
fender Speisen: Fisch, gar Braten mit seinen üblichen Zutaten,
und mehr noch die Tischgesellschaft erregen, die mit sichtlicher
Befriedigung diesen für Hedwig so ungenießbaren Dingen zu-
sprach.«[12]

Es ist nicht zu übersehen, daß Annette Kolb ein Faible für an-
drogyne Frauentypen hatte, wie ihn etwa Annemarie Schwarzenbach oder Ruth Landshoff-Yorck verkörperten. Mathias ist
ebenfalls ein Zwischenwesen, das nur in dieser Gestalt vor den
anmutigen älteren Schwestern bestehen kann. Das Einfühlungsvermögen, mit dem die Autorin dieses jüngste der Lautenschlag-
Kinder beschreibt, entspringt Gefühlen aus ihrer eigenen Jugendzeit. Daher gerät Mathias auch zum geheimen Mittelpunkt
des Romans, die, »stets am Rande der Katastrophe sich bewe-
gend«, zum Schluß dennoch verschont bleibt, weil sie immer
ihre wahre Meinung geäußert hat.

Als Familienroman gleicht »Die Schaukel« dem Buch
»Daphne Herbst« und ist wie dieses in der Zeit vor dem Ersten
Weltkrieg angesiedelt. »*Das Vorkriegs-Bayern war vielleicht das*
demokratischste Land, das es je geben wird. Es war das wenigst
unterwürfige.«[13] Die literaturhistorische Kategorie »Dichtung
der verlorenen und der verbürgten Wirklichkeit« trifft für Annette Kolbs dritten Roman durchaus zu. Es ist ein historischer
Stoff; die Rückkehr in die eigene Vergangenheit, die zwar verloren ist, aber durch die Authentizität des Erlebten wieder real
wird. Mit jeder Figur der Lautenschlags setzt die Dichterin den
Familienmitgliedern ein Denkmal.

Annette Kolb, die sich merkwürdigerweise in ihren Werken
nie wörtlich auf Theodor Fontane berufen hat, obwohl sie den
gleichnamigen Dichterpreis erhielt, nähert sich literarisch auch
in ihrem letzten Roman diesem Schriftsteller. Allein der Titel
kann schon als Reminiszenz und Würdigung des Dichters gelten.
Nach schwerer Krankheit begann Fontane 1892 einen autobiographischen Roman »Meine Kinderjahre«, man kann ihn auch
eine »Schaukelgeschichte« nennen. Liebevoll schildert der Dichter darin den Garten seiner Kinderjahre mit der alles überflie-
genden Schaukel. In seinem Roman »Effi Briest«, den er zum

selben Zeitpunkt überarbeitete, ist das Motiv der Schaukel ein wichtiges Element, um das Auf und Nieder von Effis Schicksal zu beschreiben; ebenso läßt die Kolb die Schaukel schwingen zwischen den scheinbar unvereinbaren Gegensätzen zweier Familien. Auch als Dichterin sei sie Moralistin, schrieb Max Rychner in einem Essay von 1964. Ihre Bücher zählte der bedeutende Rezensent zu den wichtigsten gesellschaftskritischen Zeugnissen der deutschen Literatur seit Fontane. Als einziger unter den Kritikern hat er auf ihre Verwandtschaft zu diesem Dichter hingewiesen.

»Bitte, gib mir doch Roths Adresse. Ich müßte ihm mein Buch schicken«, schrieb Kolb im September 1934 an Schickele. Joseph Roth wohnte zu der Zeit in Nizza, wo er auf Einladung von Hermann Kesten bis Juni 1935 blieb. Im gleichen Haus lebte auch Heinrich Mann. Als ein Exemplar der »Schaukel« den Schriftsteller Roth in der Promenade des Anglais 121 erreichte, wollte er die Arbeit an seinem eigenen Werk nur eine Stunde unterbrechen. Daraus wurden 1¹/₂ Tage, in denen er Annettes Roman verschlang. Es kam kurz darauf eine Lobeshymne zurück. *»[...] Selige Ferien! Wie mieß ist mir jetzt vor meinem Buch! Sie schreiben wie ein Vogel, ich wie ein Elephant. Sie sind die einzige Frau, der es von Gott erlaubt ist, das männliche Handwerk zu üben. Jeder Satz eine Perle, jedes Bild ein Leben, jeder Gedanke eine Wahrheit, jede Beobachtung eine Weisheit. [...] Noch mießer werden die Zeiten, da ich Ihr Buch gelesen habe.«*[14]
Der Regisseur Percy Adlon verfilmte 1983 »Die Schaukel« mit Christine Kaufmann als Madame Lautenschlag. Die Rolle der Mathias spielte die damals 19jährige Anja Jaenicke; leider war es der Kolb nicht mehr vergönnt, sich selbst bzw. ihre Jugendzeit im Kino zu erleben.

Pariser Exil

In seinem mit Lobeshymnen gespickten Brief hatte Joseph Roth am Ende Annette Kolb noch angefleht: »Kommen Sie bald, bevor ich krepiert bin«. Er spielte damit auf seinen Alkoholismus an, mit dem er schon seit Jahren kämpfte. Wie Annette Kolb war auch Joseph Roth 1933 emigriert. Im gleichen Jahr begegnete sie ihm in Zürich und schrieb im Oktober an Schickele: »*Gestern Roth gesehen, er machte mir einen désaströsen Eindruck: durch ununterbrochenes Trinken verwüstet wie noch nie. Kein Geld, und was so ein Leben kostet.*«[1]

Im Januar 1934 war Roth der Dichterin zuletzt persönlich begegnet, als er sie in ihrem Pariser Hotel besuchte, nachdem sie gerade ihren gescheiterten Umzugsversuch hinter sich hatte. Aber ihm ging es noch schlechter als ihr. Den Eindruck, den er hinterließ, beschrieb sie als »schrecklich cholerisch«, und »essen tut er überhaupt nicht mehr«. Ihre Besorgnis war berechtigt. Joseph Roth lebte nur noch wenige Jahre und starb 1939 im Alter von fünfundvierzig Jahren. Der aus Ostgalizien stammende Schriftsteller war von 1921–1932 Korrespondent der Frankfurter Zeitung und hatte in dieser beruflichen Funktion viele Länder in Europa bereist. Nach seiner Emigration lebte er bis zu seinem frühen Tod größtenteils in Paris.

Als österreichisch-ungarischer Offizier hatte er am Ersten Weltkrieg teilgenommen, danach war er Journalist in Wien gewesen. In seinem schriftstellerischen Werk beschreibt Roth die Welt der untergegangenen Donaumonarchie und die Menschen seiner ostgalizischen Heimat. In seinen ironisch-kritischen Beobachtungen sozialer und politischer Zustände ist er der Kolb verwandt.

Joseph Roth hatte der Exilantin immerzu geraten, den Verlag zu wechseln. Er besaß Kontakte zum Allert de Lange Verlag in

Annette Kolb in Salzburg.

Amsterdam. Er kannte den damaligen Inhaber Gerard de Lange, der öfter in Paris war. »*Roth hat einen Amsterdamer Verleger am Wickel, der auch interessant für dich werden kann*«[2], schrieb Annette an Schickele. Die Kolb war derzeit recht unzufrieden mit ihrem Verleger Gottfried Bermann-Fischer, weil sie fürchtete, daß er sie »über ihren Kopf hinweg« im »Reichsverband deutscher Schriftsteller« eingliedern würde, dem sie erst Ende letzten Jahres mit einer fadenscheinigen Begründung ihren Beitritt verweigert hatte. Im Dezember 1933 war sie noch einmal bei ihrer Schwester in Irland. Während ihres Besuches hatte sie eine eigene Sendung im irischen Rundfunk: Fünf Tage vor dem Fest bestritt sie ein abendliches Klavierprogramm von Debussy, in dem sie die gespielten Stücke auch kommentierte. »Es war ganz gut«, war ihre Bemerkung am nächsten Tag. Dieses Gastspiel nahm Annette Kolb zum Anlaß, an den Reichsverband folgendes zu schreiben: »*Seit fast zwei Jahren habe ich die schriftstellerische Laufbahn aufgegeben und nichts mehr geschrieben. In Folge eines Kopfleidens habe ich mich wieder der pianistischen Tätigkeit zugewandt, für die ich ursprünglich ausgebildet wurde. So kann ich dem Verband nicht mehr beitreten.*«[3] Ihre Absage an die Kulturkammer hatte keine negativen Folgen, und Kolb war der Ansicht, ihre Chance habe in »der Verachtung der Nazis für Frauengehirne« gelegen.

Da Annette Kolbs Vertrauen zu ihrem Verlag nicht mehr vollkommen war, stellte sie die Forderung, daß sie »für 7 Monate 300 M.« haben müsse, und bangte gleichzeitig, daß etwas Unvorhersehbares das Erscheinen ihres Romans verhindern könnte. Hier sorgte sie sich einmal umsonst, das Buch erschien wie vereinbart.

Mit ihren »Festspieltagen in Salzburg«, die 1937 erschienen, war Annette Kolb auf den Rat von Roth eingegangen. Die autobiographischen Geschichten wurden beim Allert de Lange Verlag in Amsterdam herausgebracht. Gottfried Bermann-Fischer war nicht nachtragend ob dieses »Fremdgehens«; den ehemaligen Wechsel zu Rowohlt hatte er auch nicht übel genommen. Jahre später schrieb er aus der Erinnerung über einen Besuch bei Annette Kolb in Paris: »*Ihr Temperament, wenn sie ärgerlich wurde, bekam ich eines Tages zu fühlen, als sie mir – zwar nicht wie Luther dem Teufel das Tintenfaß – aber immerhin einen Brieföffner – er war nur aus Holz – an den Kopf warf, als ich auf eine Forderung von ihr nicht eingehen wollte. Aber das tat der Freundschaft keinen Abbruch. Ich hatte sogar die große Ehre, von ihr in ihrer schönen Pariser Wohnung ohne Hut empfangen zu werden, eine Auszeichnung, die sie nur wenigen Sterblichen zuteil werden ließ.«*[4]

Am eindrucksvollsten und vergnüglichsten in dieser Zeit des Wartens, bis sie ihre »schöne Pariser Wohnung« endlich beziehen konnte, waren die Wochen in Salzburg während der Festspiele 1934. Kolb war mit Georges Poupet angereist, der für den Plon Verlag in Paris arbeitete und ihr das Empfehlungsschreiben organisiert hatte, mit dem sie in Salzburg eine Pressekarte erhielt. Im August hatte sich Annette Kolb im Schloß Leopoldskron, um es mit ihrem eigenen Wort zu sagen, »angebiedert«. Sie wollte bei Max Reinhardt, dem das Schloß seit 1918 gehörte, und der Schauspielerin Helene Thimig feiern und auch übernachten. Schon vor ihrer Emigration war die Kolb während der Festspiele regelmäßig zu den Geselligkeiten im Schloß eingeladen und hat dort viele bekannte Persönlichkeiten aus Kunst und Kultur getroffen.

In diesem Sommer störte die Veränderung der politischen Lage nachhaltig die Feststimmung im Schloß. »*Zur Festung war indes auch Leopoldskron geworden. Ein Trupp von Soldaten umlagerte das Tor. Des Nachts Pfiffe. Plötzliche Scheinwerfer durch den Park, und wer die Terrasse betrat, hatte alsbald einen Wächter zur Seite, welcher den Himmel musterte. Denn Sprengstoffe, – dem Schloßbesitzer und seinen Gästen zugedacht –, hatten kürzlich Löcher in das Portal und in die Steinfliesen gerissen.*«[5]

Die Bedrohung, der sich Max Reinhardt ausgesetzt sah, seit er 1933 aus Deutschland geflüchtet war, hatte sich schon im ersten Sommer seines Exils in Österreich bemerkbar gemacht. Da sich die unsichere Lage wider alles Hoffen nicht besserte, ging der große Regisseur und Theaterreformer 1937 mit Helene Thimig in die USA. Reinhardt hatte die Schauspielerin zwei Jahre zuvor geheiratet, und beide konnten sich in den Staaten eine neue Existenz aufbauen. Nur sechs Jahre später starb er siebzigjährig, ohne Europa noch einmal gesehen zu haben. Allein kehrte die Thimig 1946 nach Österreich zurück und leitete die Schauspielklasse des Max Reinhardt-Seminars in Salzburg.

Geplant hatte Annette Kolb den Aufenthalt in Salzburg 1934 mit ihrer Freundin Mary Gräfin Dobrzensky; sie sollte die Unterkunft bezahlen und Annette wollte für die Eintrittskarten sorgen. Beunruhigt schrieb sie an Schickele aus Zürich, wohin sie schon vorausgefahren war: »*Mary läßt mich sitzen, jetzt habe ich mich für den 10.-18. in Leopoldskron angebiedert, wenn nicht, gehe ich in ein Zimmer, das die Mary mietet und warte dort auf sie.*«[6] Sobald die Adresse ihres Salzburger Domizils feststand, schickte sie diese umgehend an den Freund:

»*Es ist am besten, Ihr adressirt so*
Gfin Dobrszenska
Schwarzstraße 23
Salzburg
p.a. Baronin Schucken
und drin ein Couvert ›Pour A.‹. Wir wohnen beide dort et je l'aviserai.«[7]

Annette Kolb hat Mary Gräfin Dobrzensky vermutlich schon Anfang der zwanziger Jahre durch Rainer Maria Rilke kennengelernt. Er hatte der Gräfin begeistert von Annettes Buch »Zarastro« berichtet und sie auf den Mut der Dichterin während des Krieges aufmerksam gemacht. Mary besaß bei Nyon in der Schweiz eine Eremitage, in der Rilke schon 1919 einige Zeit zu Gast war. Als sie von Annette Kolbs zweitem Exil hörte, wollte sie die losen Kontakte wieder neu knüpfen und auch der Emigrantin helfen. Der Sohn von Mary hatte die Dichterin im November 1933 in Paris besucht. Er war zu ihrem Entsetzen von Hitler begeistert. Wie so oft reagierte Annette Kolb äußerst tolerant. Die Beziehung zu seiner Mutter wurde durch solch eine Einstellung, in der Annette nur eine jugendliche Verblendung sah, nicht beeinträchtigt.
Die beiden Freundinnen haben viermal gemeinsam die Salz-

burger Festspiele besucht und auch gemeinsame Reisen zu Schickeles nach Nizza geplant. Wenn Ebbe in den Geldbeuteln ihrer Freunde war, hat die wohlhabende Gräfin manche Unterstützung geleistet.

Die Freundschaft zwischen Annette und der fast zwanzig Jahre jüngeren Mary scheint für René Schickele in einer besonderen Weise gefärbt gewesen zu sein, er schrieb ihr am 20. August nach Salzburg: »*Dass Du mit Mary D. zusammen bist, hat etwas Erregendes für mich. Ich denke immer an einen bestimmten Abend in Badenweiler, als wir (d.h. M., Du und ich) in der Dämmerung einen Spaziergang auf der Kanderner Strasse machten. Vielleicht irrte ich mich. Aber ich fühlte etwas wie ein feuriges Gewoge zwischen uns, und ich hatte Lust, wie ein antiker Satyr die Beute zu ergreifen und mich damit in die Büsche zu schlagen! [...]*«[8]

In Annette Kolb war durch die gemeinsam verbrachten harmonischen Tage in Salzburg gar der Wunsch entstanden, mit Mary in das neue Pariser Domizil zu ziehen. »*Ich möchte mit Mary leben. Wir denken daran. Aber wer darf Pläne machen [...]*«[9], meinte sie im September dem Freund René gegenüber. Der Wunsch, mit der Freundin zusammenzuziehen, was sie auch finanziell entlastet hätte, hat sich jedoch nicht erfüllt. Trotzdem war Annette froh in ihrer neuen Wohnung, Sorgen machten ihr nur die nächste Mietzahlung und die ungewisse Aufenthaltsdauer ihres Dienstmädchens. »*[...] wenn ich nur Annie behalten darf. Es ist sehr schwer. Wir versuchen Alles! Eine franz. Bonne könnte ich nie bezahlen.*«[10]

Die Freundin Mary kehrte zurück nach Wien, und Annette Kolb begann nach ihrem Umzug mit Hilfe von Annie, die eine zweimonatige Verlängerung ihrer Aufenthaltsgenehmigung erwirkt hatte, wieder ein gesellschaftliches Leben aufzubauen. Mitte Januar 1935 berichtete sie von ihren salonartigen Aktivitäten: »*Freitag und Samstag gebe ich um 6 Uhr je einen Lautenschlag'schen Tee. Halt mir den Daumen, René. Immer nur 6 Personen, weil ich nicht mehr Tassen noch Stühle habe, und gekauft wird nichts. Ich erzähle Dir dann.*«[11]

Annette Kolb hatte optimistisch gedacht und geglaubt, Tee und Kaminfeuer kosteten nicht viel. Diese Ansicht mußte sie aber rasch ändern, als sie einige Teepremieren hinter sich hatte. Am 5. Februar nahm sie ihren zwei Tage zurückliegenden Geburtstag zum Anlaß, Gäste einzuladen. Diese ließ sie schmunzelnd in dem Glauben, sie feiere ihr 60. Wiegenfest. René Schikkele, der einen Geburtstagsartikel über Annette Kolb in der Basler National-Zeitung veröffentlichte, hütete ihr Geheimnis wie den »Geburtstag von Homer und der Sappho«. Das Wohlbefinden seiner Freundin durch diese kleine Lüge zu stärken, war ihm als Kavalier selbstverständlich. Nach der Feier erreichte ihn die versprochene Schilderung dieser Geselligkeit: *»Gestern gab ich einen Tee [...] Aber René, auch Tees kosten Geld. Es ist ein Irrtum zu glauben sie kosten nichts. In dem Wahn habe ich immer gelebt.«*[12]

Zu Gast war auch Theodor Wolff gewesen, die Symbolfigur der deutschen Presse während der Weimarer Republik. Seit 1933 war er seiner Chefredaktion beim »Berliner Tageblatt« beraubt und ebenfalls ein Gestrandeter. Bei Annette zum Tee geladen, konnte er über die schönen Berliner Jahre reden und den Untergang der Weimarer Republik beklagen. Später erhielt Wolff in Frankreich ein Visum für die USA, das aber verfiel, weil er die Überfahrt nicht finanzieren konnte. 1943 wurde er verhaftet, nach Sachsenhausen deportiert und dort noch im gleichen Jahr operiert. Er starb wenig später; in Wahrheit »geschlachtet in den Massenmordstätten der deutschen Regierung«. – Zum Glück beeinträchtigte kein Wissen über das kommende Grauen die kleine Geburtstagsfeier.

Von den französischen Exilfreunden war der Literaturkritiker und Lektor Georges Poupet ebenfalls eingeladen. Noch frisch in Erinnerung lag Annette die ein Jahr zuvor gemeinsam mit ihm unternommene Reise von Paris nach Salzburg. Als zwei Jahre später ihre Mozart-Biographie erschien, veröffentlichte Poupet einen wesentlichen Artikel, der dem Buch zu Bekanntheit und einer Übersetzung ins Französische verhalf. Die Kontakte während der Teegesellschaften wurden durchaus auch aus existentiellen Motiven heraus geknüpft und nicht nur, um sich zu amüsieren. Die Verbindungen zu einflußreichen Leuten konnten überlebenswichtig werden. Aber manchmal ging Annette Kolb der »Emigrantenklüngel« auf die Nerven, wenn sie sich auch weniger heftig von ihm distanzierte als beispielsweise Heinrich Brüning. Gottlob gab es Ausnahmen, über deren Ankunft sie sich sehr freute. Eine davon war Golo Mann, Thomas Manns ältester Sohn, der nach seiner Emigration in Frankreich Geschichte und Philosophie lehrte. Er kam erst fünf Tage nach Annettes Geburtstag zum Gratulieren. Trotz der Verspätung freute sie sich, winkte aber ab: »[...] lassen's die Blumen und behalten's die Gratulation«; er war immer willkommen. War ein Geburtstag vorbei, wollte Annette Kolb nicht mehr gern daran erinnert werden, daß wieder ein Jahr in ihrem Lebenskalender gestrichen werden mußte. Der Nachwelt wollte sie aber in Erinnerung bleiben, gleichgültig mit welchem Alter. Am selben Tag schrieb sie einen Brief an Schickele, den sie mit den sarkastischen Worten schloß: »*Nein dafür werde ich schon Sorge tragen, dass es keine Biographie von mir nicht gibt oder alles erst [...] und erlogen, das wäre ganz wichtig.*«[13] Da das Unterbewußte nach Freud keine doppelte Verneinung kennt, wissen wir diesen Satz richtig zu deuten ...

Kurz nach dem Kolbschen Geburtstagstee grassierte in Paris eine solch heftige Grippewelle, daß sogar die Schulen geschlossen werden mußten. Annette Kolb, die fast jeden Winter unter einer Grippe zu leiden hatte, infizierte sich auch diesmal. Kaum war sie genesen, wurde ihr Dienstmädchen von hohem Fieber befallen, und die »Hausfrauenpflichten« setzten Annette Kolb »ganz schachmatt«. In diesem Elend konnte sie nur der Gedanke an südlichere Gefilde aufmuntern. In den nächsten Wochen schrieb sie öfter an Mary Dobrzensky und machte ihr auch den Vorschlag, »3. Classe nach Nizza« zu fahren. Im März hatte sie immer noch keine Nachricht. Die Hoffnung, vielleicht im April zusammen mit der Freundin im Auto eines Freundes zu den Schickeles zu kommen, zerschlug sich ebenfalls. Annette war flexibel und fuhr statt dessen zu Aline Mayrisch nach Luxemburg. Aus Schloß Colpach schickte sie der Baseler Freundin Dori eine Ansichtskarte. Darauf abgebildet war die Durchfahrt des Schlosses, die sie zu einem kleinen Gedicht inspiriert hatte:

> »*Aus und ein durch dieses Tor*
> *Fuhr der Sportsmann wie zuvor.*

Nahm er Curven scharf wie Faden
Und es kam kein Huhn zu schaden
Garnichts hatte er vergessen
Nach wie vor ist er versessen
Stolz war er, doch ach beraubt
Läßt er hängen jetzt sein Haupt.«[14]

Sie hatte hin und wieder das Auto der Freundin benutzen können und die nur drei Jahre zurückliegende, mühsam erworbene
Fahrpraxis wieder aufgefrischt. Die Trauer um ihr in Badenweiler zurückgelassenes Gefährt war verständlicherweise noch
groß. Immer in der Hoffnung, mit Andromeda wieder fahren zu
können, hatte sie den Wagen bisher nicht unter Preis verkauft.

Wieder zurück in Paris, verzichtete sie auf einen »Monstre
Tee« bei Pauline de Pange und arbeitete lieber an ihrer geplanten
Mozart-Biographie. Die Vorbereitungen für die geplante Reise
nach Salzburg nahmen ihre Zeit ebenfalls in Anspruch.

Verläßlich war das Zusammensein mit Mary nur zu den Fest-
spielveranstaltungen. Dazwischen lag »Nebel und Waldes-
schweigen« über der Beziehung. In ihrem Buch »Festspieltage in
Salzburg« hat Annette Kolb die mit der Gräfin verbrachten heiteren Wochen der Jahre 1934–1937 beschrieben. Die Dichterin
schlüpft in die Figur der Musikkritikerin Aminta, die auf die
Freundin Mary wartet. Gemeinsam wollen sie die Kompositionen von Wagner, Verdi oder Strauss unter dem Dirigat von Toscanini oder Bruno Walter genießen. Die »Hingerissenheit in der
Luft«, die über solchen Konzerten liegt, wenn der »entpersön-
lichte Atem« eines Komponisten im Saal schwebt, übte eine un-
widerstehliche Faszination auf die beiden Frauen aus. Über die
Qualität der musikalischen Darbietung schreibt die Autorin im
Buch keine Zeile, es ging ihr nicht um Kritik. Die Eindrücke im
Festspielhaus, das Flair der Stadt und die Stimmung zwischen
den Freundinnen werden dagegen liebevoll ausführlich geschildert: »*Ein kurzer Schrei hin und her war die Begrüßungsformel,*
wenn sich die beiden nach einem oder zwei oder gar vier Jahren
auf eine Woche zusammentaten. Es entspann sich alsbald jener
besondere Rhythmus, der allen ihren Trennungen widerstand.
Von ihrem Leben erzählten sie sich so gut wie garnichts. Sie hät-

ten nicht gewußt, wo anfangen.«[15] Wehmut liegt über dem letzten gemeinsamen Sommer 1937, als Annette das Unwiederbringliche der schönen Tage in Salzburg vor dem Anschluß Österreichs an Nazideutschland ahnte. Mit einem »Lebe wohl! Herz Europas« verabschiedete sie sich am Ende der Festspiele, Schloß Leopoldskron lag schon »verlassen und verwaist«. Das Buch trägt die Widmung: »Für Mary Dobrzenska«.

Dem mittlerweile als Professor in den USA lebenden Heinrich Brüning schickte Annette Kolb ein Exemplar in die Staaten. Brüning – der ab 1939 bis zu seiner Emeritierung im Jahre 1952 einen Lehrstuhl in Harvard bekleidete – schrieb ihr im November 1938 zurück: »*Sie haben mir durch Ihre freundlichen Zeilen und das schoene und anregende Buch grosse Freude gemacht. Ich habe das Buch mit grossem Interesse und Bewunderung für Ihre grosse Fähigkeit, einen Eindruck des Lebens, wie es in Salzburg einmal war, gelesen. [...] Ich habe mich bemueht, immer mein persönliches Schicksal als unbedeutend anzusehen und das half mir, vieles, auch das letzte Jahr in Europa mit einigermassen ruhigem Gemüt zu ueberstehen.*«[16]

Annette Kolbs Mozart-Biographie, die ebenfalls 1937 erschien, fand ein breites Echo. Der Freund René träumte, daß das Buch ein Welterfolg würde und er Annette persönlich einen Lorbeerkranz überreichte. »Mozart. Sein Leben« wurde in der Tat in mehrere Sprachen übersetzt, was noch mit keinem ihrer bisherigen Bücher geschehen war. In der französischen Ausgabe schrieb Jean Giraudoux das Vorwort. Schickeles Traum hatte sich fast erfüllt. »*Liebste Annette, grosse freudige Überraschung gestern: die ›Nouvelles Littéraires‹. Da bist Du fein placiert und lanciert – was begehrt Dein Herz, das französische und das ökumenische Dichterherz, noch mehr? Das Vorwort von Giraudoux, selbst ein Stückchen Mozart, gewissermaßen ein Ständchen vor Deinem Fenster. Nun wird das Buch sicher soviel Erfolg haben wie in D., vielleicht sogar einen grösseren.*«[17]

In dieser Arbeit ging es Kolb nicht um musikkritische Ansichten, sondern um eine Darstellung der Lebensumstände Mozarts. In der Rekonstruktion seiner Entwicklung vom Wunderkind zum heiteren, von seiner Umwelt verkannten Genie stützt sie sich hauptsächlich auf die Korrespondenz des Musikers mit seiner Familie. Annette Kolbs Kernthese ist, daß Mozarts Leiden und sein früher Tod durch die Diskrepanz zwischen den Ansichten seiner Umwelt und dem, was er selbst wollte, verursacht wurde. Der Adel seines Genies sei von der Kälte der Aristokratie umgebracht worden. Schon zwanzig Jahre bevor ihre Mozart-Biographie erschien, hatte die Kolb sich mit den Klassenunterschieden auseinandergesetzt und festgestellt, daß der geistige Adel in aristokratischen Kreisen immer mehr schwand. *»Das Mißverständnis artete immer wilder aus; der königliche Mozart speiste mit dem Gesinde, und ein lakaienhafter Kavalier warf ihn mit einem Fusstritt ohne weiteres vor die Tür.«*[18] Die Biographin sieht Mozart als Opfer der »Barbarei unserer Herzen.« Es waren die Lebensbedingungen, unter denen er seine Werke schuf, die ihn zugrunde richteten.

In ihren Beschreibungen Mozartscher Musikstücke reiht Kolb poetische Bilder aneinander, die fast zu einer eigenen Erzählung werden. Beispielsweise die Schilderung über »Figaros Hochzeit«: *»Es ist die lichte Wolke am Sommerhimmel, noch welkt kein Blatt, und selbst die Nacht ist hell. Es ist nicht das im Schatten aufleuchtende Bachsche Meeresblau noch das Statueske des Gluck, noch das Eherne der Händelschen Rhythmen; es ist nicht mehr der in seiner Lauterkeit fast naturhafte Anschlag der Haydnschen Schalmei. Sein Symbol ist vielmehr der sanfte, in sich ruhende Schimmer der Perle. Wie Perlen am seidenen Faden reihen sich im Figaro die Arien, Duette usw. aneinander [...]«*[19]

Wie eine Perle in der Auster sieht Kolb Mozarts Genius in der Verborgenheit leuchten, nur demjenigen seiner Zeitgenossen zugänglich, der selbst über genügend Größe verfügt.

Die Biographie endet mit einer Anklage gegen die heutige Welt, die Künstler ebenso in eine geistige Isolation verbanne, wie es die Zeitgenossen Mozarts getan hätten. Kolb fragt: *»Was wäre er heute? Ein Kriegsinvalide vielleicht. – Und morgen? – Zwar kehren die Dinge sich ans Licht, doch diese Welt kennt kein Erwachen.«*[20]

Nicht anders als prophetisch kann ihre Aussage genannt werden, wenn man rückblickend die politische Entwicklung des Jahres 1937 heranzieht. Am 5. November fand in der Berliner Reichskanzlei eine geheime Besprechung statt, die unter dem Namen Hossbach-Protokoll in die Geschichte einging. Hitler hatte darin den unabdingbaren Anspruch auf Expansion zum Aufbau eines großen Weltreichs bekundet und damit seinen Entschluß offengelegt, in naher Zukunft einen Eroberungskrieg zu entfesseln. Es könne »zur Lösung der deutschen Frage nur den Weg der Gewalt geben«.

Einen Monat später, am 4. Dezember, starb Annette Kolbs alter Freund Harry Graf Kessler. Daß ein Mann von seiner Geisteshaltung den Machthabern des dritten Reichs unbequem gewesen war, lag auf der Hand. Sie schrieb ihm einen würdigenden Nachruf, denn er war für sie ein Mensch von Mozart'schem Adel, zu dessen Trauerfeier sich die »grosse Literatur des heutigen Frankreich« eingefunden hatte. »*Durch seinen Tod ist ein Dunkel fühlbar geworden, wir sind um eine Romantik betrogen, es ist eine grosse Helle, um die wir trauern. Rein verstandesmässig gesehen, war er unter den geistigen Menschen seiner Zeit gewiss nicht isoliert. Es hielt da eine Anzahl mit ihm Schritt. Aber die Schärfe und Feinheit seiner künstlerischen Sensibilität stellte ihn selbst in einer Elite abseits. [...] Nun ruht dieser nordische Sohn an hochgelegener Stelle des Père Lachaise! in nächster Nähe der Grabstätte Alfred de Mussets.*«[21]

1936 war bereits ein Vorabdruck von Kolbs Mozart-Biographie in der »Frankfurter Zeitung« erschienen. Die Freude darüber blieb allerdings getrübt, denn das Jahr hatte mit »einem ausgerissenen Zahn übel begonnen«, und die zunehmende Hitlerphilie überall, auch in Paris, ließ sie allmählich verzweifeln. Aber die Anweisungen, die Jean Giraudoux hinsichtlich der Übersetzung eines Dramas zu Beginn des Jahres zurückgelassen hatte, hielten Annette Kolb in Atem und lenkten sie von der leidigen politischen Entwicklung ab.

Der Dichter hatte bereits 1934 in einem »reizenden Brief« an sie geschrieben, daß er es gern sähe, wenn sie sein letztes Buch übersetze. Dies hat sich leider nicht konkretisiert, aber die Übersetzungsrechte von Giraudoux' Theaterstück »La Guerre de

Troie n'aura pas lieu« übertrug er ihr im Januar 1936. Gemeinsam mit Bertha Szeps Zuckerkandl, einer Schwägerin des französischen Ministerpräsidenten Georges Clémenceau, übersetzte sie das Stück. Annette und die vier Jahre ältere Bertha kannten sich schon seit 1918 aus der Schweiz. Die Wienerin hatte sich mit Zustimmung der österreichischen Regierung dort aufgehalten, um durch ihre weitreichenden Verbindungen eine politische Übereinkunft mit Frankreich hinsichtlich der Kriegsbeendigung zu erzielen. Nach dem Krieg war Annette in Wien bei ihr zu Gast. Von 1916 bis 1938 unterhielt die Zuckerkandl im Haus Oppolzergasse 6, direkt neben dem Burgtheater, einen bedeutenden kulturellen Salon. Die Tochter des bekannten Zeitungsherausgebers Moritz Szeps (Neues Wiener Tagblatt) begann ihre schriftstellerische Betätigung früh. Der Vater hatte sie als Siebzehnjährige zu seiner vertrauten Sekretärin gemacht, damit sie das Verlagsgeschäft kennenlernte. Gleichzeitig schrieb Bertha noch für andere Wiener Blätter. Ein Anliegen war ihr die Verminderung des »Abstands von Künstlern und Publikum«. So förderte die spätere Ehefrau des berühmten Anatomen Emil Zuckerkandl Musiker, bildende Künstler und Schriftsteller. Sie war eine der wichtigsten Frauen des Wiener Kulturlebens und an der Entstehung der »Wiener Werkstätten« entscheidend beteiligt.

Zu einem Empfang von Max Reinhardt in Paris im Théâtre Pigalle im November 1933 ging Annette Kolb »*mit Poupet hin; hatte mir bei Charley eine kleine Sammetpelerine à 150 Frs gekauft. Dort sah ich Berta Zuckerkandl, ganz jung und sehr hübsch.*«[22] So hatten sich alte Kontakte wieder aufnehmen lassen, die zur gemeinsamen Übersetzungsarbeit führten. Max Reinhardt war früher häufig Gast in Berthas Salon gewesen, und es war selbstverständlich, daß sie zu Ehren dieses Freundes nach Paris kam. Daß die Kolb sie als »jung und sehr hübsch« bezeichnet, hängt wohl wesentlich mit der Anerkennung zusammen, die sie ihr zollte, immerhin war die Zuckerkandl damals siebenundsechzig Jahre alt.

Einen Tag nach dem Empfang trafen sich beide bei Berthas Schwester. Im Laufe der folgenden Jahre kam die Wienerin regelmäßig zu Besuch nach Paris, bis sie sich wegen Österreichs

Anschluß an Hitler-Deutschland im Frühjahr 1938 ganz in der Seine-Stadt niederließ. Hier traf Bertha viele ihrer Freunde, die früher ihren Wiener Salon besucht hatten, als Emigranten wieder. 1939 erschien in Stockholm Bertha Zuckerkandls Werk »Ich erlebe 50 Jahre Weltgeschichte«. Ein Jahr danach ging sie nach Algerien, wo sie 1945 starb. Bis zu ihrem Tod zählte André Gide dort für sie zu den wichtigsten Menschen ihres persönlichen Umfelds.

Noch hatten sich die Wege von Bertha und Annette nicht getrennt, und die Dichterin war der Meinung, daß mit vereinten Kräften die Übersetzung des Giraudoux'schen Dramas schneller zu bewältigen sei. Ganz zufrieden war sie anscheinend mit dem Ergebnis der Zusammenarbeit nicht. René Schickele war auf ausdrücklichen Wunsch von Giraudoux eingeschaltet worden, die Übersetzung zu korrigieren. Schon zu Beginn der Arbeit schrieb sie ihm: »*Ich kann den I. Akt nicht ansehen, bevor ich ihn Dir schicke. Zu Giraudoux sagte ich, der II. Akt sei besser, weil er so inquiet war und weil er erst in der Folge geradezu entsetzlich wurde. Und ich hatte für die ganze Durchsicht des unsagbaren Augiasstalles 13 Tage. Es war eine unmenschliche Aufgabe. [...] Wie die Dinge liegen, werden wir der guten Bertha vielleicht noch dankbar sein. Aber wie sie übersetzt!*«[23]
Zwei Tage später mußte laut Kontrakt, den der Dichter nach Auffassung der Kolb viel zu voreilig abgeschlossen hatte, der komplette zweite Akt eingereicht sein. Sie solle sich in Zukunft die Übersetzung der Giraudoux'schen Stücke alleine sichern, die Mühe sei viel größer, wenn Bertha mitwirke, riet ihr René. Im Februar kam Richard von Kühlmann zu Besuch und versprach, eine Aufführung des Stückes in Berlin durchzusetzen und darüber schreiben zu wollen. Seine Bemühungen waren allerdings vergeblich – erst 1946 kam es zur deutschen Erstaufführung. Von da an fand Jean Giraudoux auch auf den Bühnen Deutschlands die ihm gebührende Beachtung, und Kolbs deutsche Fassung von »Der Trojanische Krieg findet nicht statt« wurde ein großer Erfolg.
In Wien kam das Stück im November 1936 zur Aufführung, gemeinsam mit Giraudoux wohnte Annette Kolb einigen Proben

ihrer Übersetzung bei. »*Giraudoux war erst nicht sehr angetan von den Proben, dann ging es gestern Abend sehr gut, die Frauen sehr gut, Hector auch [...] Ich freue mich sehr über den Erfolg des Stückes.*«[24]

Giraudoux' Drama über den Krieg zwischen Griechen und Trojanern steht symbolisch für die Auseinandersetzung zwischen Deutschland und Frankreich. Angesichts der Rheinlandbesetzung am 7. März 1936 – Hitler hielt den Locarno-Pakt für hinfällig und ließ Truppen in das entmilitarisierte Rheinland einrücken – war der Stoff hochaktuell. Mit beißender Satire weist der Autor auf den Patriotismus und die hohlen Phrasen der Kriegslüsternen hin. Die Sinnlosigkeit des Krieges aufzuzeigen ist das Hauptmotiv der Tragödie. Giraudoux läßt die Figur der Kassandra das über Europa hereinbrechende Unheil ankündigen: »*Ich sehe nichts voraus. Ich ziehe nur die Dummheit in Betracht, die der Menschen und die der Elemente [...] Der nächste Krieg steht vor der Tür*«.[25]

Noch während der Arbeit an der Übersetzung hatte Annette Kolb geäußert, sie sei besorgt, daß Krieg drohe. Man lachte ihre Angst »in den Wind« und schenkte ihren Visionen keinen Glauben. Selbst Schickele meinte, es gäbe keinen Krieg, weil alle Beteiligten dazu nicht bereit seien. Er glaubte noch immer, wie schon 1928 auf der Tagung des Dichterbundes in Frankfurt, daß in Europa ein »hochkapitalistischer Pazifismus« den Frieden erhalte. Nun, in der Rolle einer neuen Kassandra befand sich die Dichterin oft – und meist behielt sie recht.

Angeregt durch die Arbeit am Bühnenwerk des Franzosen, holte Annette Kolb in dieser Zeit ihren einzigen Dramenversuch, der noch aus der Zeit vor dem Ersten Weltkrieg stammte, wieder hervor. Jetzt wollte sie mit Hilfe von Schickele ihren eigenen Entwurf, der sich ebenfalls als hochaktuell erwies, überarbeiten. Ihr Stück »Die Grenze« plädiert für ein vereintes Europa. Der erste Akt war 1934 unter dem Titel »Kriegsvorabend 1914« in »Maß und Wert« publiziert worden. Nach der Überarbeitung 1938 nannte Annette Kolb das Stück »Vorabend eines Krieges«. Die Titeländerung zeigt es klar: Annette Kolb war sich zu diesem Zeitpunkt gewiß, daß der nächste Krieg nicht mehr vermeidbar sein würde.

Im vollendeten Teil des Schauspiels agieren Zugehörige der Oberschicht, in der so manchen die Geburtstagsfeiern und andere gesellschaftliche Ereignisse wichtiger waren als die Weltpolitik. Die obere Diplomatensphäre habe sich mit Leichtsinn in den Abgrund eines Krieges gestürzt. Leitmotivartig taucht der Begriff des »Ultimatum an Serbien« auf. Aus der Person eines Offiziers, der die Unabwendbarkeit eines Konflikts erkennt, spricht deutlich die Meinung der Autorin, die den Zweiten Weltkrieg herannahen sieht.

Das Manuskript dieses Schauspiels hat ihr erster Biograph, Richard Lemp, kurz nach Kolbs Tod im Sterbezimmer aus dem Papierkorb gezogen.

Schon einen Tag nach der Rheinlandbesetzung fühlte sich Annette Kolb auf einer Teegesellschaft so deprimiert, daß sie ganz schnell wieder ging. Sie wollte keine neuen Bekanntschaften machen, zu sehr fürchtete sie sich davor, sie durch einen Krieg wieder zu verlieren. In der Gewißheit kommender Auseinandersetzungen plagten sie außerdem die Gedanken an einen Zufluchtsort. Wohin? Wenn das eintraf, was sie nicht verhindern konnte, dann, ja dann wollte sie nach Irland!

Während der deutschen Exilantin die grauen Gedanken nicht ausgingen, herrschte in Deutschland Euphorie. Die Vorbereitungen zu den Olympischen Sommerspielen 1936 liefen auf Hochtouren; niemand dachte dabei an Krieg.

Ein wenig Erleichterung war auch Annette Kolb vergönnt, als sie im Juni des gleichen Jahres die französische Staatsbürgerschaft erhielt. Hatte sie auch manchmal Bedenken wegen ihrer »Naturalisation« gehabt, so war sie jetzt angesichts der zunehmenden Hitlerbegeisterung froh, Französin zu sein.

In Frankreich bereiteten sich die Verantwortlichen mit allem Einsatz auf die Pariser Weltausstellung von 1937 vor. Annette Kolb sah sie als letzten Hoffnungsschimmer, daß alles sich noch »zum Guten wenden« könne. Sie besuchte die »Art et Technique« genannte Ausstellung und interessierte sich am meisten für den Kunstpavillon. Dort fanden die französischen Gemälde aus zehn Jahrhunderten und Gobelins aus den ältesten Kathedralen

Frankreichs ihr besonderes Interesse. »*Als die Pariser Weltaus-stellung 1937 lange ehe sie bereit war, eröffnet wurde, waren die Pariser im Kritisieren derselben vornean. Aber bald stellte sie sich als ein ganz großer Triumpf heraus. Um dessen richtig inne zu werden muss man sie besichtigen. Denn weder Schilderungen in Wort noch in Bild, wie immer glänzend, – am allerwenigsten Ansichtskarten vermögen Eindrücke wiederzugeben wie die des Palais des Arts in seiner Majestät und seiner Grazie. Er allein ist eine Reise wert.*«[26]

Mit der Übersetzung, dem Verfassen ihrer Bücher »Festspieltage in Salzburg« und »Mozart. Sein Leben« und den damit verbun-denen Reisen war Annette Kolb die Zeit im Flug vergangen. Weit mehr schien Schickele zu leiden, der Ende 1937 ganz ver-zweifelt an Annette schrieb: »*Ich hätte Dir nicht ein einziges Mal eine gute Nachricht geben können, meine Lebensstimmung ist denkbar tief, ich habe täglich Anfälle wahrer Verzweiflung. Und, zweitens, wir stehn so miteinander, dass ich Dir nichts vor-machen kann. Dazu kommen Deine wilden Reisen, bei denen kein Brief Dich einzuholen scheint.*«[27] Die Hoffnungslosigkeit, die den Freund überfallen hatte, entsprang zum Teil Mitteilun-gen von Freunden in Deutschland, die ihn über Dritte baten, ih-nen nicht mehr zu schreiben. Das Klima dort war so brisant ge-worden, daß ein Weggefährte, der noch in Badenweiler wohnte, vor die Gestapo geladen wurde, weil er in Verdacht stand, mit Schickele zu korrespondieren. René riet Annette aus diesem Grund, die Briefe von ihm, in denen deutsche Namen vorkamen, zu zerreißen.

Seit der Bürgermeister Richard Graf in Badenweiler abgelöst worden war, schien für Schickele dort »ein schiefer Wind zu we-hen«. War der Elsässer Schriftsteller lange nicht von der Mög-lichkeit eines kommenden Krieges überzeugt gewesen, so hatte sich in letzter Zeit seine Meinung geändert. Auf die Frage von Annette, wie er die politische Lage sehe, antwortete er ihr jetzt, daß er noch optimistisch sei – insofern jedenfalls, als England um jeden Preis, mindestens aber bis 1940 den Frieden erhalten wolle. Dann aber komme es zum Krieg. »Es muß.« In dieser Ent-schiedenheit – Schickele hatte ja weder an der geheimen Besprechung in der Berliner Reichskanzlei teilgenommen noch vom Anschluß Österreichs an das Deutsche Reich schon vorher gewußt – bricht sich die leidvolle Einsicht Bahn, daß mit einer pazifistischen Haltung dem Wahnsinn Hitlers nicht mehr zu begegnen war. Die gleiche Einschätzung bewirkte auch Annette Kolbs allmähliche Abkehr von einer radikalen Kriegsgegnerschaft.

Die Hausgehilfin Annie war mittlerweile längst wieder in Deutschland, und Annette suchte ihre dadurch schwieriger gewordene häusliche Situation mit anderen Hilfskräften aufzufangen. Gerade hatte sie eine Korsin engagiert, nachdem sie vorher eine Elsässerin mit viel »sex-appeal« in ihrem Haushalt hatte wirken lassen. An die Freundin Dora schrieb sie: »*Ich versuche es mit einer 18jährigen Korsin, die man mir nur sehr halbwegs empfiehlt, aber es ist so schwer jemand zu finden, dass ich es wage. Es ist ein Wagnis. Sie ist wunderhübsch und tritt morgen ein: Senden Sie mir eine Glückswave zu liebste Mascotte.*«[28]
Bevor Annette endgültig aus Frankreich floh, sollte der Korsin noch eine Bretonin namens Anna Pennec folgen. Die wechselnden Dienstmädchen stellten ein Vertrauensproblem dar, vor dem Schickele sie warnte. Sie müsse aufpassen, daß die Frauen nicht an ihre Briefe herankämen wegen der Namen der Leute, die noch drüben seien.
Annette Kolb bezeichnet ihre ersten vier Exiljahre in Paris später aus der Erinnerung als gut. Dieses Empfinden läßt sich nur mit der ihr eigenen Bescheidenheit erklären. In manchen Kurzbiographien über die Dichterin wird die positive Exilerfahrung bis zum Beginn des zweiten Weltkriegs ausgedehnt. Kolbs Briefe aus jener Zeit spiegeln eine andere, viel authentischere Stimmung wider und ergeben ein anderes Bild: das einer Frau, die beständig mit mißlichen Situationen zu kämpfen hatte, sei es in gesundheitlicher, finanzieller oder politischer Hinsicht. Nie war etwas sicher oder verläßlich. Eines läßt sich mit Gewißheit sagen: Langweilig waren die Pariser Jahre nie, aber es war eine mit großer Anstrengung erkaufte Abwechslung. Heitere Atmosphäre brachten nur die drei Katzen, die Annette in ihre Wohnung aufgenommen hatte. Vor allem Messalina und Sappho, die sie sehr liebte, brachten Lebendigkeit in die Räume im sechsten Stock. »*Ach die arme Sa-*

pho hat während der Nacht dermassen auf dem Balkon herumge-
zappelt, daß ich sie aus Angst vor den Nachbarn selbst hereinge-
holt habe; und sie ist wie ein Blitz in ihrem Bereich verschwun-
den, wo sie den Kater mit einem gestörten Naturtrieb erfreute.
Ich habe schon immer vermutet, daß er eigentlich ihr Vater ist.
Nun ist sie seit 8 Tagen verschwunden und das traute Zusammen-
leben mit den beiden Damen Borgia – wenn Sapho plötzlich wie-
derkäme, wäre nicht weiter möglich![29] Katzen waren Annettes
Passion und geeigneter für eine Stadtwohnung; so kam sie leichter über den Verlust der Hunde hinweg, die in Badenweiler den
Haushalt mit ihr geteilt hatten.

Die alte Heimat war ständig, wenn auch unfreiwillig präsent.
Die Kolb plagte sich wieder einmal mit Geldnöten herum und
erwog, sich von ihrem Haus im Markgräflerland zu trennen. Sie
hatte das Opfer doppelter Besteuerung auf sich genommen, weil
sie Inlandsdeutsche bleiben wollte und immer auf Rückkehr gesetzt hatte. Der Freund Schickele warnte sie, vorsichtig zu sein
und sich das Objekt nur in Schweizer Franken bezahlen zu lassen. Annettes plötzliche Verkaufsabsicht war wahrscheinlich
auch durch die furchtbaren Vorkommnisse in Deutschland beeinflußt worden. In der Nacht vom 9. zum 10. November 1938
überfielen Nazi-Horden die jüdische Bevölkerung. Sie plünder-
ten ihre Wohnungen, ihre Geschäfte und steckten die Synagogen
in Brand. Es war das Fanal zum späteren Massenmord an den
Juden. Mit Grauen hatte es die Emigrantin zur Kenntnis genommen. Der beabsichtigte Verkauf des Hauses zerschlug sich letztlich, er scheiterte wohl an der Schwierigkeit des Geldtransfers.
Nach dem Krieg wurde das Badenweiler Domizil von Annettes
Neffen Fred Kolb und seiner Familie bewohnt.

Das Silvesterfest 1938 verbrachte Annette Kolb bei Schickeles in
Vence, wohin die Familie nun gezogen war. Während ihres ge-
samten Aufenthaltes kämpfte sie mit Unwohlsein. Ihr schlechter
Gesundheitszustand hatte sie schon seit Monaten arbeitsunfähig
gemacht. Woran sie nun genau litt, berichtete sie allerdings nie,
abgesehen von Erkältungen und ihren Augenbehandlungen. Auf
der Rückreise im Januar 1939 schrieb sie im Zug an den Freund:
»Was bin ich für ein zwischen kleinen Huschaufs immer wieder

versagendes Wesen geworden. Ach, ich denke u.a. an den Tag, an dem ich wie in Abrahams Schoos auf dem Canapé im Speisezimmer lag. Es war mir das Zusammen und Beisammensein mit Euch ein rechter Herzens- und Seelentrost.«[30]

Ein solcher Herzens- und Seelentrost war ihr auch die treue Freundin Theodora aus Basel. »Sie fehlen mir in meiner Dachkammer wie die große und schöne lebende Blume, die sie sind! Lassen Sie es unser süßes Geheimnis bleiben, daß Sie je eher je lieber wieder zu mir kommen und nominell im pensionisten [...] wohnen.«[31]

Die Kontakte zur Freundin wurden im neuen Jahr spärlicher. Annette Kolb war beschäftigt, zuerst in Gedanken an Amerika und danach im Land selbst. Aber erst einmal mußte sie sich zu dem Entschluß durchringen, die weite Reise überhaupt anzutreten. Als diese Hürde genommen war, ging es an die nötigen Vorbereitungen. Während ihrer Abwesenheit hat sie Dora ihre Pariser Wohnung – »betrachten Sie mein flat als Ihr Absteigequartier« – zur Verfügung gestellt.

René Schickele.

Amerika

»*Könnten wir uns nicht nach Argentinien zum Pen-Club einladen lassen, alle Kosten werden bezahlt – wie Thomas Mann. Ich arbeite und bin total heruntergekommen. Ich habe viele Unannehmlichkeiten auszustehen [...]*«[1], hatte Annette Kolb bereits im Januar 1936 an René Schickele geschrieben. Der XIV. Internationale PEN-Kongreß, der im September des gleichen Jahres in Buenos Aires veranstaltet wurde, hatte im Vorfeld diesen Wunsch nach Teilnahme bei ihr geweckt. Ein aussichtsloser Traum, denn sie und Schickele traten überhaupt erst im Frühjahr 1938 dem Exil-PEN bei. Auf Betreiben des alten Freundes und Pazifisten Rudolf Olden, der von 1924-1933 stellvertretender Chefredakteur des »Berliner Tageblatts« und seit Dezember 1933 Sekretär des Exil-PEN war, wurden sie und René Mitglieder des Clubs. Um so überraschter war Annette, daß nach so kurzer Mitgliedschaft schon im Februar 1939 eine Einladung des Clubs nach Amerika eintraf. Im Jahr der Weltausstellung in New York sollte auch der PEN-Kongreß dort stattfinden. Dorothy Thompson, die damalige Präsidentin des Clubs, hatte die Dichterin eingeladen.

Annette Kolbs Freude war allerdings recht zwiespältig. Sie war fast siebzig Jahre alt und der Gedanke, einen neuen Kontinent kennenzulernen, erschreckte sie eher. Daher sagte sie die Einladung erst einmal ab. Statt zielstrebig in die neue Welt zu reisen, fuhr sie im April in die Normandie. Hier wollte sie in der Stadt Caen die Zeit des Mittelalters auf sich wirken lassen. »*Außerdem liegt sie viel näher. Drei Tage verbrachte ich in dem Prieuré Saint Gabriel, des gleichen Amerika gewiß nicht zu bieten hatte! Verwunschene Innenhöfe, eine frühmittelalterliche Stimmung, Portale, Zinnen, Pförtchen aus dem XII. Jahrhundert, dickes Gemäuer, schwere verbuckelte Steintreppen [...]*«[2]

217

Mit diesem Szenario verglichen, schien ihr an Amerika nichts Reizvolles zu sein – bis sie das Programm der Veranstaltung in Händen hielt und darin einen Besuch in Washington bei Präsident Franklin Delano Roosevelt angekündigt fand. Roosevelt! Die Aussicht auf eine Begegnung mit einem der »heimlichen Ritter« ihres Herzens stimmte sie schlagartig um. Dafür war Annette Kolb bereit, die gut drei Wochen dauernde Reise und die damit verbundenen Anstrengungen auf sich zu nehmen. Der Freundin Dori teilte sie am 20. April mit, daß sie seit heute entschlossen sei, nach New York zu fahren. Sie breche am 3. Mai auf und wolle spätestens Anfang Juni zurückreisen, der PEN-Club habe ihr telegraphisch das Geld geschickt. *Ich hoffe in NewYork mit Zeitung und Revue behufs Dollars etwas anzubahnen. Es wäre so nötig.*[3]

Als sie an Bord der Queen Mary war und die ungünstige Lage ihrer Kabine bemerkte, nahm sie sogleich die Situation in die Hand. Ohne Umschweife verlangte sie eine komfortablere Unterkunft – und zwar ohne Aufpreis, schließlich wollte sie nicht völlig pleite zu einem Kongreß kommen. Sie hatte Glück, das Schiff war nicht voll belegt, es gab keine Einwände gegen einen Wechsel. So konnte sie die Tage der Überfahrt »sanft gewiegt statt gestoßen zu liegen« genießen.

»Dollars« verdiente Annette Kolb erst nach ihrer Rückkehr aus der Neuen Welt mit ihrem Bericht »Glückliche Reise«, der 1940 bei Bermann-Fischer in Stockholm erschien. Anschaulich schildert sie darin ihre Erlebnisse während der fünf Tage dauernden Überfahrt und den anschließenden Aufenthalt in den USA.

Jüdische Mitpassagiere auf dem Schiff bewegten Annette Kolb zu Gedankenflügen über die Zukunft der Juden: *»Warum sollten die Juden statt des Exils sich nicht ein Reich – und da sie eine Aristokratie besitzen – nicht einen Hofstaat errichten? Eine Etikette? Warum nicht ihre Vertreter entsenden? Sie könnten einen Herd mächtiger Anziehung bilden: ihre Leistungen in Kunst und Wissenschaft, ihren Kunstsinn und ihre Geistigkeit haben sie ja im Zusammenleben mit uns erwiesen. Sie versäumten nur Eines: die Kontrolle ihres Ausschusses, den sie desavouieren, wie einen Münzturm der Zirkulation entziehen und im Lande* *zurückbehalten müßten.*«[4] Die Kritik am »Ausschuß«, gemünzt auf Vertreter des Pariser »Emigrantenklüngels«, wurde ihr prompt als Antisemitismus angelastet.

Kolbs Äußerungen verraten vor allem den Wunsch nach Idealisierung eines Volkes, dem die von ihr so verehrte Gestalt des »Joseph von Ägypten« entstammt, des »ersten Gentleman unserer Geschichte«. Als Annette Kolb später den Juden Elazar Benyoëtz kennenlernte, wußte sie, wie naiv sie gewesen war, und schenkte ihm ihr Handexemplar der »Glücklichen Reise«, worin sie viele Passagen für eine Wiederveröffentlichung in ihren »Zeitbildern« gestrichen hatte.

In New York war Annette Kolb in Dorothy Thompsons Privatwohnung am Central Park untergebracht. Der Lebensstil der Journalistin kam ihr vor wie der Beginn »des zukünftigen Matriarchats«, in dessen Zeichen offenbar auch der von Dorothy präsidierte PEN-Club-Kongreß stand. Und dann: die Begegnung mit Eleanor Roosevelt. Wegen ihres Gatten war Kolb nach Übersee gekommen, aber nicht minder beeindruckt war sie nun von der Persönlichkeit der First Lady. Amerika, ein Eldorado der Frauen! »*Ein ›neuer Damenclub‹: Und denkbar abseits von der Frauenrechtlerin im Reformkleid wie auch der Suffragette, kam hier der Aufstieg der Frau als eine vollzogene Tatsache zum Ausdruck.*«[5]

Die Kongreßteilnehmer waren zu einem Tagesausflug nach Washington aufgebrochen, um das Weiße Haus zu besuchen und vom Präsidentenpaar empfangen zu werden. Mit von der Partie war der sozialistische Schriftsteller Ernst Toller, der seit 1936 im amerikanischen Exil lebte. Nach dem Empfang in den Regierungsräumen brach er gemeinsam mit Annette Kolb, Klaus Mann und Dorothy Thompson zur Stadtbesichtigung auf. Für die Rückfahrt nach New York verabredete Annette Kolb sich mit ihm im Speisewagen, denn sie hatte ihn viele Jahre nicht gesehen und wollte wissen, wie es ihm ergangen war. Toller wohnte im Hotel Mayflower. Er hatte sich seit seiner Ankunft in den Staaten verzweifelt bemüht, eine Hilfsaktion für die zivilen Opfer des spanischen Bürgerkriegs ins Leben zu rufen, obwohl er selbst dringend Hilfe benötigt hätte. Er hatte inzwischen alle Hoffnung aufgegeben, sich als Schriftsteller in den Vereinigten Staaten niederlassen zu können. Seine junge Frau, die Schauspielerin Christiane Grautoff, mit der er seit 1935 verheiratet war, hatte ihn vor kurzem verlassen. Vielleicht, weil sie seine mehrfachen Selbstmordversuche, bei denen er stets gerettet worden war, als geschickt kalkulierte Selbstdarstellung empfand.

Es war der 11. Mai gewesen, als Annette Kolb mit Toller auf dem Kongreß zusammentraf. Nur elf Tage später gelang ihm endgültig der Suizid. Eine Fahrkarte nach London trug er noch in der Tasche. Zufällig erfuhr Annette Kolb noch am gleichen Tag vom Tod des Dichters. *»Um 4 Uhr im Hotel Bedford. Meine Reise soll ja einen praktischen Zweck miteinbegreifen, und Klaus Mann lud mich mit dem Redacteur einer NewYorker Zeitschrift ein. So fuhr ich, wenn auch ohne Optimismus, dieser Begegnung entgegen und ließ mir sagen welche Art von Beiträgen gewünscht seien. Wir tauschen Adressen, als Klaus im Nebenzimmer ans Telephon gerufen wird. Blaß und verstört kam er mit der Mitteilung zurück, Ernst Toller sei soeben in seinem Hotelzimmer erhängt aufgefunden worden.«*[6]

Toller haßte die Gewalt, er wollte sie »eher leiden als zu tun«. 1917 verließ er kriegsuntauglich das Feld, nachdem er sich zuvor als 21jähriger begeistert freiwillig gemeldet hatte. Die Ernüchterung kam schnell angesichts der vielen Toten. In einer autobiographischen Schrift, die er mit seinem dreißigsten Lebensjahr enden läßt, markieren die Kapitelüberschriften deutlich seinen Gesinnungswandel. »Kindheit. Student in Frankreich. Kriegsfreiwilliger. Die Front. Ich will den Krieg vergessen. Auflehnung. Streik. Militärgefängnis. Irrenhaus. Revolution. Bayrische Räterepublik. Flucht und Verhaftung. Eine Zelle, ein Hof, eine Mauer. Standgericht. Fünf Jahre Festung.«

Ein Sondergericht hatte Toller für fünf Jahre ins Zuchthaus Niederschönenfeld geschickt. Nach einem halben Jahr Haft wurde man durch den Berliner Erfolg seines Dramas »Die Wandlung« auf sein Schicksal aufmerksam. Tollers Antikriegs-Dramen aus den zwanziger Jahren sind von schmerzhafter Eindringlichkeit. Der bayrische Justizminister ließ einen Gnadenakt ergehen, doch der Dichter lehnte es ab, aus literarischen Gründen entlassen zu werden. Um einen Wächter nicht zu gefährden, weigerte er sich, einen Fluchtversuch zu unternehmen, und saß seine volle Strafe ab. *»Human und reinen Wollens war und*

bleibt er das Opfer nicht nur seiner Illusionen, sondern auch sei-
ner Gesinnung – dies ist viel«[7], hatte Annette Kolb nach ihrer
letzten Begegnung über Toller geschrieben.

Auf dem Kongreß war Annette Kolb die furchtbare Lage der
deutschen Schriftsteller im Exil nochmals bewußt geworden.
War es im europäischen Exil schon schwer – sie erfuhr es ja
selbst –, so fand sie die Situation der Exilierten nirgends tragischer als in Amerika. Die sprachlichen Barrieren und die erhöh-
ten Absatzschwierigkeiten ließen sie »Schauer des Mitleids« ver-
spüren.

Nur fünf Tage nach Ernst Toller starb Joseph Roth in Paris.
Sein Alkoholismus war nur eine andere Art von Suizid, der sich
über Jahre hingezogen hatte. Beide waren sie Opfer der geistigen
und materiellen Leiden der Emigration geworden. Ihr Tod wirkte wie ein Menetekel vor dem drohenden Krieg.

Wie ein glänzender Sieger erschien dagegen Thomas Mann,
den Annette Kolb für einige Tage in Princeton besucht hatte. Er
war einer der wenigen, die in Amerika erfolgreich Fuß fassen
konnten. Nach Meinung des Schriftstellers Hermann Kesten
hatte er aus dem Exil heraus die größte Karriere gemacht und
während dieser Jahre einige seiner besten Werke geschrieben.
Vielleicht war der spürbare Erfolg ein Grund, daß die Atmosphäre in seinem Haus so heiter wirken konnte. Von den Familienmitgliedern wurde es als Zuflucht- und Erholungsort genutzt; ähnlich hielt es Annette. Sie wollte ihre »Nessushaube«
(Kopfschmerzen), die sich in New York öfter um ihren Kopf
wob, dort auskurieren. *»›Das sollst Du haben‹, sagte Katia, als
ich ihr meinen Plan mitteilte, meine Tage bei ihr wie in einem
Sanatorium zu verbringen. [...] Katia brachte mir selbst das
Frühstück herauf, und wir sprachen von den Zeiten, die wir in
München verlebt hatten.«*[8]
Fünf Tage blieb sie im Mann'schen »Sanatorium«, wo die
Tannen im Garten sie sehr an das Haus in Küsnacht erinnerten.
Am 21. Mai war sie wieder in New York und wollte die letzten
Tage noch viel unternehmen. Der Versuch, ihren geliebten Ri-
chard Wagner zu hören, schlug allerdings fehl. Für seine Oper
»Tristan und Isolde« in der »Met« gab es keine einzige Karte

mehr. Einen Tag vor ihrer Abreise traf sie sich noch mit Erika Mann im Hotel Bedford, wo diese »[...] *an Hand eines Telephonbuches einigen Redaktionen mit hemmungslosen Anpreisungen meiner short stories zusetzte. Es geschah mit solcher Dringlichkeit und einem so virtuosen Ernst, daß ein immer neu ausbrechendes Gelächter meinerseits ihre freundlichen Bemühungen sekundierte.*«[9]

Ohne »Dollars« in Amerika verdient zu haben, aber mit der Gewißheit, der nach ihrer Meinung wichtigsten Persönlichkeit der damaligen Zeit, Präsident Roosevelt, begegnet zu sein, fuhr Annette Kolb am 25. Mai 1939 mit der »Champlain« zurück nach Europa. Ihre erste Station war Irland, wo sie eine Woche bei ihrer Schwester Germaine verbrachte, um sich wie im Mannschen Sanatorium von den Reisestrapazen zu erholen.

Wieder in Paris, stand Annette Kolb noch stark unter dem Eindruck der Lebenstragödien von Ernst Toller und Joseph Roth. In der Schrift »Internationaler Sozialistischer Kampf-Bund« publizierte sie daher am 16. Juni realistisch geschilderte Schicksale einiger Verfolgter des Nationalsozialismus, um die Öffentlichkeit wachzurütteln.

Auch Alma Mahler-Werfel und Franz Werfel, die 1929 geheiratet hatten, retteten sich 1939 nach Paris, nachdem durch den Anschluß Österreichs an ein Bleiben in Wien nicht mehr zu denken war. »*Hier hatten wir wieder eine Menge Menschen um uns. Vor allem unsere liebe alte Freundin Berta Zuckerkandl, die jünger ist als wir alle, dann Darius Milhaud, Annette Kolb, Hilferdings, [...]*«[10] Bertha Zuckerkandl, mittlerweile fünfundsiebzig Jahre alt, ließ sich von den mißlichen Umständen, die sie auch finanziell in den Ruin getrieben hatten, nicht unterkriegen. Sie schmiedete weiterhin Pläne für einen Neuanfang, die sie nach Algerien verschlugen.

Annettes Freund Schickele, fast zwanzig Jahre jünger als Bertha, lamentierte über die »letzten Tage der Menschheit«, die wieder einmal anbrachen – ohne zu ahnen, wie nahe sie waren. Am 1. September griff Deutschland ohne vorherige Kriegserklärung Polen an. Annette schrieb wenige Tage später an ihn: »*[...] und nun ist das Entsetzliche, und ich bin nicht nur durch den Raum, auch seelisch völlig von dir abgeschnitten. So ist es! –*

Und das gehört mit zu dem Grauen des Ganzen. Paris ist leer. Ich lebe wie eine Gefangene, weiss nicht mehr wie's aussieht, es ist auch egal. Ach, es ist besser man schweigt sich aus, über alles Persönliche schon gar. Von Euch keine Zeile, wie nie gewesen. So verstumme ich halt auch.«[11] Am 16. Januar 1940 schrieb René Schickele seinen letzten Brief an Annette Kolb, fünfzehn Tage später starb er. Sie war wie gelähmt, als sei sie mit ihm verschieden. Erst zehn Jahre später war die langjährige Freundin in der Lage, einen Nachruf auf den Gefährten und Briefpartner zu schreiben. Der Nekrolog wurde erstmals 1950 in der Neuen Rundschau in Frankfurt veröffentlicht. *»Schickeles Gesinnung war eine Schule für ihn selbst und eine Vorbild für uns. Zwar mußte seine Stimme verhallen, dennoch war er nicht verkannt.«*[12] Zusammen seien sie unvergleichlich gewesen, befand Kasimir Edschmid. Schickele sei ihr großer Lehrer gewesen, aber vielleicht habe er mehr von ihr als sie von ihm gelernt, schrieb er in den fünfziger Jahren in sein Tagebuch.

Schickele blieb erspart, was Annette Kolb noch bevorstand: die dritte Flucht.

Wieder in New York

Hermann Kesten schrieb Jahre nach Annette Kolbs drittem Exil über die Dichterin: »*Sie ging, um fremdes Brot zu essen und fremder Leute Treppen auf und ab zu steigen, weil sie ohne Freiheit nicht leben und weil sie dem Frieden dienen wollte. Sie war eine deutsche Prophetin, mit politischem Weitblick, und wollte nicht durch Schweigen mitschuldig werden*«.[1]

Auf Annettes schwierige Lage eingehend, hatte René ihr noch kurz vor seinem Tod in einem Brief geschrieben: »Wie gut, daß Du diesen kräftigen Engel hast«. Gemeint war Charlotte Kronheim, eine jüdische Mitexilantin aus Paris, der die deutsche Dichterin »alles war«, große Verzweiflung und Seligkeit in einer Person. Dieser Frau ist es zum größten Teil zu verdanken, daß Annette Kolb nach dem Einmarsch der deutschen Truppen im Mai 1940 noch rechtzeitig aus Paris herauskam. »*Fort, fort – die Flucht auch hier von allem, als sei es nie gewesen; Panik, Unsicherheit und Hetze, zur Bank, eine Fahrkarte sichern [...] packen was ging, meine freundlichen Portiersleute ins Vertrauen ziehen. Sie meinten, wir würden uns bald wiedersehen.*«[2]

Lotte Kronheim hatte ein Zimmer in Vichy besorgt, wohin Annette nach langem Zögern endlich mit einem der letzten Züge fuhr. Sie wurde »von ihrem Engel« an der Bahn abgeholt und in ein schönes Hotel geführt. Mit André Gide, der sich auch für kurze Zeit in Vichy aufhielt, wechselte sie bei einer Begegnung im Park einige Worte. Am Tag darauf waren sie beide namentlich in einem Lokalblatt genannt mit dem Vermerk: »Gleich und gleich gesellt sich gern.« Bald mußte das Hotel für die herannahenden Deutschen geräumt werden. Im nahegelegenen Cusset fand die Dichterin ein schäbiges Zimmer in einem häßlichen Gasthaus.

Nur einen Spaziergang weit von Vichy entfernt, erlebte sie,

wie sich die aus Paris vertriebene französische Regierung dort niederließ, nachdem die Deutschen abgezogen waren. Marschall Petain war am 16. Juni Ministerpräsident geworden und schloß Waffenstillstand mit Deutschland und Italien. Knapp vier Wochen später war er Staatschef und versuchte mit Deutschland zusammenzuarbeiten. Der Held von Verdun, ein politisch unerfahrener Greis, hatte die Rolle, die ihm zugedacht war, nicht durchschaut. Er hatte seine Erhebung zum autoritären Staatschef, der ein Regime nach faschistischem Muster führte, akzeptiert. »Unheimliche Bureaus«, so nannte Annette die neu eingerichteten Amtsstuben, in denen die Bevölkerung sich ausweisen mußte, und die allen französischen Staatsangehörigen verboten, das Land zu verlassen. Ihrem Paß nach war Annette Kolb zwar Französin, aber wenn die Deutschen wiederkamen, mußte sie, wie schon einmal, fürchten, als Verräterin zu gelten. Ein Schweizer Gesandter riet ihr deshalb dringend, das Land zu verlassen. Mit seiner Hilfe sowie der Unterstützung von Giraudoux erhielt sie die Erlaubnis, in die Schweiz auszureisen. Lotte Kronheim, die Annettes Dollars für Amerika schon in den Kleidersaum genäht hatte, drängte sie, diese Chance unbedingt zu nutzen und nach Genf zu fahren. Am 31. August traf Annette Kolb dort ein, *»ein strahlendes Genf vor meinen Augen. Gab es so etwas noch auf Erden? Waren nicht alle Städte durch Hitler verfinstert? Seine Macht stieg jetzt von Tag zu Tag. Auch die Schweiz hielten viele für bedroht. Auch ihr Boden war heiß.«*[3]
Kolb fühlte, daß sie letztlich ein ungebetener Gast war, auch wenn die Schweizer Freunde es nicht zugaben. Ein monatelanges Ringen begann, um Visa für Amerika, Spanien und Portugal zu beschaffen. Die Ausweise für die beiden letzteren Länder waren notwendig, da die Route nach New York, die bei Cook gebucht werden mußte, nur noch vom Abfahrtshafen Lissabon aus möglich war. Die Pässe waren relativ problemlos zu erlangen, aber es beanspruchte viel Zeit, bis die Antragsteller sie in Händen hielten. Ihre halbjährliche Gültigkeit war manchmal schon bis auf wenige Wochen geschrumpft, wenn die Emigranten endlich damit beginnen konnten, ihre Ausreise zu organisieren. Für das Einwanderungsvisum in die Vereinigten Staaten war eine eidesstattliche Versicherung notwendig. Der Einwanderer durfte kei-

ner Gemeinde in Amerika zur Last fallen. Diese Sicherheit mußte ein Bürger des Aufnahmelandes leisten.

Der Gouverneur von New York, Herbert M. Lehmann, stellte
das Affidavit am 10. Oktober 1940 aus, beglaubigt am gleichen
Tag. Marschall Petain traf Hitler wenig später. Im August schon
hatte Lehmann in einem Brief an den »American Guild for Ger-
man Cultural Freedom« versprochen, für die hervorragende
deutsche Schriftstellerin die geforderte Bürgschaft zu übernehmen. Das Komitee, das ihm den Vorschlag eingereicht hatte,
wurde von Thomas Mann geleitet, und sein Einfluß hatte Wirkung gezeigt. 1936 war aus der »American Guild« die »Deutsche Akademie der Künste und Wissenschaften« in New York
hervorgegangen, der sich sofort viele deutsche Emigranten ange-
schlossen hatten, darunter Otto Klemperer, Max Reinhardt, Sigmund Freud, Stefan Zweig, Heinrich und Thomas Mann. Da
Annette Kolb korrespondierendes Mitglied war, konnte sie An-
träge anderer Emigranten auf Unterstützung bei der »American
Guild« befürworten. Sie selbst hat 1938 einige Monate Geld aus
dieser Vereinigung erhalten.

Als sie endlich die notwendigen Papiere zusammen hatte, begann ein Wettlauf mit der Zeit. Es stellte sich heraus, daß sämt-
liche Schiffe überfüllt waren und auch mit Bestechungsgeldern
nicht an eine Kabine heranzukommen war. In den ersten Wochen des Jahres 1941 schlüpfte Annette Kolb wieder bei Carl Jakob Burckhardt in Genf unter, seit 1939 Präsident des Internationalen Roten Kreuzes. Wie im Jahre 1936, als sie dem
Historiker einen Aufenthalt in Danzig voraussagte, wurde sie
auch diesmal zur Prophetin. Burckhardt hatte geklagt, daß er im
Internationalen Komitee des Roten Kreuzes an der Überfülle der
Aufgaben fast zugrunde gehe und selbst opferbereite Damen in
seine Papierberge keine Ordnung brächten. *»Und Fräulein
Kolb – wieder dasselbe, schwarze Tasche, Karten, leise Grabes-
stimme: ›In drei Wochen erscheint ein junger Mann, ein Jurist.
Er kann anrühren was er will, es entsteht Ordnung und Methode.‹ Drei Wochen später traf Dr. Hans Bachmann aus Winter-
thur ein, und mit unfehlbarer Methode griff er an. Wir berieten,
wir handelten, wir wehrten uns, wir wurden Freunde fürs Leben. Ich habe die unvergeßliche bayrisch-französische Seherin*

nie mehr befragt. Ich vermied es sogar, ungefragt eine Antwort
zu erhalten.«[4]

Wenige Tage später war Annette Kolb in der Nähe von Bern
bei Frau Welti zu Gast. »Ach, Sie Arme schaffen es nicht!«,
meinte die Hausherrin skeptisch. Annette ließ sich nicht irritie-
ren. Am nächsten Tag erhielt sie von Cook die Nachricht, daß es
auf einem Clipper, ein auf Überseestrecken eingesetztes amerikanisches Flugzeug, noch eine Möglichkeit gäbe, in zwei Nächten
nach New York zu kommen. Diese Zusage verleitete sie dazu,
keine Überfahrt auf einem Schiff zu buchen, was sich im nach-
hincin als großer Fehler erwies.

Wieder stand eine überstürzte Abreise bevor, denn in drei Tagen war das spanische Visum abgelaufen. Annette Kolb bestieg
einen Zug nach Barcelona. Dort angekommen, glaubte sie, nur
eine Nacht im Hotel verbringen zu müssen, doch alle Flüge über
Madrid nach Lissabon waren belegt. Der Portier des Hotels galt
als Spion, und »ganz Barcelona wußte es«. Schon weil Annette
Kolb allein reiste und Flüchtling war, machte sie sich verdächtig.
Als sie endlich in einem Flugzeug saß, erfuhr sie, daß es nur bis
Madrid flog. Nach ihren eigenen Schilderungen gelang es ihr mit
Hilfe eines französischen Botschaftsrats, am nächsten Tag einen
Flug nach Lissabon zu ergattern. Der Aufenthalt in der Stadt am
Tejo wurde für sie zu einer einzigen Geduldsprobe.

Die traurige Bestätigung, zu Recht geflohen zu sein, erhielt sie
mit der Nachricht, daß am 11. Februar Rudolf Hilferding in Paris von der französischen Polizei an die Gestapo ausgeliefert
worden war. Er wurde im gleichen Monat ermordet. Seiner Frau
Rose gelang es, seinen Nachlaß zu retten.

Annette Kolbs Stimmung wurde jeden Tag niedergeschlage-
ner. Sie sah ihre Finanzen durch den unfreiwilligen Aufenthalt in
Lissabon dahinschwinden, und ohne Geld wurde ihre Lage noch
lebensgefährlicher. Am 14. Februar 1941 sandte sie einen Hilferuf nach New York an Hermann Kesten, den sie durch den Allert de Lange Verlag kannte.

»Lieber Kesten,
Nun bin ich eine Woche hier und zog schon viermal um, von ei-
nem vorbestellten Zimmer ins andere. Und weiß nicht wann und
ob ich von diesen Gestaden fortkomme. Schiffe alle überfüllt,

Clippers *die immerzu ausfallen oder für Post reserviert sind. [...] für einen so langen Aufenthalt war ich nicht gewappnet, da mir versichert wurde, daß ich vor dem 7. März bestimmt nach N.Y. fahren könne. Ich habe an Katia Mann geschrieben, höre aber nun, Manns seien nicht mehr in Princeton. [...] leider kann ich jetzt meine Reise, die ich bisher allein bestritt, nicht länger finanzieren. [...] Wäre es möglich mir telegraphisch 150 oder doch 100£ zu schicken?*«[5]

Bereits im Mai 1940 war der Schriftsteller Hermann Kesten mit seiner Frau Toni Warowitz nach New York emigriert. Auch er war zum zweiten Mal vor den Deutschen geflohen, und zwar aus Amsterdam, wo er von 1933 bis 1940 den Allert de Lange Verlag leitete, den wichtigsten Exilverlag für deutsche Literatur. Kesten war der Schutzvater der über alle Erdteile versprengten Literaten. Unzähligen Menschen verschaffte er Einreisevisa und Überfahrtsbeihilfen, rettete nicht nur ihre literarische Existenz, sondern oft das nackte Leben. In seinen Romanen, Dramen und Essays nahm der Schriftsteller immer Partei für Freiheit und Gerechtigkeit. Er hatte 1928 den Kleist-Preis und 1974 den Büchner-Preis erhalten. In seinem Buch »Der Geist der Unruhe« schildert Kesten seine New Yorker Zeit, die für ihn entschieden erfolgreicher verlief als für die dreißig Jahre ältere Annette Kolb. »*Eine der sonderbaren literarischen Erfahrungen in der Emigration machte ich, gleich vielen meiner frisch eingewanderten Freunde, in New York, wo wir von 1940 bis 1950 unser lang verlassenes Leben der zwanziger Jahre von Berlin und der Weimarer Republik unversehens wiederzufinden hofften. [...] Wir waren durch eine Zaubertür scheinbar ins gute alte Berlin zurückgekommen, mitten in New York und Hollywood, mitsamt den Erfolgen jener selben deutschen Autoren, die 1930 in Berlin die Erfolge hatten, wie Thomas Mann und Stefan Zweig, Lion Feuchtwanger, Franz Werfel und Erich Maria Remarque, mit den Unterhaltungsromanen der Katrin Holland und Vicky Baum in den amerikanischen Magazinen, mit den alten Diskussionen über Stalin und Hitler, Kafka und die Sowjetliteratur – Berolina rediviva in New York.*«[6]

An diesen, was seinen New Yorker Aufenthalt betrifft, doch sehr euphorisierten Kesten hatte Kolb ihren Notruf aus Lissabon gesandt. Da er nicht nur in Exilzeitschriften publizierte, sondern auch im »Emergency Rescue Committee« für die Emigranten aus Europa arbeitete, ist anzunehmen, daß eine finanzielle Unterstützung sie erreichte. Das Ehepaar Kesten gehörte in Amerika zu den engsten Freunden von Annette Kolb, dem sie sich offen anvertrauen konnte, wenn ihr die Sorgen über den Kopf wuchsen.

Am 21. Februar, eine Woche nach ihrem Brief an Kesten, schrieb Annette aus Lissabon auch an die Freundin Dora. »*Bien chère Dory [...] In Barcelona wegen überfüllter Züge und Avions 10 Tage zurückgehalten habe ich mich dort nicht aus dem Zimmer getraut und den Schubert fertiggeschrieben. [...] In Madrid habe ich das Fürchten gelernt, kam tags darauf Dank einem grossen Glücksfall weg. [...] Im übrigen fühle ich mich von ganz Europa verlassen und vergessen, Niemand schreibt nur ein Sterbenswort.*«[7]

Im April konnte Annette Kolb endlich aus Portugal abfliegen. Die Geschichte ihrer dritten Flucht hat sie später in ihrem Bändchen »Memento« niedergeschrieben. Aber auch Gottfried Bermann-Fischer erinnert sich: »*Die Geschichten über ihre Flucht von Portugal nach den USA – während des Krieges – sind so komisch, daß man darüber den tödlichen Ernst jener Situation vergessen kann. Nur ihr konnte es gelingen, den amerikanischen Konsul in Lissabon dazu zu überreden, ihr einen Platz in einem amerikanischen Flugzeug zu reservieren. Wie Reporter bei einer Zwischenlandung in Dakar sie für einen afrikanischen Häuptling hielten, als sie, in dunkle Tücher gehüllt, dem Flugzeug entstieg, muß man von ihr selbst hören, oder gesehen haben, wie sie mit stoischem Gleichmut am Stock mit silberner Krücke auf einer belebten Großstadtstraße den Verkehr zum Stillstand bringt, daß einen das Grausen erfaßt.*«[8]

In New York wohnte Annette im Hotel Bedford, das bei vielen deutschen Emigranten beliebt war. Schon Thomas Mann und einige seiner Familienangehörigen hatten dort logiert. Bald aber war diese Unterkunft nur noch Postadresse für Briefe, die ihr an die häufig wechselnden Adressen nachgesandt wurden.

Im Reisegepäck hatte sie auch das Manuskript ihrer Schubert-Biographie, die sie in Barcelona beenden konnte. »Franz Schubert. Sein Leben« erschien 1941. Daß das Erscheinen des Buches überhaupt zustande kam, war ein Lichtblick während der schweren Exilzeit. Immerhin mußten die Unterlagen nach Stockholm gesandt werden, wohin Bermann-Fischer mit seinem Verlag ausgewichen war. Kolb nannte das Werk ein »Pendant zum Mozart«. Am Leben von Schubert faszinierte sie besonders dessen Dasein zwischen zwei Musikepochen. Er stehe an der Schwelle eines neuen Zeitalters und sei weder in dem einen noch in dem anderen ganz zu Hause. Schubert ist für Annette Kolb ein Vertreter von zwei Musikstilarten: der Klassik und der Romantik. Seiner Doppelnatur gemäß schwanke dieser Künstler zwischen romantischer Ausschweifung und dem Wunsch nach Ordnung und biedermeierlicher Geborgenheit. Sie beschreibt die Aspekte von Schuberts Schaffen, seine ihrer Meinung nach unglückliche Liebe zu Bühne und Oper. Besser wäre es für den Künstler gewesen, wenn er sich auf die Vertonung der Lieder beschränkt hätte, da der Sinn für den »Musikgehalt des Wortes« sein eigentliches Metier gewesen sei.

Auch ihre zweite Musikerbiographie beendet Kolb mit der Folgerung, daß die Doppelstellung und Doppelnatur des Komponisten am Ende seines Lebens zu einem unüberwindbaren Kontrast zwischen seinem äußeren Leben und seinen inneren Zuständen geführt habe. Auch Schubert, eine königliche Natur wie Mozart, habe wie ein Bettler leben müssen. Wenige Monate vor seinem Tod im November 1828 gab der erst 31jährige sein erstes größeres öffentliches Konzert, das ein herausragender künstlerischer und materieller Erfolg wurde.

Das Erscheinen ihrer Schubert-Biographie hat Annette Kolb in New York finanziell über Wasser gehalten. Außerdem versuchte sie bei Zeitschriften mit englisch verfaßten Kurzgeschichten ihr Einkommen aufzubessern, was aber nicht gelang. In einer dieser unveröffentlichten Erzählungen mit dem Titel »True France«, beschreibt sie ihre Flucht von 1941. Dabei mischt sie Fiktion und Wahrheit nach Kolb'scher Manier so geschickt, daß der Leser glaubt, das Geschehene sei ein Ausflug aus Abenteuerlust gewesen. Unnachahmlich die Leichtigkeit, mit der sie beschreibt, wie sie wichtige Lebensmittel, die es nur noch in der Schweiz gab, kaufte, um sie in den Saum ihres Pelzmantels einzunähen, damit sie durch den Zoll kam. Wie sie dann die Beute in acht kleine Päckchen teilt, mit den Namen von Freunden beschriftet und einen Schalterbeamten überredet, alles abzuschicken. Noch in Lissabon erfährt sie, daß die Kostbarkeiten auch wirklich ankamen. Oder wie sie in Narbonne ihr Brot an einen hungrigen Hund verfüttert. Die Nonchalance, mit schwierigen Situationen umzugehen, blieb ihr ein Leben lang erhalten. Diese Haltung barg allerdings auch den Nachteil, daß ihre Empörung über politische Ungerechtigkeiten zu wenig ernstgenommen wurde. Klaus Mann, der Annette Kolb in New York durch Rezensionen und Publikationsangebote zu helfen versuchte, veröffentlichte in seiner 1941 gegründeten Zeitschrift »Decision« einen Aufsatz von ihr mit dem Titel »La Débâcle«.

»*Wenn ich heute sage, es gibt Nazis in allen Ländern, wer könnte mir da widersprechen? Aus verschiedenen psychologischen und politischen Gründen trägt Deutschland die schreckliche Verantwortung, diese Seuche über die Welt gebracht zu haben, aber an der Verantwortung für ihre wachsende Verbreitung haben alle teil. Müssen wir die Nazis nennen, die bereit sind, Hitler in Wien, Prag, Warschau, Oslo, Kopenhagen, Brüssel, Amsterdam, Paris, Belgrad, Athen und so weiter zu helfen? Können wir für einen Augenblick daran zweifeln, daß die englischen Nazis mit von der Partie wären, – gäbe es nicht Churchills feste Kontrolle. Und Amerika? Sie sind hier genauso eine Prozentfrage wie unsere anderen gefährlichen Verbrecher. Es ist die höchste Pflicht für jeden von uns, sie zu besiegen – unter äußerster Nichtachtung für die persönlichen Folgen. In einer Welt unter ihrer Herrschaft wäre es nicht wert zu leben.*«[9]*

Leider wurde diese Stellungnahme in keiner einzigen anderen Zeitung mehr publiziert. Annette Kolb war der Ansicht, daß die US-Bürger das Ausmaß der Bedrohung durch die Nazi-Macht noch nicht begriffen hatten. Sie bedauerte zutiefst, daß die Amerikaner und die Engländer die »besseren Deutschen« des Widerstandes, zu denen auch Carl Jakob Burckhardt gehörte, nicht zur Kenntnis nahmen und jede Verbindung und Kooperation mit ihnen ablehnten. In einer Radioansprache wollte sie das deutsche Volk zum Widerstand gegen seine Peiniger aufrufen. »[...] *Schleppt eure Tyrannen vor die Tribunale, bevor es zu spät ist. Sie wollen nicht, daß die Welt zwischen ihnen und euch unterscheidet. Und das ist die größte Gefahr, vor der ihr steht.*«[10] Das Manuskript »A radio adress to the people of Germany« ist noch erhalten; nicht nachweisbar ist, ob die Radioansprache jemals gesendet wurde.

Das dritte Exil der Dichterin war gekennzeichnet von Krankheit, den Folgen eines Busunfalls und bittersten Existenznöten. Alle persönlichen Dinge seien ihr sozusagen über den Kopf gewachsen, schrieb sie an Dora Von der Mühll, auch hege sie die Befürchtung, bald ganz von ihr getrennt zu sein. Alle seien in Alarmbereitschaft, da niemand wisse, ob die Schiffe ihre Überfahrten fortsetzten. Dora möge dies den Schweizer Freunden sagen – und den alten Sportsmann nicht vergessen.

Nur manchmal wurde der Alltag durch Einladungen von Freunden etwas aufgeheitert. Zu Katia Mann konnte Annette sich nicht mehr flüchten, Thomas Mann hatte sich 1941 eine Villa in Pacific Palisades Los Angeles bauen lassen und zog um, so daß auch die Besuche seiner Frau bei Annette Kolb im New Yorker Hotel aufhörten. Aber Dorothy Thompson lud sie mehrmals auf ihre Farm in Vermont ein. In der Nähe bewirtschaftete auch Carl Zuckmayer als Pächter eine Farm, und die Dichterin hat ihn dort häufig besucht.

Trotz französischer Staatsbürgerschaft mußte Annette Kolb das karge Leben einer deutschen Emigrantin führen. Rückblikkend hat sie über das Jahr 1941 geschrieben, es sei das finsterste und aussichtsloseste gewesen. Viel besser klingen ihre Briefe in den nächsten drei Jahren allerdings auch nicht. Aus der 28 West 63 Street, New York City, klagte sie im Sommer 1942 über die Hitze in der Stadt und wünschte sich den Herbst herbei. Unter dieser Adresse hatte sie sich als Untermieterin einquartieren können, während die Eigentümer den Sommer auf dem Land verbrachten. Sie bedauerte, daß Giraudoux ihr nicht schrieb und sie bis heute noch keinen Verleger für ihre Arbeiten gefunden hatte. Aus der finanziellen Klemme half ihr der Verkauf ihres »Habermann«. Das Bild, das immer noch in der Schweiz hing, war von Friedrich Emil Welti dem Schriftsteller Maurice Sandoz zum Kauf empfohlen worden. Annette Kolb hatte Sandoz mehrere Male im Krankenhaus in Baltimore besucht. Nach dem Kauf blieb das Gemälde in der Schweiz, aber der Erlös gelangte zu ihrer Erleichterung nach New York. Die Kontakte mit Sandoz führten auch zu einer literarischen Zusammenarbeit. Für sein 1948 in Zürich erschienenes Buch »Das Haus ohne Fenster«, eine surrealistische, von Salvador Dali illustrierte Dichtung, schrieb sie eine anerkennende Einleitung.

Zunehmend nervös machte es Annette Kolb 1942, daß ihre Bemühungen, ein amerikanisches Visum für die zurückgebliebene Lotte Kronheim und deren Mutter zu bekommen, sich immer schwieriger gestalteten. Im Oktober schrieb sie an die Freundin: »*Meine Liebe Charlotte, dies um Ihnen zu sagen, daß ich an sie denke, daß wir neue Wege suchen, daß ich wünsche, Sie fänden den Mut, die Geduld, derer Sie in so großem Maß bedürfen. Und in meiner Verzweiflung hoffe ich immer noch, daß die Dinge ein gutes Ende für Sie nehmen, trotz allem.*«[11] Dieser Brief an Lotte, die Lebensretterin, die Annettes Flucht so selbstlos vorbereitet hatte, kam wieder nach New York zurück. Zur Ohnmacht verdammt, ahnte Annette Kolb, was geschehen würde. In den immer verzweifelter klingenden Briefen hatte ihr Lotte zuvor schon von der Deportation des Bruders im August berichtet. Lotte Kronheim und ihre Mutter Sophie kamen in ein Lager in Drancy und am 22. Januar 1944 mit einem Transport nach Auschwitz, aber nie mehr hinaus.

Schwer traf Annette auch der Tod ihres frühen Förderers Franz Blei am 14. Juli 1942 in New York. Auch er war wegen der Nationalsozialisten aus Deutschland weggegangen und hatte zuletzt in Cagnes-sur-Mer bei Nizza gelebt. 1940 kam Blei mit einem Notvisum und ohne einen Pfennig Geld in die Vereinigten Staaten. Schwer herzleidend landete er schließlich in einem Armenhospital. Annette Kolb bemühte sich noch, den Freund in ein anderes Krankenhaus zu bringen.

Die Klinik wollte Bleis Leichnam nicht beerdigen, ehe nicht die Kosten für die Bestattung gedeckt waren. So sammelte Annette unter den Emigranten für ein Begräbnis und zahlte den noch fehlenden Teil selbst. Schon im Berliner Tageblatt vom 1. Dezember 1925 hatte sie in einem Artikel den Schriftsteller als selbstlosen Menschen geschildert und seine Verdienste gewürdigt. *»Seine Raumverdrängung ist gering und er ist ohne Schwere. Solche Leute aber sind gefährlich. Sie fehlen an allen Ecken und Enden, wenn sie einmal gehen. Man braucht nur ein Auge zuzukneifen, um die Lücke zu wissen, die Blei einmal zu reißen bestimmt ist. Mag sich dann auch mancher, um bequemer darüber hinwegzukommen, nur seiner Fehler zu entsinnen suchen. Doch vergeblich. [...] Vielleicht ist er die einzige, markante Persönlichkeit unter den Schriftstellern unserer Tage, der sich selbst auf die leichte Schulter, und den anderen so ernst und wichtig nahm.«*[12] Fast scheint es, als hätte Annette Kolb den Nachruf schon vorweggenommen; um so tragischer muß sie sein armseliges Ende empfunden haben.

So verlassen wie Franz Blei war sie nicht. Sie hatte einen kleinen Freundeskreis von jüngeren europäischen Emigranten um sich scharen können, der sich bemühte, ihr zu helfen. Neben Hermann Kesten und seiner Frau Toni gehörte auch der ehemalige Münchner Redakteur des Berliner Tageblatts, Werner Richter, und dessen Freundeskreis zu ihren Bekannten. Die Aktivitäten der Dichterkollegin Ruth Landshoff-Yorck weckten ebenfalls das Interesse von Annette Kolb und ermöglichten neue Kontakte. Auf verschiedene Weise hatte Ruth versucht, die amerikanische Bevölkerung über Hitlers verbrecherische Politik aufzuklären. Selbst zusammengestellte Texte aus der französischen Widerstandsbewegung zu veröffentlichen, blieb aber ihr Wunschtraum. Gemeinsam mit den Freundinnen Eleonora von Mendelssohn und Anni Bukovich sprach sie die Nachrichten beim Sender »Stimme Amerikas«. Über diesen Kanal sollte die Bevölkerung Deutschlands Informationen zum tatsächlichen Stand des Krieges erhalten.

Über Eleonora äußerte sich Annette, sie fände es tröstlich, daß sie in New York und somit in Sicherheit sei, aber sie habe kein leichtes Leben. Eleonora, von Beruf Schauspielerin, vermittelte Annette Kolb 1943 ein Zimmer in der East 73rd Street, wo sie die längste Zeit ihres Exils über wohnte. Ihre Domizile lagen immer in der Nähe des Hafens, als hoffte sie, dem ungeliebten

Exildasein auf diese Weise schneller entfliehen zu können. So schwierig und umständlich ihre Situation war, versuchte sie dennoch, sich ein Klavier zu beschaffen. Sie hatte auch diesmal Glück, eine Gönnerin lieh ihr ein Instrument:

»*Liebes Fräulein*

Ihr Klavier ist in besten Händen. Es ist einen ganzen Tag hindurch bei dem besten Stimmer Dr. Naggy in Behandlung gewesen. Es war nämlich vermottet und eine zeitlang fürchteten wir es würde sich nicht erholen. Sobald ich meine neue Bleibe habe [...] lasse ich es transportieren und behalte es bis Sie es bei mir holen lassen!«[13]

In der East 73rd Street hörten die Mitbewohner bald Mozartsche Klänge.

Ein Ereignis, zu dem viele Emigranten strömten, war die Ausstellung über die verbotenen und verbrannten Bücher in Deutschland. Am 1. Dezember 1942 wurde sie unter reger Anteilnahme von Presse und Rundfunk in der großen New Yorker Public Library eröffnet. Die Schirmherrschaft hatten Eleanor Roosevelt, Albert Einstein und andere führende Persönlichkeiten der Gesellschaft übernommen. Zum Jahrestag der Bücherverbrennung wurde die Flagge der Public Library auf Halbmast gehißt. Die Erinnerung an das furchtbare Geschehen zehn Jahre zuvor, das viele Betroffene ihrer Identität und Existenz beraubt hatte, sollte das Bewußtsein der Amerikaner für die Barbarei in Nazi-Deutschland sensibilisieren.

In ihren New Yorker Jahren grübelte Annette Kolb oft darüber nach, wie es zu solch einer Politik hatte kommen können. Den Keim sah sie schon im deutsch-österreichischen Krieg von 1866 gelegt, der die Reichsgründung Bismarcks vorbereitete, und auch im folgenden deutsch-französischen Krieg von 1870/71, der die Vorherrschaft Preußens brachte. Beide Kriege führten nach Kolbs Ansicht zu einem verstärkten Nationalismus in den betroffenen Ländern, der dem späteren Nationalsozialismus Vorschub leistete. Mit solchen Gedanken, die sie bereits in ihrem Roman »Die Schaukel« verbreitet hatte, beschäftigte sie sich nun wieder und ließ sie in ihr nächstes Buch, »König Ludwig II. von Bayern und Richard Wagner«, einfließen. »*Alle Friedensbestrebungen verdarben im Keim. Des Menschen Wille ent-*

schied. Der erste Schritt auf dem Wege, der 74 Jahre später Europa an den Abgrund führen sollte, geschah.«[14]

In der Public Library hatte sie auch das Buch »Staatsstreichpläne von Bismarck« aus dem Jahr 1929 gefunden, ein seit damals in Deutschland verbotenes Werk. Die darin von Egmont Zechlin beschriebenen Ansichten Bismarcks stimmten mit den ihren überein, daß die Deutschen noch nicht reif gewesen seien für eine Reichsgründung. Um so frustrierender war es für sie, daß ihre Visionen, die sie immer wieder öffentlich zu machen versuchte, unbeachtet blieben. Das in Amerika herrschende Desinteresse an ihren literarischen Arbeiten traf sie sehr. Zur fehlenden Anerkennung kam das fehlende Geld hinzu, was ihre persönliche Lage sehr verschlimmerte. Annette Kolb war zwar dankbar, daß sie in USA in Sicherheit war, aber trotzdem während ihres Aufenthalts sehr unglücklich. Das Gefühl der Heimatlosigkeit nährte immer stärker ihren Wunsch, so bald wie möglich zurückzukehren. Sie wolle bestimmt in Europa sterben, beteuerte sie; sie sei zu alt, um anderswo Wurzeln zu schlagen. Sie bewundere das Land, je mehr sie es kennenlerne, sie werde bestimmt nach vielem Heimweh haben, wenn sie weggegangen sei, aber trotzdem müsse sie zurück.

Ausschlaggebend für Kolbs Rückkehrwunsch war sicherlich auch die Einladung zu einem Empfang für General Charles de Gaulle am 10.7.1944 im Hotel-Waldorf Astoria. Der General war für sie die große Hoffnung auf ein befreites Nachkriegseuropa. Durch seine Rede fühlte sie sich in ihrer Zuversicht bestätigt. Der 1890 geborene Franzose, ein Militärtheoretiker, war 1940 zum Staatssekretär für Nationale Verteidigung ernannt worden. In London hatte er als Präsident des Freien Frankreich eine Exilregierung errichtet, 1942 führte er von Algerien aus, wo er wachsende nationale und internationale Anerkennung gewann, den Widerstand gegen die deutsche Besatzung und die Vichy-Regierung. Nur sechs Wochen nach seiner Rede in New York konnte er in das befreite Paris einmarschieren.

Die Gewißheit, daß ihre wichtigsten Habseligkeiten in Frankreich noch vorhanden waren, festigten Kolbs bereits gefaßten Entschluß, bei der ersten sich bietenden Gelegenheit wieder nach Europa zu gehen. Ihre Bilder, Bücher, Briefe und Möbel hatte Jean

236

Dumaine auf ihren Hilferuf hin schon 1941 in Sicherheit gebracht. Durch eine Nachricht von Jeans Bruder Jacques Chilhaud-Dumaine, die Ende 1944 in New York eintraf, erfuhr sie, was im Anschluß an diese Aktion mit ihrem Helfer geschehen war. Jean Dumaine war Anfang 1942 in Paris als Geisel verhaftet und im September wieder entlassen worden. Kurz darauf stellte man ihn erneut und inhaftierte ihn ein Jahr im Lager Buchenwald. Schließlich wurde Jean in ein Internierungslager nach Polen deportiert und im März '43 von den Deutschen hingerichtet.

Die Mutter Simone ging regelmäßig in die Wohnung, in der Annettes Möbel untergebracht waren, um sich zu überzeugen, daß nichts beschädigt war. »*Alles, was von der Familie Dumaine übrig ist, wird Sie mit Begeisterung in Empfang nehmen und sagt Ihnen mit allen Wünschen zum Jahresende ›auf bald‹ und seien Sie all unserer Wünsche und Liebe versichert*«[15], hatte Jacques am Schluß seines Briefes hinzugefügt. Diese warmherzige Botschaft fegte alle Bedenken, nach Europa zurückzukehren, hinweg. Selbst eine warnende Stimme, die sie im Mai 1945 noch erreichte, konnte Annette nicht mehr umstimmen. Es war der österreichische Schriftsteller Hermann Broch, ebenfalls Emigrant in New York, der ihr geraten hatte, noch zu bleiben. Der bevorstehende Winter werde in Europa schwer werden, sie solle das riskante Experiment nicht auf sich nehmen. Aber auch Broch konnte an Annette Kolbs Willen zur Rückkehr nichts ändern. Erst in Amerika, so hielt Annette Kolb fest, habe sie bemerkt, wie europäisch sie sei.

Mit dem ersten Passagierflugzeug, das in Irland landen konnte, kehrte die Exilantin Kolb am 25. Oktober 1945 nach Europa zurück. Wegen eines Unfalls noch auf Krücken gehend, wollte sie zuerst zu ihrer Schwester Germaine, um sich wie in früheren Zeiten bei ihr zu erholen. Danach flog sie im November nach Paris und mußte feststellen, daß ihre Wohnung zwangsvermietet war. Sie suchte bei Dora Von der Mühll in Basel Zuflucht. Von der Schweiz aus bemühte sie sich mit Hilfe einer Anwaltskanzlei in Paris, wieder in ihrer alten Wohnung unterzukommen. Das Unterfangen scheiterte an zu spät eingereichten Formularen.

Durch die allgemeine Wohnungsnot waren die ersten Jahre

nach dem Zweiten Weltkrieg für Annette Kolb wieder von häufigen Unterkunftswechseln geprägt. Sie pendelte zwischen Freundschaftsquartieren und überfüllten Hotels. Zurück in Frankreich, schrieb sie Dora den ersten Brief am 15.4.1946 aus dem Pariser Hotel Bristol. Sie sei in einem Schlauch untergebracht, aber bald solle sie ein besseres Zimmer mit einem kleinen Bad bekommen. Bei den Dumaines habe sie sich richtig mit Champagner berauscht. »Wir soffen eine große Flasche Moët«, die zwar schwierig zu beschaffen war, aber das Ende des Exils und des Krieges mußte gebührend gefeiert werden.

Im Hebst 1946 erhielt Annette Kolb die Erlaubnis, für vier Tage nach Bayern zu fahren. Im August war ihre jüngste Schwester Franziska gestorben, die bis zu ihrem Tod in München gelebt hatte. Das Wiedersehen mit der Stadt ihrer Kindheit und Jugend war ein Schock für die Dichterin. Das volle Ausmaß der Katastrophe, die Hitler über Deutschland und die Welt gebracht hatte, wurde ihr in der Heimatstadt erst wirklich bewußt. Die Ruinen ringsum waren das Symbol der Zeit. In ihnen spiegelte sich die Zerstörung der Ethik, der Menschlichkeit und des Gewissens der vergangenen fünfzehn Jahre.

In einem Interview in ihrer Geburtsstadt am 17. September hat Annette Kolbe in aller Unbescheidenheit ausgesprochen, wovon sie immer überzeugt war: »*Man hätte auf mich hören sollen, dann wäre alles nicht so gekommen wie es gekommen ist!*«[16]

Das alte neue Europa

Fast zeitgleich, aber per Schiff kehrte auch der Dichter Alfred Döblin aus der Emigration zurück. Wie Annette Kolb gehörte er zu den ersten Mutigen, die die Rückkehr gewagt hatten. »*Die Emigranten, die dann nach Deutschland kamen, um ihre Freunde zu suchen, hatten das Chaos vor sich: zerstörte Städte, viele Tausende unter den Trümmern, Konzentrationslager, die von den Siegern geöffnet wurden. Die Wahrheit, die grausame Wahrheit trat zutage. Von den Schuldigen hatten sich soundsoviele rechtzeitig davonmachen können. Keiner von ihnen wollte es gewesen sein.*« [1]

Schon früh hat Annette Kolb die Verdrängung wahrgenommen, wenn es um die Frage nach Schuld oder Mitverantwortung an der Vergangenheit ging. Der größte Teil der Deutschen weigerte sich einzugestehen, daß sie einem Verbrecherregime hörig gewesen waren. Ungeachtet dieser für sie nicht akzeptablen Verdrängungen war die Dichterin in den nächsten Jahren häufig zu langen Aufenthalten in München und Badenweiler. In Baden-Baden traf sie sich mit Alfred Döblin im Büro des Hotels Stefanie, um über literarische und verlegerische Konzepte zu sprechen. Seit Oktober 1946 brachte er die Kulturzeitschrift »Das Goldene Tor« heraus. Das Heft hielt sich fünf Jahre, er selbst und viele bekannte Schriftsteller, darunter Bertold Brecht, Ilse Langner, Otto Flake, Annette Kolb u.a., kamen darin zu Wort und verhalfen dem Unternehmen zu Ansehen. Die Absicht war, mit diesem Journal im süddeutschen Raum wieder ein freiheitliches literarisches Leben in Gang zu bringen. Ein Jahr später gründete Döblin in Lahr den Verband südwestdeutscher Autoren für das französische Besatzungsgebiet.

Döblin war nach Deutschland zurückgekommen, weil er in allen Ländern nicht die Nationen, sondern nur die Menschen sah. Und eines Tages – das war sein innigster Wunsch – würden wir alle Europäer sein. In einer Feierstunde zu seinem 70. Geburtstag am 30. August 1948 sprach er diese Hoffnung aus. Annette Kolb teilte die Wunschvision des Kollegen; auf dieser gemeinsamen Basis hatten sie sich verständigt und zusammengearbeitet. Für ihn wie für sie war der europäische Zusammenbruch eine persönliche Katastrophe.

Döblin hatte 1936, im gleichen Jahr wie Annette Kolb, die französische Staatsbürgerschaft erhalten. Und als hätten sie sich abgesprochen, war er fast auf der gleichen Route über Spanien und Portugal 1940 in die USA emigriert und bereits 1945 zurückgekehrt. Der 1878 in Stettin geborene Döblin hatte von 1911-1933 als Facharzt für Nervenkrankheiten in Berlin gearbeitet. Noch in der Nacht des Reichstagsbrandes emigrierte er wegen seiner jüdischen Herkunft nach Paris. Döblin diskutierte gern mit deutschen Emigranten, auch Hermann Kesten und Joseph Roth waren seine Gesprächspartner. Der »Asphaltliterat«, der die Großstadtpsyche und die Gruppenseele der Menschen durch seinen Beruf, hauptsächlich als Armenarzt, genau kannte und als Trauma erlebte, hatte 1929 mit »Berlin Alexanderplatz. Die Geschichte vom Franz Biberkopf« den bedeutendsten deutschen Großstadtroman verfaßt. »Verflucht ist der Mensch, der sich auf Menschen verläßt«, lautet das Leitmotiv des Romans. In dem Helden Biberkopf schilderte Döblin vorausschauend den Menschentyp eines Mitläufers, wie ihn die wenig später beginnende Schreckensherrschaft zu Tage treten ließ. Die Analyse der Massenseele wurde zum Thema seines mehr als vierzigbändigen dichterischen Werks.

Im Juli 1949 gründete der Schriftsteller die »Mainzer Akademie der Wissenschaften und der Literatur« und konnte Annette Kolb als Gründungsmitglied gewinnen. Die Tradition der Akademie geht auf Gottfried Wilhelm Leibniz zurück, der 1668/69 am Hof des Mainzer Kurfürsten Johann Philipp von Schönborn tätig war. In dieser Zeit entwickelte der Philosoph ein Akademiekonzept, das bis heute als »Grundgesetz« der modernen Akademien der Wissenschaften gilt.

Nach verschiedenen Wohnortwechseln in Deutschland zog das Ehepaar Döblin im Frühling 1943 wieder nach Paris. Es hat-

te dort eine Wohnung erworben, die sich in unmittelbarer Nachbarschaft von Annette Kolb befand. Döblin schildert die Nachbarschaft: »*Wir wohnen einen Katzensprung voneinander entfernt, sie Bvd Raspail, ich Bvd de Grenelle. Sie haust in einem komfortablen ›Hotel Cayré‹ im 2. Stock. Immerhin ich habe sie schon besucht. Sie bewohnt ein geräumiges Zimmer, das breite Bett steht da und auch ein Klavier. Das ist Annettes ständige Wohnung, aber drüben in Deutschland, in Badenweiler, hat sie noch ein kleines Haus, da wohnt sie öfter und bekräftigt durch dies, dass sie Deutsch-Französin ist.*«[2]
Der Dichter schätzte seine Kollegin sehr, weil sie sich keinen Stempel aufprägen ließ und sich jeglicher Charakterisierung und Festlegung entzog. Annette Kolb zu sein genüge ihr. Ihr ganz persönlicher Wille sei ihr Gesetz. Sie habe unablässig um die Erhaltung ihrer Art gekämpft, um diese Verbindung des Deutschen und Französischen. Es müßten, so Döblin, noch viele, wenn man an unsere Tage denkt, mit einer solchen Mitgift geboren werden.
Bis zu seinem Tod im Juni 1957 traf die Kolb mit Döblin meist zu den Akademiesitzungen in Mainz zusammen. Alfred Döblin hat dem Kulturleben im Deutschland der Nachkriegsjahre viele Impulse zu geben vermocht. Mit seinem eigenen literarischen Schaffen fand er allerdings weit weniger Resonanz als früher. Sein letzter Roman, »Hamlet oder Die lange Nacht nimmt ein Ende«, entstanden 1945/46, wurde zu seinen Lebzeiten nur in der DDR veröffentlicht. Erst nach dem Tod des Autors gab es in der Bundesrepublik eine Lizenzausgabe. Das Bild einer verstörten Welt, das der Dichter im Roman zeichnet, paßte nicht in das damalige restaurative Deutschland. »Neues von mir wird refüsiert, auch m. ›Hamlet‹ – so bin ich am Ende wieder Emigrant.« Zweieinhalb Monate nach seinem Tod beging die Witwe Erna Döblin in Paris Selbstmord.

Erfolgreicher gestaltete sich dagegen Annette Kolbs Leben im Nachkriegseuropa. Viele ihrer Bücher wurden wieder aufgelegt, alte und neue Erkenntnisse in Zeitungen verbreitet oder in Buchform zusammengefaßt. Ihr lebenslanges Engagement für Europa wurde erkannt, gerühmt und durch viele Preise gewürdigt.
Im Anschluß an die Gründung der Mainzer Akademie im Juli

1949 fuhr Annette Kolb nach Badenweiler. Seit sie ihr ausge-
plündertes Haus wieder nutzen konnte, diente es ihr als Som-
merdomizil. Sie hatte Germaine aus Irland eingeladen, und die
beiden Schwestern verbrachten anregende Sommerwochen, in
denen vermutlich viele gemeinsame Jugenderinnerungen ausge-
tauscht wurden: weißt du noch ...? Kurz nach ihrer Heimkehr
starb Germaine Stockley in Irland. Von nun an lag über den Badenweiler Aufenthalten der Dichterin immer eine wehmütige
Stimmung.

Annette Kolb nach dem Krieg.

Was die nunmehr fast acht-
zigjährige Annette Kolb auch
weiterhin begleitete, waren
ihre Geldsorgen. Sie übersetzte
ihr Buch von Ludwig II. und
Wagner selbst ins Französische,
und es erschien 1947 im Verlag
Michel in Paris »Le Roi Louis
II. de Bavière et Richard Wagner«. Für ihr kurz zuvor im
Querido Verlag in Amsterdam
erschienenes Original »Ludwig
der II. und Richard Wagner«
wurde ihr das Honorar Anfang
1950 von Gottfried Bermann-
Fischer nach Paris gesandt. Gerade noch rechtzeitig zu ihrem
achtzigsten Geburtstag, den sie
offiziell als ihren fünfundsieb-
zigsten feierte, kam das Geld an. Beglückt ließ Annette Kolb ihre
Teegesellschaften der Vorkriegszeit wiederaufleben, die bei aller
Einfachheit »etwas kosteten«.

Im gleichen Jahr wurde sie Mitglied der Bayrischen Akademie
der Schönen Künste – vielleicht in der Hoffnung auf Unterstützung, wie sie ihr von der Mainzer Akademie in Form einer einma-
ligen Ehrengabe gewährt worden war. Zusätzlich hatte ihr die
Akademie monatlich 300,– DM als Stipendium bewilligt. Das
Mainzer Institut stand ihr auch hinsichtlich einer Lohnsteuerkarte mit Rat zur Seite, die nun notwendig geworden war. Beinahe

hätte Annette lieber auf die Unterstützung verzichtet, als sich mit den lästigen Formalitäten abzugeben. Sie habe noch nie von einer Lohnsteuerkarte gehört, schließlich habe sie alles verloren und lebe von ihrer Arbeit, schrieb sie der Akademie zur Begründung ihrer Unkenntnis. Im Herbst setzte sie dem Verleger Bermann eine Frist, bis Mai 1951 ihre vergriffenen Romane »Die Schaukel« und »Das Exemplar« wieder zu veröffentlichen. Annette Kolb wollte frei sein, abzuschließen, wo es ihr beliebte. Zu dieser Maßnahme zwinge sie der nackte Selbsterhaltungtrieb, da es ihr nicht möglich und auch nicht zumutbar sei, in einem Dauerzustand »ewiger Schwebe« von der Hand in den Mund zu leben. Sie erhielt daraufhin einen Verlagsvertrag, der ihr für ein halbes Jahr einen Vorschuß von DM 200,– monatlich einräumte.

Der Kunstpreis für Literatur der Stadt München für 1950 wurde ihr zwar zuerkannt, das Preisgeld aber erst im Jahr darauf ausgezahlt.

So war das Geld auch drei Jahre nach der Währungsreform bei Annette Kolb weiterhin äußerst knapp. Wer noch ein Konto gehabt hatte, dem war es zehn zu eins zusammengestrichen worden. Niemand glaubte so recht an die Stabilität der neuen Mark. Schwere Zeiten für Schriftsteller – Bücher werden zuletzt gekauft. Immerhin, Annette Kolbs Urteil war gefragt. So beantragte sie Anfang 1951 in einer Sitzung der Klasse der Literatur in Mainz erfolgreich, die Dichter André Malraux, Jules Supervielle und Jean Cocteau zu korrespondierenden Mitgliedern zu wählen. Die nächsten Jahre über versäumte Annette Kolb kaum eine Sitzung und war aktiv an der Vermittlung zwischen den französischen und den deutschen Mitgliedern beteiligt.

Während ihrer Mainzer Aufenthalte wohnte sie im Central Hotel in unmittelbarer Nähe des Bahnhofs. Bevor sie Anfang August 1951 zur nächsten Sitzung fuhr, verständigte sie ihre neue Pariser Freundin Nelly Ellmar von ihren Plänen: »*Chère Nelly [...] Heute muß ich in der Mittagshitze nach Mainz auf 2 Tage, dann komm ich nochmal hierher bis zum 12. [...]*«[3] Selbst als Annette Kolb wieder in München wohnte, riß der Kontakt zu dieser Vertrauensperson nicht ab. Die Karten und Briefe an Nelly, teils mit persönlichen Klagen der Dichterin, reichen bis in ihr Todesjahr.

Zu Annette Kolbs steigender Anerkennung durch Preise und Mitgliedschaften war auch eine literarische Verewigung hinzugekommen. Ob sie sie für geglückt hielt, ist allerdings sehr zweifelhaft, denn das Nachkriegsbild der Annette Kolb wurde von dieser Darstellung negativ beeinflußt. 1947 erschien »Dr. Faustus« von Thomas Mann. Der darin geschilderte Musiker begegnet in München einer Familie, die sehr schnell als diejenige von Annette Kolb erkennbar wird. Der Dichter zeichnet die Familienmitglieder zwar liebenswürdig, stellenweise jedoch deutlich ironisch herablassend. Annette Kolb wird zur Figur der Jeannette Scheurl, einem ahnungslosen alternden Mädchen, das in einem inkorrekten Privatidiom damenhafte Gesellschaftsstudien schreibt. Nicht nur durch die Namensgebung stellt sich sehr schnell die Assoziation des Lächerlichen und Vernachlässigbaren ein, sondern auch durch die oberflächliche Charakterisierung dieser Figur. Es mag an Thomas Manns höchst traditioneller Sichtweise der Frauen gelegen haben, daß er sich nicht zu einem ernsthafteren Porträt der Autorin hatte durchringen können.

Die Freundschaft zwischen ihm und Annette Kolb war nach der Veröffentlichung des Romans deutlich getrübt. Sie schrieb ihm zwar 1948, daß die Worte über ihre Mutter sie sehr verletzt hätten, aber sich als Person »von mondäner Häßlichkeit, mit elegantem Schafsgesicht« beschrieben zu sehen, mußte sie tiefer getroffen haben, als ihr Stolz es zugeben konnte. Carl Jakob Burckhardt bemühte sich in den folgenden Jahren auf Wunsch Thomas Manns um eine Versöhnung, aber der Tod des Dichters am 12. August 1955 und Annettes unversöhnliche Haltung haben sie verhindert. Tiefe Reue auch bei ihr, als sie die Todesnachricht erhielt. Sechs Tage später schrieb sie an Katia Mann:

»[...] Ich dachte oft und je länger je öfter mit Liebe an ihn, hatte aber eine Hemmung, und nun erhalte ich im Augenblick einen Brief von Burckhardt der mir sagt er habe vor Wochen mit Euch in Kilchberg Stunden verbracht, und es sei da meiner gedacht worden. Hätte ich das früher gewußt! O es wäre nicht ohne ein Echo geblieben.«[4]

Carl Jakob Burckhardt war in den ersten Pariser Jahren nach ihrer Rückkehr aus Amerika nicht nur Vermittler, sondern auch Stütze für die Dichterin. Er war von 1946-1949 Gesandter in der Metropole und hatte immer ein offenes Ohr für Annette Kolb. Seine Frau Elisabeth, die durch ihre Schönheit die Pariser Gesellschaft erobert hatte, war sehr gastfreundlich und hilfsbereit. In ihrem Salon traf Annette viele frühere Bekannte wieder. Jetzt nahm sie die großen Gespräche wieder auf mit denjenigen, die weggegangen waren. Wie die verlorenen Dinge kehrten auch die entschwundenen Menschen allmählich wieder zu ihr zurück.

In Paris sprach und dachte Annette Kolb französisch, aber ihre Dichtung verfaßte sie unerschütterlich weiter in Deutsch. Burckhardt charakterisierte sie in jenen Jahren als eine Frau, die nicht zur Ruhe komme, weil sie in der Ferne die zerrissenen blauweißen Fahnen Bayerns flattern sehe. Er war es auch, der Annette Kolb Mitte der fünfziger Jahre den dringenden Rat gab, ganz nach München zurückzukehren. Die Franzosen wüßten zu wenig von dieser treuen Schriftstellerin und zuverlässigsten Freundin, die Frankreich während der ersten Jahrhunderthälfte in Mitteleuropa besessen habe.

Die Treue zu sich selbst und ihren »paar Gedanken« ließ Annette Kolb das Schicksal des jüdischen Volkes auch während der Nachkriegsjahre weiterhin mit Interesse verfolgen. Was sie sich 1939 auf ihrer ersten Fahrt nach Amerika gewünscht hatte – daß die Juden statt des Exils sich ein Reich errichten sollten –, traf ein. Nur neun Jahre später hatte sich ihre Vision verwirklicht. Juden aus aller Welt fanden in Israel eine neue demokratische Heimat. Am 14. Mai 1948 wurde der Staat Israel mit Chaim Weizmann als Präsident proklamiert. Er war für sie der richtige Mann im richtigen Moment, die jüngste aller Nationen zu führen. Fünfzig Jahre waren vergangen, seit Emile Zola sein »J'Accuse« veröffentlicht und das Unrecht an Dreyfus ins Bewußtsein der Menschen gerückt hatte. Und noch etwas länger war es her, daß auf dem ersten Zionistenkongreß im August 1897 in Basel die Schaffung einer jüdischen Heimstätte in Palästina gefordert wurde. Theodor Herzl, der während des Dreyfus-Prozesses miterlebt hatte, daß alle Juden als Verräter beschimpft wurden, nicht nur der Offizier selbst, erkannte damals die Notwendigkeit der Gründung eines eigenen Staates: »Hin nach Zion«, um ein politisches Gemeinwesen zu werden. Er rief die zionistische Bewegung ins Leben. Nach seinem Tod wurde Chaim Weizmann sein Nachfolger.

Nun, ein halbes Jahrhundert später, war die Forderung in Erfüllung gegangen, die den Angriff mehrerer arabischer Staaten heraufbeschwörte, aber Israel gewann den »Unabhängigkeitskrieg«. Auch Annette Kolb war neugierig auf das neue Land, denn nicht auf die Größe komme es an, sondern nur auf seine Souveränität. Die kleinen Länder seien heute oder morgen die Zünglein an der Waage.

Zu Annette Kolbs großer Freude kamen die Freunde Wilhelm und Margot Hausenstein 1950 ebenfalls nach Paris. Wilhelm Hausenstein war zum deutschen Generalkonsul und 1953 zum Botschafter der Bundesrepublik Deutschland ernannt worden. Nun konnte sie an einem ihr nahestehenden Politiker miterleben, wie schwierig in jenen Jahren die ersten Schritte zur deutsch-französischen Verständigung waren.

Seit 1949 war Hausenstein zudem Mitglied der Akademie der Wissenschaften und der Literatur. So traf sie ihn außer in Paris auch zu den Sitzungen in Mainz. In seinem Buch »Pariser Erinnerungen – Aus fünf Jahren diplomatischen Dienstes 1950–55« würdigt er Annette Kolbs politischen Instinkt. Die Bedeutung de Gaulles hatte Hausenstein in jenen Jahren noch nicht erkannt, aber durch Annette Kolbs Einfluß gewann er die Gewißheit, daß dieser General Respekt verdiente und ernst genommen werden mußte. Er traute der Kolb im Bereich des Wesentlichen und Personalen mehr politisches Urteilsvermögen zu als den »Politikern der Routine«. Hausenstein war überzeugt, daß den wahrhaft geistigen Menschen und den künstlerisch Begabten eine stärkere Urteilskraft und eine unmittelbarere Sicherheit im Verhältnis zur Wirklichkeit mitgegeben ist als den reinen Professionellen.

Für Margot Hausenstein war die Kolb während der diplomatischen Jahre ihres Mannes eine wichtige Informantin über die Stimmungen in den Pariser Kreisen, die zwischen der Ablehnung Deutschlands und einer Annäherung an die Bundesrepublik schwankten. Nach dem Tod von Wilhelm Hausenstein 1957 führte seine Witwe die Versöhnungsarbeit ihres Mannes zwischen Deutschland und Frankreich fort. Sie gründete in München die »Teilhard de Chardin-Gesellschaft«, wurde mit dem Großen Bundesverdienstkreuz und dem Bayrischen Verdienstorden ausgezeichnet und zum *Officier de l'ordre des Palmes Académiques de France* ernannt. Vor allem aber blieb sie in Annette Kolbs letzten Münchner Lebensjahren eine wichtige Bezugsperson. Sie hat dazu beigetragen, daß die vielen Manuskripte und Briefe der Dichterin noch vor deren Tod in vertrauenswürdige Hände kamen.

1954 erschien Annette Kolbs Buch »Blätter in den Wind«. Ähnlich wie in der »Kleinen Fanfare« trug sie hier noch einmal zusammen, was ihr am Herzen lag. Biographisch gefärbt blieb auch das neu Hinzugekommene, aber ihre Geschichten wurden nun verstärkt wahrgenommen, ihre Aussagen erhielten mehr Gewicht und Beachtung in der Öffentlichkeit. 1955 und »am allerfestlichsten Datum Europas«, Goethes Geburtstag am 28. August, erhielt sie als dritte Frau seit der ersten Verleihung 1927 den Goethepreis der Stadt Frankfurt. Nicht nur ihrem Werk, sondern auch ihrer mutigen Haltung gegenüber dem Anliegen eines vereinten Europa zollte dies Anerkennung. Erst als feststand, daß ihr Engagement für den Völkerfrieden in Europa mit in den Preis einbezogen war, hat sie ihn angenommen. Gewürdigt wurde ihre Haltung in Sachen Völkerversöhnung, jener analog zu ihrer schriftstellerischen Arbeit verlaufenden Bahn, die sie keinen Tag ihres Lebens verlassen habe. »Eine wahrhaft europäische Bürgerin«, »Eine Vorkämpferin europäischer Gesinnung«, »Die Goethe-Preisträgerin Annette Kolb verkörpert das geistige Europa«, »Europa werde Europa«, solche oder ähnliche Schlagzeilen trugen die Zeitungen nach der Preisverleihung in der Frankfurter Paulskirche. Der Frankfurter Oberbürgermeister nannte Annette Kolbs Werk einen Roman europäischer Erziehung. Sie habe das Europäische nicht als einen mühelosen, spielerischen Kosmopolitismus gepflegt und genossen, sondern leidend und kämpfend ein Beispiel gegeben, alles Nationale in Ehren und im Herzen zu halten und doch eine Europäerin zu sein.

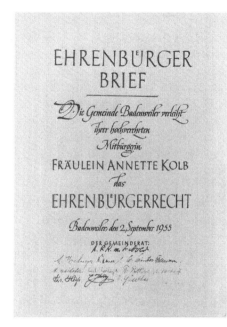

EHRENBÜRGER
BRIEF

*Die Gemeinde Badenweiler verleiht
ihrer hochverehrten
Mitbürgerin*
FRÄULEIN ANNETTE KOLB
das

EHRENBÜRGERRECHT

Badenweiler, den 2. September 1955

DER GEMEINDERAT:

Nach der Preisverleihung, am Ende ihrer Ansprache, würdigte die Dichterin die deutschen Widerstandskämpfer als eine Schar von Goethes Geist, deren Rufe nicht durchgedrungen seien, weil die Luft zu vergiftet war. Wie schon für Goethe galt es auch für den Widerstand, die Kultur zu fördern und die Barbarei zu bekämpfen.

Mag über Goethe das Beste, mag alles über ihn gesagt worden sein, man wird fortfahren, sich mit ihm zu befassen, denn er hat nicht zu wirken aufgehört.«[5]

Als Annette Kolb für den Goethe-Preis nominiert war, begann sich auch die Stadt Badenweiler wieder verstärkt für ihre ehemalige Einwohnerin zu interessieren. Während der Hitler-Ära waren alle Unterlagen über unliebsame Bürger vernichtet worden. Nichts war über Annette Kolb aus der Zeit der Weimarer Republik noch im Stadtarchiv aufzufinden. Nun trug man ihr die Ehrenbürgerschaft an, und sie war bereit, sie anzunehmen – für ihren Ruhm wie ihren Geldbeutel eine weise Entscheidung. Mit der Ehrenbürgerschaft war die Freistellung von der Grundsteuer für ihr kleines Haus im Ort verbunden. Zur Verleihung der Urkunde reiste Annette eigens aus Straßburg an, wo sie bei der dort stattgefundenen deutsch-französischen Bürgermeister-Tagung über René Schickele gesprochen hatte, um die Erinnerung an ihn wach zu halten.

Der Festakt im Badenweiler Kurhaus fand am 14. Oktober 1955 statt. Vor der Überreichung des Ehrenbürgerbriefs hob das Stadtoberhaupt in seiner Rede Annette Kolbs mutiges Verhalten hervor. Nicht nur das der zurückliegenden Jahrzehnte, nein, auch ihren Mut, sich in der Gegenwart mit ihren Äußerungen unbeliebt zu machen. Als Beleg zitiert wurde der Satz: »*Niemand merkt es noch, wie dumm wir sind, weil wir so tüchtig sind. Lieber weniger tüchtig und nicht so dumm.*«[6] – Diese schon in »Daphne Herbst« ge- prägte Formulierung zitierend, hatte sie in Interviews auf die Si- tuation im Nachkriegs- deutschland aufmerk- sam gemacht. Das deut- sche Wirtschaftswunder

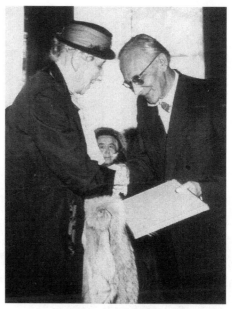

Verleihung des Ehrenbürger-Briefes

trug ihrer Meinung nach zur allgemeinen Verdrängung der Ver- gangenheit bei. Sie hatte deutlich die Gefahr erkannt, die hinter dieser Haltung lauerte. Und es sollte in der Tat noch Jahrzehnte dauern, bis der Holocaust in das Bewußtsein der Massen zu sickern begann.

Wenige Monate nach ihrer Ehrung in Badenweiler war Kolb im Januar 1956 zu den Mozart-Feiern in Zürich eingeladen. Das Stadttheater veranstaltete eine Sonntags-Matinee mit einer Le- sung der Dichterin aus ihrer Mozart-Biographie. Zu Beginn sprach sie von den Gefahren eines »Mozartjahres« (165. Todes- jahr), denn sie wollte die Kunst des Komponisten unabhängig von allen zufälligen Daten gesichert wissen. In ihrem Sinne war Mozart ein Europäer, er habe »den hohen Freiheitsgedanken, der wie ein brausender Wind von Frankreich über Europa ging«, als musikalischer Revolutionär vorweggenommen.

Das letzte Jahrzehnt

Als Annette Kolbs wahre Crux im Alter erwiesen sich zu ihrem großen Kummer die Augen, die immer schwächer wurden. Sie mußte eine schwere Lupenbrille benutzen, wenn sie lesen oder schreiben wollte. Die Noten standen zwar auf dem Klavier, wenn sie spielte, aber es kam fast alles aus dem Gedächtnis, wenn die Finger in alter Sicherheit über die Tasten glitten. Im Mai 1957 weilte sie in Deutschland und nahm an der in Wiesbaden tagenden UNESCO Kommission teil. Hessens Ministerpräsident August Zinn hatte eine Weinprobe für die Mitglieder der Tagung organisiert, an der auch der alte Freund Kasimir Edschmid teilnahm. Er erinnert sich: »*Man fährt von Eltville zwischen Weinbergen durch eine köstliche Landschaft nach Eberbach. Während die anderen damals das ehrwürdige Kloster besichtigten, spielte Annette Kolb in dem vom Kultusminister Arno Hennig hübsch wiederhergestellten Refektorium auf einem Klavier Chopin. Für drei oder vier Freunde.*«[1] Die Lust zu spielen hatte sie spontan überfallen, und in der Gewißheit ihres Könnens wagte sie es, ein kleines Solokonzert vor dankbaren Zuhörern zu geben.

An den Besuch in Wiesbaden schloß die Dichterin noch einen Aufenthalt in Frankfurt an. Dort fand die Hauptversammlung des PEN-Zentrums der Bundesrepublik statt, deren Generalsekretär Edschmid seit 1951 war. In der Frankfurter Rundschau heißt es über die Veranstaltung, daß die westdeutschen Zusammenkünfte ausschließlich den Geschäften des Clubs und seiner vorwiegenden Eigenschaft dienten: der Pflege geistiger Geselligkeit. Der PEN auf Bundesebene wolle kein Wanderzirkus für Vortragslöwen sein wie die großen internationalen Kongresse. So wurde denn in Frankfurt ganz im Sinne der restaurativen Zeitauffassung »getagt, getätigt und getafelt«.

Kasimir Edschmid, der alte Freund aus Badenweiler Tagen, war von seinem stets verfochtenen Credo abgewichen und zu einer bürgerlich-familiären Existenz bekehrt worden. Er hatte 1941 Elisabeth von Harnier geheiratet und eine Familie gegründet. Was war geschehen? 1933 wurde die Zusammenarbeit von Edschmid mit der Jüdin Erna Pinner zu brisant. Schwierig waren die neuen politischen Verhältnisse für beide geworden. Seine Bücher brannten, und sie wurde deklassiert. Erna emigrierte 1935 nach London und schaffte einen überaus erfolgreichen Neuanfang als Zeichnerin naturwissenschaftlicher Werke. Kasimir blieb im Land seiner Sprache und ging in die innere Emigration. Bis Kriegsanfang konnten sie sich ab und zu noch in Italien treffen. Als der Briefverkehr nach England unmöglich wurde, brach der Kontakt ab. Erst 1946 schrieben sie sich wieder, aber sie »wollten nicht mehr darüber reden«, über die Zeit und die Umstände, die zum Ende ihrer Beziehung geführt hatten. Manchmal wird auch Annette Kolb in ihren Briefen erwähnt. Schon wenige Wochen nach Wiederaufnahme ihrer Korrespondenz erkundigte sich Edschmid bei Erna Pinner nach der neuen Adresse der Dichterin: »Le Bristol 112, Faubourg St. Honoré, Paris 8e, aber sie ginge in die Schweiz«, schrieb Erna zurück.

Wie für Annette Kolb war auch für Edschmid die Verdrängung der Vergangenheit ein Greuel. Bitter beklagte er sich in einem Brief an die einstige Lebensgefährtin Erna über die Sinnlosigkeit der Denazifizierung von kleinen Schluckern, wenn man die geistigen Athleten der vergangenen Zeit wieder trompeten ließe.

Am 2. Februar 1960 notierte Edschmid in seinem Tagebuch, das Alter eines Menschen interessiere ihn überhaupt nicht, aber daß Annette jetzt plötzlich fünfundachtzig geworden sei, habe ihm den Atem geraubt. Es war Annette Kolbs offizielles Geburtstagsdatum, das sie in guter katholischer Tradition lieber an »Mariä Lichtmess«, am 2. Februar, feierte – und in Wahrheit ihr neunzigster Geburtstag. Noch immer gelang es ihr, auch die besten Freunde zu täuschen. Fünf Jahre später schrieb Edschmid an Erna Pinner: »*Gestern feierte Annette Kolb ihren Neunzigsten. Und tatsächlich wurde als besondere Sensation enthüllt, daß sie in Wahrheit fünfundneunzig sei.*«[2] Edschmid starb 1966, die zwanzig Jahre ältere Dichterin hat ihn noch um ein Jahr überlebt. Seine Tochter Cornelia war während der letzten Münchner Jahre zeitweise Annette Kolbs Sekretärin, da sie wegen ihres Augenleidens kaum noch schreiben konnte.

Nachdem Annette Kolb 1958 Mitglied der Légion d'honneur geworden war, wurde ihr 1959 auch aus Deutschland eine Ehrung zuteil. Im November überreichte ihr der deutsche Gesandte in Paris die Urkunde für das Große Verdienstkreuz des Verdienstordens der Bundesrepublik Deutschland, unterzeichnet von Theodor Heuss, den Kolb sehr schätzte. In seiner Laudatio betonte der Botschafter in Paris noch einmal ihren Mut, ihr Vaterland – und zwar: »ohne dazu genötigt zu sein« – verlassen zu haben, um in der Fremde die Fahne des »besseren Deutschland« hochzuhalten. In den Bemühungen um die Neuordnung Europas stehe die Verbesserung der deutsch-französischen Beziehungen an erster Stelle; wer habe dieser hohen Aufgabe besser dienen können als gerade sie, die zwei Vaterländern angehöre. Durch ihre persönlichen Beziehungen in Frankreich und Deutschland sei sie zum beispielhaften Sinnbild aller Möglichkeiten geworden, die für die Konstituierung einer echten deutsch-französischen Freundschaft gegeben sind.

Über den Zusatz »ohne dazu genötigt zu sein«, kann Annette Kolb nicht glücklich gewesen sein, denn es zeigt einmal mehr, wie stark ihre Leistung unterschätzt und ihre damalige Situation verkannt wurde. Ihr Kampf galt der Niedrigkeit im Menschen, deshalb hielt sie 1933 ihre provokante Rede und verließ Deutschland aus Furcht vor Verhaftung. Die Rede Hitlers hatte ihren ganzen moralischen Widerstand aktiviert. Sie hatte den Mut, rechtzeitig ihrer Überzeugung zu folgen, nachdem sie 1932 in ihrem »Beschwerdebuch« genügend provozierenden Zündstoff verbreitet hatte.

Die »denkbar ungebeugteste Frau« wurde trotz aller Ehrungen zur bizarren, schrulligen Person verharmlost. Annette Kolb reagierte, wie sie es zeitlebens gehalten hatte: sie blieb weiterhin sich selbst treu. »Ich bin ich«, mit diesem Spiel aus ihren Kindertagen überstand sie alle wechselnden Zeitströmungen und Etiketten, die man ihr anhing: Hochverräterin, Frankophile, Jüdin,

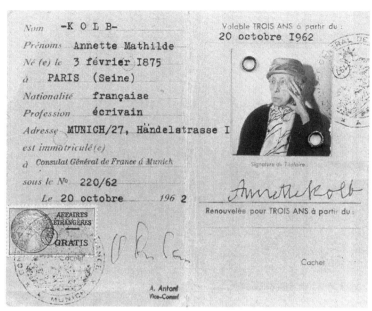

Nom -K O L B-

Prénoms Annette Mathilde

Né (e) le 3 février 1875

à PARIS (Seine)

Nationalité française

Profession écrivain

Adresse MUNICH/27, Händelstrasse I

est immatriculé(e)

à Consulat Général de France à Munich

sous le N° 220/62

Le 20 octobre 196 2

AFFAIRES
ÉTRANGÈRES
GRATIS

Valable TROIS ANS à partir du :
20 octobre 1962

Signature du Titulaire :

Annette Kolb

Renouvelée pour TROIS ANS à partir du :

Cachet

A. Antoni
Vice-Consul

In Annette Kolbs Ausweis heißt es: Geburtsort Paris.

Antisemitin, zerstreute Alte – und heimste weitere Ehrungen ein. In Frankreich wurde 1961 aus der Mitgliedschaft eine Ernennung zum Chevalier de la Légion d'honneur. Als wollte Deutschland mit seinen Ehrungen der Dichterin nicht nachstehen, erhielt sie im Mai des gleichen Jahres den Bayrischen Verdienstorden und den Literaturpreis der Stadt Köln. Zu letzterem gratulierte Konrad Adenauer persönlich.

Es gab auch Anerkennungen, die speziell ihrem kleinen Buch »Memento« galten, das 1960 erschienen war, ein schmaler Band, in dem sie die Zeit ihrer Emigration beschreibt. Sie, die noch einmal davongekommen, die entronnen war, wollte darin warnen vor gefahrvollen Zeiten, die wiederkehren können. Zwei Jahre war Kolb mit der Zusammenstellung des Stoffes beschäftigt. Sie hatte gegen die Niedergeschlagenheit anzukämpfen, die die Erinnerung hervorrief, hatte Hunderte von Seiten zerrissen, ehe eine Berichterstattung von vierundsechzig Seiten ohne Larmoyanz auf dem Papier stand. Mit einem Mal klang das Echo anders: als »Dame«, »Dichterin« und »Prophetin« beschrieb die Presse sie nun. Ein paar Jahre waren ihr noch vergönnt, den kleinen Ruhm und die große Anerkennung zu genießen.

Annette Kolb hatte geplant, ihren Lebensabend ganz in Paris zu verbringen, aber die vielen Freunde in Deutschland und besonders in München drängten sie, zurückzukehren. »Ich werde umgezogen« war denn auch ihre Meinung, als sie sich zum Domizilwechsel durchgerungen hatte. In die Pflicht genommen, sammelten die Münchner Freunde nun für den Baukostenzuschuß, der damals für viele Wohnungen gefordert wurde. Eine etwas gebrechliche, aber durchaus noch energische alte Dame bezog am 16. Mai 1961 im obersten Stockwerk der Händelstraße 1 ihr neues Refugium. Auch wohnsitzmäßig blieb sie sich treu, sie bevorzugte wie immer die höchstgelegene Etage, der bessere Überblick war ihr somit sicher.

Die Verbindungen nach München hatten sich besonders seit 1958 intensiviert, als Annette Kolb zur Eröffnung des Cuvilliés Theaters anläßlich der 800-Jahrfeier der Stadt zu einer Lesung eingeladen worden war. Damals sprach Erich Kästner die einführenden Worte und würdigte sie als die First Lady der zeitgenössischen Literatur. Er und seine Lebensgefährtin Liselotte Enderle, die im Herbst 1946 das erste Interview in München mit der aus Amerika zurückgekehrten Dichterin gemacht hatte, begleiteten die Kolb in die Loge. Erich Kästner hatte Satirisches, Zeitkritisches und Antmilitaristisches veröffentlicht und für die Jugend erzählt. Im Nachkriegsdeutschland wurde er berühmt als Publizist, Pädagoge, Kabarett- und Filmautor, Büchner-Preisträger und Pen-Präsident. In der rebellischen Bundesrepublik der 68er Jahre wurde er ebenso wie die Kolb im konservativen Lager abgelegt und fast vergessen. »Er machte sich ein Gewissen«, das verband Erich Kästner mit Annette, für die er ein tiefes Verständnis hegte.

Ehe sie in ihre Münchner Wohnung zog, war das Hotel Continental Annette Kolbs Standort in der Stadt. Dort empfing sie die Freunde oder gab »Herrenabende« im Barockstüberl des Hotels, bei denen Prinz Franz von Bayern nicht fehlen durfte. Ihm spielte sie in der neuen Wohnung auf ihrem Flügel vor oder sie hörten zusammen Musik. Sie sei halt eine Aristokratin, zwar im Viktorianischen Zeitalter geboren, doch im freizügigen Rokoko angesiedelt, schrieb die Münchner Journalistin und Schriftstellerin Ursula von Kardorff über Annette Kolb. »*Wie herrlich sind ihre kleinen Diners:*‹ *Es wird olympischen Strudel geben*‹, *wobei es ein Rätsel bleibt wie sie sie finanziert. Denn natürlich ist sie nicht reich; sie ist keine Hortende, keine Sparsame. Das Geld weht sie an und weht auch wieder fort.*«[3] Auch hierin ist sich die Kolb treu geblieben, sie lebte lieber von der Hand in den Mund, als nach finanzieller Sicherheit zu streben. Eine kleine Wiedergutmachungsrente half über die ärgsten finanziellen Engpässe hinweg. Gastfreundlich stand ihr neues Domizil allen Bekannten offen, immer wurde jemand erwartet oder es war jemand zu Besuch. Täglich kam Kolbs jüngster Bruder Paul vorbei, der sich bis zu seinem Tod 1965 rührend um die ältere Schwester kümmerte, ebenso die Französin Madeleine Wiemer, die seit 1960 im Bayrischen Rundfunk jeden Morgen um 9 Uhr die Nachrichten in französischer Sprache verbreitete.

Nur drei Monate nach Annette Kolbs Rückkehr aus Frankreich wurde Deutschland durch den Mauerbau am 13. August 1961 geteilt. Die Spaltung durch zwei feindliche politische Systeme ging nicht nur mitten durch Deutschland, sondern teilte auch viele Familien auf Jahrzehnte. Über diesen Gewaltakt war Annette Kolb nicht glücklich und hat ihn dennoch totgeschwiegen. Die kleine, zierliche, von Ängsten geplagte Person war mittlerweile zu schwach zum Kämpfen. Desto eindringlicher würdigte sie die vierte Wahl von Konrad Adenauer im September 1961. »*Nur Adenauer, diesem Prestigewunder, gebührt die Macht, eine unbefristete Macht. Das Ausland empfindet es mit Recht als grobe Anstößigkeit, sie befristen zu wollen.*«[4] Der prädestinierte Konrad Adenauer habe es in weniger als einem Dezennium vermocht, die Deutschen wieder ans Licht zu ziehen. Für diesen Politiker hätte sich die Schriftstellerin in jede Bresche geworfen. Durch ihn ging ihre Vision in Erfüllung, die sie schon vor dem Ersten Weltkrieg hatte: daß die beiden Länder Deutschland und Frankreich »allen Höllenhunden zum Trotz, das Glück der Welt durch ihren Bund begründen«. Konrad Adenauer und Charles de Gaulle schlossen 1963 den deutsch-französischen Freundschaftsvertrag. Zum Empfang des französischen Politikers in der Münchner Residenz war Annette Kolb eingeladen. Der Pakt, wofür sie ihr ganzes Leben gekämpft und geworben hatte, war geschlossen.

Im Jahr 1964 erschien Kolbs Essaysammlung »Zeitbilder 1907–1964«. Sofort schrieb Erna Pinner aus London an die Dichterin, daß sie oft an sie denke, besonders gern erinnere sie sich an die Frankfurter Zeit, als sie Annette Kolb zum Hauptbahnhof gebracht und sie einen Mann angeschrien habe, der den »Völkischen Beobachter« kaufte: »›Wie können Sie so ein Drecksblatt lesen.‹ Alles in Allem, Annette, wir haben es überlebt. Nur Gutes für Sie, stets in Liebe und Verehrung Ihre Erna«[5]

Annette Kolbs alter Bekannter Max Rychner, ebenfalls ein Überlebender, würdigte ausführlich, wie die vierundneunzigjährige Schriftstellerin die durchlebten und durchlittenen Epochen in ihrem letzten Buch noch einmal zusammengetragen hat. Im Oktober brachte der Westdeutsche Rundfunk ein Porträt über Annette Kolb, um auf die Dichterin und ihr bewegtes Leben aufmerksam zu machen.

Die meiste Bewegung und Erfüllung in ihre letzten vier Lebensjahre brachte die Begegnung mit dem 1937 in Wien geborenen Israeli Elazar Benyoëtz. Seine Eltern spürten bald die untragbare und gefährliche politische Entwicklung und gingen 1939 mit dem Jungen nach Jerusalem. Elazar kam 1963 nach Deutschland und lernte bei den Vorbereitungen zu einem bibliographischen Sammelwerk jüdischer Autoren Annette Kolb kennen. Er nannte sie in seinen Briefen »christliche Schwester«, und ihre Anrede für ihn war »Lieber wilder Hebräer«, in Anlehnung an Else Lasker-Schüler. In den Gesprächen mit dem jungen Wissenschaftler verfestigte sich Kolbs Interesse an Israel. Elazar Benyoëtz war der erste orthodoxe Jude, den sie kennenlernte, und sie wollte seinen jungen Heimatstaat besuchen. Sie liebte und achtete sein Schweigen über den Glauben an Gott; darin fühlte sie sich mit ihm ganz einig, denn auch sie schwieg darüber wie er. Schon zu Beginn ihrer Freundschaft begann Benyoëtz mit seinen Bemühungen, für Annette Kolb eine Reise nach Israel zu organisieren, die einen öffentlichen Charakter haben sollte. Auch Carl Jakob Burckhardt schaltete sich in die Planung und Finanzierung ein und entwarf für Oktober 1966 einen minutiösen Reiseplan. Zuvor aber empfing Annette Kolb noch einmal Ehrungen: den Pour le mérite für Wissenschaften und Künste sowie das Große Verdienstkreuz mit Stern des Verdienstordens der Bundesrepublik Deutschland.

Annette Kolb hat unzählige Reisen in ihrem Leben unternommen, aber niemals zuvor war so viel geplant, geträumt, besprochen und überlegt worden, bis sie endlich fahren konnte. Die vier Jahre dauernde wechselvolle Wartezeit hatte die alte Dame in Spannung gehalten. Immer wieder war etwas an den Reiseplänen geändert oder verschoben worden. Das lang ersehnte Ereignis trat schließlich ein und sie flog am 18. März 1967 mit ihrem Neffen Fred Kolb als Begleitung nach Jerusalem. Benyoëtz konnte nicht mitfliegen, aber er hatte Freunde in Israel mobilisiert, die für einen reibungslosen Ablauf sorgten und ihr die Reise, die nun doch eine private geworden war, so angenehm und eindrucksvoll wie möglich gestalteten. *»Als Annette im März endlich reisen konnte, war es nur noch möglich, ein Programm durchzuführen, das ganz von der Rücksichtnahme auf ihr Alter und ihren Gesundheitszustand bestimmt war. [...] Im übrigen überstand sie alle Strapazen erstaunlich gut.«*[6]

Wenige Wochen später befand sich Israel im Sechstagekrieg, an dem die greise Dichterin noch viel Anteil nahm. Elazar wartete in München auf den Abtransport in seine Heimat, und Annette hörte für ihn die Nachrichtensendungen. Es gab Solidaritätsbekundungen in der westdeutschen Bevölkerung auf die Kriegserfolge, die in Israel mit Erstaunen registriert wurden. Am 15. Juli schrieb sie ihm den letzten Brief:

»[...] Auch ich war in Sorge um Dich. Nun bin ich froh zu wissen, daß es Dir gut geht! Wie geht es Deiner so lieben Schwester und Ihrem Mann in Jerusalem! Wann sehen wir uns wieder? Für heute grüßt Dich herzlich Deine alte Schwester Annette Dein Land ist schon mein Land geworden!!«[7]

Drei Jahre später schrieb Elazar in seinem Buch »Annette Kolb und Israel«: *»Daß Europa eine Frau war, wußte ich; daß Europa immer noch eine Frau ist, wurde mir erst bewußt, als ich selbst nach Europa kam.«*[8]

Annette Kolb starb am 3. Dezember 1967 in ihrer Münchner Wohnung, in der sie wenige Stunden zuvor noch Klavier gespielt hatte. Sie wurde auf dem Friedhof in München-Bogenhausen beigesetzt, in der Stadt, in der sie nicht geboren werden sollte und in der sie nicht sterben wollte, in die sie aber immer wieder zurückgekehrt ist.

auf 14 Tage –
So bald ich zurück
bin rufe ich Sie
an und so lang
vergessen Sie bitte
nicht Ihre
be herzlichst grüssende
Annette Kolb

Quellenverzeichnis

Kindheit und Jugend

1 Kolb, Blätter in den Wind, S. 130
2 Fetzer, Das Exilerlebnis. S. 283
3 Kolb, Die Schaukel, S. 40
4 Kolb, Gedicht, Deutsches Literaturarchiv. 64.981
5 Bauschinger, Ich habe etwas ..., S. 64
6 Kolb, König Ludwig ..., S. 11
7 Balk, Theatergöttinnen, S. 16
8 Kolb, König Ludwig ..., S. 17
9 ebd., S. 40
10 Kolb, Blätter in den Wind, S. 12
11 Kolb, Wege und Umwege, S. 164
12 ebd., S. 170
13 Kolb, Blätter in den Wind, S. 12
14 ebd., S. 127
15 Kolb, Die Schaukel, S. 25
16 Bauschinger, Ich habe etwas ..., S. 111
17 Richard von Kühlmann, Erinnerungen, S. 79
18 Rauenhorst, Annette Kolb, S. 19
19 Brief, Deutsches Literaturarchiv Marbach, 91.67. Falsche Hausnummern-
   Angabe – Sophienstr. 5 statt Hausnr. 7 – im Original.
20 Kolb, Blätter in den Wind, S. 18
21 ebd., S. 23
22 ebd., S. 17f.
23 Kolb, Die Schaukel, S. 169
24 Kolb, Blätter in den Wind, S. 24
25 Benyoetz, Kolb und Israel, S. 59
26 ebd., S. 60
27 Kolb, Zarastro, S. 124

Auf der Suche nach dem Selbst

1 Kolb, Glückliche Reise, S. 43
2 Kolb, Die Schaukel, S. 319
3 Kolb, Daphne Herbst, S. 309
4 Bauschinger, Ich habe etwas ..., S. 44
5 Kolb, Wege und Umwege, 302, 335
6 Plessen, Katia Mann, S. 14

7 Kolb, Wege und Umwege, S. 293
8 Kolb, Blätter in den Wind, S. 36
9 Kolb, Daphne Herbst, S. 241
10 Kolb, Beschwerdebuch, S. 115
11 Kolb, Zarastro, S. 72
12 Kolb, König Ludwig ..., S. 9
13 Benyoetz, Kolb und Israel, S. 10
14 Kolb, Blätter in den Wind, S. 29f.
15 Wiener Rundschau 1901, Nr.1, 5.Jg.
16 Kolb, Blätter in den Wind, S. 100
17 Kolb, Zarastro, S. 82
18 ebd., S. 154
19 Kolb, Wege und Umwege, S. 92

Annette und die Rolle der Frauen

1 Kolb, Die Schaukel, S. 43
2 Kolb, Beschwerdebuch, S. 24f.
3 Kolb, Zarastro, S. 77
4 Kolb, Essay, Monacensia Archiv 72.725K
5 Kolb, Wege und Umwege, S. 307
6 ebd., S. 313
7 Kolb, Beschwerdebuch Ausg. 1953, S. 112
8 Kolb, Zarastro, S. 91
9 Reventlow, Briefe, S. 229
10 Kolb, Das Exemplar, S. 65
11 Kolb, Beschwerdebuch Ausg. 1953, S. 115f.
12 ebd., S. 132
13 Kolb, Blätter in den Wind, S. 28
14 Bauschinger, Ich habe etwas ..., S. 192
15 Ott, Ricarda Huch, S. 293
16 Kolb, Wege und Umwege, S. 319
17 Kolb, Glückliche Reise, S. 15

Die feministische Pazifistin

1 Zola, Süddeutsche Zeitung 13.1.98
2 Kolb, Blätter in den Wind, S. 208
3 Heymann, Erlebtes – Erschautes, S. 129f
4 ebd., S. 131
5 Kolb, Briefe einer Deutsch-Französin, S. 89
6 ebd., S. 101
7 Kolb, Sieben Studien, S. 5
8 ebd., S. 11
9 ebd., S. 15
10 Heymann, Monacensia Archiv, 481/68

Die musikalische Annette Kolb

1 Kolb, Zeitbilder, S. 193
2 ebd., S. 192
3 Olivier, Künstlerinnen ..., S. 195
4 Kolb, König Ludwig ..., S. 6
5 Wiener Rundschau 4. Jg. 1900, S. 238
6 ebd., S. 379f.
7 ebd., 5. Jg. 1901, S. 75
8 Hisch, Beiträge ... Hofmannthals, S. 470
9 Bauschinger, Ich habe etwas ..., S. 114
10 Kolb, Blätter in den Wind, S. 89
11 ebd., S. 88
12 Die Neue Rundschau 25. Jg. 1914, S. 1020
13 Kolb, Wera Njedin, S. 122
14 Kolb, Kleine Fanfarc, S. 214
15 Kolb, Beschwerdebuch Ausg. 1953, S. 10ff.
16 ebd., S. 18f

Annette Kolb und die bildende Kunst

1 Gleisberg, Max Klinger, S. 342
2 Friedrich, Das Urteil des Paris, S. 71
3 Kolb, Wege und Umwege, S. 17
4 ebd., S. 106
5 Kühlmann, Erinnerungen, S. 75
6 Kolb, Brief an Frida, Monacensia Archiv, 1601-1603/94
7 Kolb, Kleine Fanfare, S. 256
8 Bauschinger, Ich habe etwas ..., S. 145
9 Blei, Bestiarium, S. 26
10 Kolb, Wege und Umwege, S. 262
11 Kolb, Kleine Fanfare, S. 95
12 Kolbe, Brief an Annette, Monacensia Archiv, 474/67
13 Kühlmann, Erinnerungen, S. 343
14 Kolb, Zarastro, S. 138
15 Bauschinger, Ich habe etwas ..., S. 199
16 Bender, Briefe im Exil, S. 146
17 Kolb, Wege und Umwege, S. 329
18 Die Neue Rundschau, 15. Jg. 1904, S. 893
19 ebd., S. 892
20 Kolb, Beschwerdebuch Ausg. 1953, S. 147

Das Exemplar

1 Edschmid, Tagebuch, S. 144
2 Bauschinger, Ich habe etwas ..., S. 83
3 Kolb, Das Exemplar, S. 131
4 ebd., S. 83
5 ebd., S. 66

6 ebd., S. 14 + 116
7 ebd., S. 143f.
8 Marbacher Magazin 1993, Lichnowsky, S. 26
9 Bauschinger, Ich habe etwas ..., S. 75
10 ebd., S. 85
11 ebd., 78
12 Weltwoche, Zürich, 12.8.1955: Fragmentarisches über Annette Kolb

Der Erste Weltkrieg

1 Kolb, Blätter in den Wind, S. 214
2 Bergson, Brief an Annette, Monacensia Archiv, 399/68
3 Kolb, Blätter in den Wind, S. 102f.
4 Kolb, Glückliche Reise, s. 21
5 Bauschinger, Ich habe etwas ..., S. 91
6 Die Weissen Blätter, 2. Jg. 1915, S. 283
7 Bauschinger, Ich habe etwas ..., S. 93
8 Sternheim, Brief an Kolb, Monacensia Archiv, 581/68
9 Kolb, Zarastro, S. 11
10 Kolb, Briand, S. 16
11 Kindler, Lexikon, S. 4971
12 Neue Zürcher Zeitung, 26. Aug. 1917
13 Die Weissen Blätter 3. Jg. 1916, S. 122
14 Kolb, Kleine Fanfare, S. 164
15 Kolb, Beschwerdebuch, S. 78
16 Kolb, Zarastro, S. 32

Nachkriegszeit

1 ebd., S. 163
2 Schmidt-Linsenhoff, Sklavin oder Bürgerin, S. 26
3 Kolb, Zarastro, S. 182
4 Pfeiffer-Belli, Kessler Tagebücher, S. 17
5 Kolb, Zarastro, S. 197
6 ebd., S. 200
7 ebd., S. 209
8 Kolb, Spitzbögen, S. 93
9 Kolb, Zarastro, S. 203
10 Kindler, Lexikon, S. 3501
11 Knapp, Literaturgeschichtliche Beispiele ..., S. 477
12 Mahler, Brief an Kolb, Monacensia Archiv 57/ 65
13 Kolb, Blätter in den Wind, S. 211 + 217
14 Weltbühne, 20.Jg. 1924, S. 228
15 Kolb, Kleine Fanfare, S. 29
16 ebd., S. 47f
17 Weltbühne, 17. Jg. 1921 S. 342
18 Kolb, Kleine Fanfare. S. 57

Während der Weimarer Republik

1 Kolb, Glückliche Reise, S. 84
2 Kolb, Aufsatz, Monacensia Archiv L 3835 B
3 Bauschinger, Ich habe etwas ..., S. 100
4 ebd., S. 100
5 Pfeiffer-Belli, Kessler Tagebücher, S. 225
6 Kolb, Beschwerdebuch, S. 98
7 Kolb, Kleine Fanfare, S. 234
8 Kolb, Wera Njedin, S. 81
9 Kolb, Kleine Fanfare, s. 233f.
10 Bauschinger, Ich habe etwas ..., S. 82
11 Kolb, Blätter in den Wind, S. 208
12 Kolb, Kleine Fanfare, S. 68
13 Kolb, Brief an Wolff, Deutsches Literaturarchiv 72.572/2
14 Kolb, Memento, S. 6
15 Pfeiffer-Belli, Kessler Tagebücher S. 407
16 Bauschinger, Ich habe etwas ..., S. 134
17 ebd., S. 136
18 ebd., S. 147
19 Kolb, Kleine Fanfare, S. 23
20 Das Literarische Echo 22. Jg. 1920, S. 719
21 Bender, Briefe im Exil, S. 21
22 Kolb, Briand, S. 65
23 Kolb, Kleine Fanfare, S. 170
24 ebd., S. 175

Daphne Herbst

1 Kolb, Daphne Herbst Ausg. 1928, S. 78
2 ebd., S. 121
3 Berliner Tageblatt 57. Jg. 10.5. 1928
4 Kolb, Daphne Herbst, Ausg. 1928, S. 34
5 Brief an Kolb, Monacensia Archiv 750/68
6 Kolb, Daphne Herbst, Ausg. 1969, S. 209
7 ebd., S. 153
8 ebd., S. 156
9 ebd., S. 310
10 Kolb, Brief an Theodora Von der Mühll, Deutsches Literaturarchiv 81.817/3

Aristide Briand

1 Bender, Briefe im Exil, S. 308f.
2 Kolb, Briand, S. 10
3 ebd., S. 41
4 ebd., S. 61
5 ebd., S. 89
6 ebd., S. 127
7 ebd., S. 150

Veränderungen

1 Kolb, Beschwerdebuch, S. 7
2 ebd., S. 54
3 Bauschinger, Ich habe etwas ..., S. 147
4 ebd., S. 142
5 Kolb, Brief an Von der Mühll, Deutsches Literaturarchiv 81.817/10
6 Kolb, Kleine Fanfare, S. 109
7 Kolb, Beschwerdebuch, S. 81
8 Kolb, Brief an Von der Mühll, Deutsches Literaturarchiv 81.817/14
9 Kolb, Aufsatz, Monacensia Archiv L 3844 c
10 Kolb, Beschwerdebuch, S. 42
11 ebd., S. 45
12 ebd., S. 46
13 Schoppmann, Im Fluchtgepäck ..., S. 64
14 Pfeiffer-Belli, Kessler Tagebücher, S. 784
15 Kolb, Glückliche Reise, S. 85f
16 Kolb, Brief an Von der Mühll, Deutsches Literaturarchiv 81.817/20
17 ebd., 81.817/21
18 Fetzer, Faktisches ..., S. 463
19 Bauschinger, Ich habe etwas ..., S. 150
20 Kolb, Memento, S. 10
21 Bender, Briefe im Exil, S. 40f.
22 Bauschinger, Ich habe etwas ..., S. 152
23 Kolb, Memento, S. 16
24 Kolb, Brief an Von der Mühll, Deutsches Literaturarchiv 81.818/19

Ungewisse Monate

1 Kolb, Memento, S. 14f.
2 Bender, Briefe im Exil, S. 50
3 ebd., S. 51
4 Kolb, Brief an Von der Mühll, Deitsches Literaturarchiv 81.817/32
5 ebd., 81.817/33
6 Edschmid, Wir wollen ..., S. 257
7 Kolb, Brief an Von der Mühll, Deutsches Literaturarchiv 81.817733
8 Bender, Briefe im Exil, S. 65
9 ebd., S. 66
10 ebd., S. 68
11 ebd., S. 68
12 Pfeiffer-Belli, Kessler Tagebücher, S. 789
13 Kolb, Brief an Von der Mühll, Deutsches Literaturarchiv 81.819/3
14 Bender, Briefe im Exil, S. 78
15 ebd., S. 80
16 Kolb, Brief an Von der Mühll, Deutsches Literaturarchiv 81.817/37
17 ebd.,
18 Bloch, Die Sehnsucht des Menschen ..., Bd. I S. 86
19 Bender, Briefe im Exil, S. 155
20 ebd., S. 146
21 ebd., S. 164

22 ebd., S. 94
23 ebd., S. 126

Die Schaukel

1 Kolb, Brief an Von der Mühll, Deutsches Literaturarchiv 81.817/44
2 Bender, Briefe im Exil, S. 150
3 Bauschinger, Ich habe etwas ..., S. 160f
4 Bender, Briefe im Exil, S. 174
5 Mann, Brief an Kolb, Monacensia Archiv [60-62]
6 Kolb, Brief an Von der Mühll, Deutsches Literaturarchiv 81.819/4
7 Kolb, Die Schaukel Ausg. 1969, S. 331
8 Bender, Briefe im Exil, S. 32
9 ebd., S. 336
10 ebd., S. 404
11 Bender, Briefe im Exil, S. 101
12 Kolb, Die Schaukel Ausg.1969, S. 330
13 ebd., S. 406
14 Bauschinger, Ich habe etwas ..., S. 160

Pariser Exil

1 Bender, Briefe im Exil, S. 79
2 ebd., S. 60
3 ebd., S. 99
4 Bauschinger, Ich habe etwas ..., S. 157
5 Kolb, Festspieltage in Salzburg, S. 10
6 Bender, Briefe im Exil, S. 141
7 ebd., S. 147
8 ebd., S. 148
9 ebd., S. 158
10 ebd., S. 173
11 ebd., S. 182f.
12 ebd., S. 186
13 ebd., S. 188
14 Kolb, an Von der Mühll, Deutsches Literaturarchiv 81.818/10
15 Kolb, Festspieltage in Salzburg, S. 82
16 Brüning, Brief an Kolb, Monacensia Archiv 447/67
17 Bender, Briefe im Exil, S. 317
18 Kolb, Die Last, S. 15
19 Kolb, Mozart Ausg. Rentsch 1961, S. 190
20 ebd., S. 314
21 Kolb, Nachruf Kessler, Monacensia Archiv L 3845 D
22 Bender, Briefe im Exil, S. 89
23 ebd., S. 262
24 Kolb, Brief an Von der Mühll, Deutsches Literaturarchiv 81.819/23
25 Kindler, Lexikon, S. 4186
26 Kolb, Essay, Monacensia L 3886 B
27 Bender, Briefe im Exil, S. 303f

28 Kolb, Brief an Von der Mühll, Deutsches Literaturarchiv 81.819/42
29 ebd., 81.819/52
30 Bender, Briefe im Exil, S. 344
31 Kolb, Brief an Von der Mühll, Deutsches Literaturarchiv 81821/3

Amerika

 1 Bender, Briefe im Exil, S. 259
 2 Kolb, Glückliche Reise, S. 9
 3 Kolb, Brief an Von der Mühll, Deutsches Literaturarchiv 81.820/5
 4 Kolb, Glückliche Reise, S. 27
 5 ebd., S. 179
 6 ebd., S. 165
 7 ebd., S. 94
 8 ebd., S. 141
 9 ebd., S. 183
10 Mahler- Werfel, Mein Leben, S. 299
11 Bender, Briefe im Exil, S. 350
12 Kolb, Blätter in den Wind, S. 198

Wieder in New York

 1 Bauschinger, Ich habe etwas ..., S. 153
 2 Kolb, Memento, S. 32f.
 3 ebd., S. 37f.
 4 Burckhardt, Memorabilien, S. 348f.
 5 Bauschinger, Ich habe etwas ..., S. 169
 6 Kesten, Der Geist der Unruhe, S. 127
 7 Kolb, Brief an Von der Mühll, Monacensia Archiv 81.820/14
 8 Bauschinger, Ich habe etwas ..., S. 170
 9 ebd., S. 171
10 ebd., S. 175
11 ebd., S. 172
12 Berliner Tageblatt, 54. Jg. Nr. 568
13 Kolb, Brief in New York, Deutsches Literaturarchiv 77.286 5/2
14 Kolb, König Ludwig ..., S. 37
15 Bauschinger, Ich habe etwas ..., S. 176
16 Süddeutsche Zeitung 17.9.1946

Das alte neue Europa

 1 Kolb, Zeitbilder, S. 200
 2 Döblin, Aufsatz, Akademie der Wissenschaften ... Mainz, Mappe Kolb
 3 Kolb, Brief an Ellmar, Monacensia Archiv 70.75
 4 Bauschinger, Ich habe etwas ..., 182
 5 Kolb, Zeitbilder, S. 173
 6 Kolb, Ausspruch, entn. der Festrede in Badenweiler 14. Okt. 1955

Das letzte Jahrzehnt

1 Anmerkungen Edschmid, Tagebuch 1958-1960, S. 144
2 Edschmid, Wir wollen nicht mehr darüber reden, S. 224
3 Die Welt 2.2.1960
4 Kolb, Zeitbilder, S. 186
5 Bauschinger, Ich habe etwas ..., S. 128
6 Benyoetz, Kolb und Israel, S. 88
7 ebd., S. 157
8 ebd., S. 128

Abbildungsnachweis

Abb. S. 8, 66, 86 und 130 aus: »Ich habe etwas zu sagen«, Annette Kolb 1870–1967, München 1993.
Frontispiz und Abb. S. 47: Fotografien von Thea Sternheim, Deutsches Literaturarchiv Marbach.
Alle weiteren Abbildungen entstammen der Münchner Stadtbibliothek / Monacensia-Bibliothek und Literaturarchiv, Archiv-Nr. P/a 987; abfotografiert von Atelier Mathilde Sturm, München.
Wir bedanken uns für die freundlichen Abdruckgenehmigungen.

Zeittafel

1870 3. Februar: Anna Mathilde Kolb, genannt Annette, wird in München geboren.

1876 Aufnahme in das Kloster der Salesianerinnen bei Hall in Tirol.

1882 Im Herbst Aufnahme in das Mädchenpensionat Ascher in München.

1888 Tod der Großmutter Constance Amélie Lambert Danvin in Frankreich.

1890 Annette Kolbs fünf Jahre ältere Schwester Louise stirbt.

1891 Uraufführung von Ibsens »Hedda Gabler« in München.

1894 Gründung des Vereins für Fraueninteressen und Frauenarbeit in München.

1897 Annette Kolb fährt nach Rom.

1899 Annette Kolb läßt im Münchner Verlag Putze auf eigene Kosten »Kurze Aufsätze« drucken. Ricarda Huch zieht nach München.

1900 Siegmund Freuds »Traumdeutung« erscheint.

1902 Der englische Diplomat John Ford kommt nach München. Er wird zum »Exemplar« in Kolbs gleichnamigen Roman.

1905 Bertha von Suttner erhält den Friedensnobelpreis.
Samuel Fischer verlegt Kolbs Text »Torso« in der Neuen Rundschau in Berlin.

1906 Sieben Studien und die Übersetzung der Briefe der Katharina von Siena.

1911 Alfred Hermann Fried erhält den Friedensnobelpreis.

1913 Kolbs Roman »Das Exemplar« erscheint. Sie erhält noch im gleichen Jahr den Fontane-Preis.

1914 Am 28. Juli beginnt der Erste Weltkrieg. Kriegserklärung der Deutschen an Frankreich am 3. August.
Die Essays »Wege und Umwege« erscheinen.
Annette Kolb lernt René Schickele kennen.

1915 Im Januar gerät Kolb durch einen leidenschaftlichen Vortrag in Dresden in den Verdacht des Landesverrats.
Die Schriftstellerin lernt Romain Rolland kennen.
Tod der Mutter am 2. Mai. Tod des Vaters am 22. November.

1916 Wegzug aus dem Elternhaus zum Habsburgerplatz 3.
Die »Briefe einer Deutsch-Französin« erscheinen.
Im März verhängt das Bayrische Kriegsministerium eine Reise-
und Briefsperre.
1917 Am 1. Februar emigriert Annette Kolb zum ersten Mal: in die
Schweiz. Die nächsten drei Jahre lebt sie meist in Bern.
1918 Kolbs Aufsätze »Die Last« erscheinen. Hungerdemonstration
der Frauen im August in München.
Das Kriegsende erlebt Annette Kolb in Montreux.
Im November wird das Wahlrecht für Frauen eingeführt.
1919 Annette Kolb nimmt im Februar am Internationalen Arbeiter-
und Sozialistenkongreß in Bern teil.
In dieser Zeit ist die Schriftstellerin ohne festen Wohnsitz und
ständig auf Reisen in Deutschland, der Schweiz, Frankreich und
Italien.
1920 Erste Massenversammlung der NSDAP im Februar in München.
1921 Kolbs Bericht über die Schweizer Jahre erscheint unter dem
Titel »Zarastro. Westliche Tage«.
1922 Walther Rathenau wird im Juni in Berlin ermordet.
1923 Hausbau in Badenweiler als Nachbarin von René Schickele.
Inflation in Deutschland.
1925 Es erscheinen verschiedene Kolbsche Erzählungen.
1926 Aufnahme Deutschlands in den Völkerbund.
Tod von Rainer Maria Rilke.
1928 Kolbs Roman »Daphne Herbst« erscheint.
1929 Weltwirtschaftskrise.
Annette Kolbs Portrait »Versuch über Briand« erscheint.
1930 Ihre Aufsätze »Kleine Fanfare« erscheinen.
1931 Annette Kolb erhält den Gerhart Hauptmann-Preis.
1932 Mit zweiundsechzig Jahren erwirbt sie den Führerschein.
Es erscheinen ihre Aufsätze »Beschwerdebuch«.
1933 Eine Lesung im Kölner Rundfunk bringt Annette Kolb in politische Gefahr. Zum zweiten Mal wählt sie das Exil: Sie flüchtet
im Februar aus Deutschland und läßt sich nach längerer Odyssee durch ganz Europa in Paris nieder.
1934 Der Roman »Die Schaukel« erscheint. Eigene Wohnung in Paris.
1936 Kolb erhält die französische Staatsbürgerschaft.
1937 Es erscheinen die Bücher »Mozart. Sein Leben« und »Festspieltage in Salzburg«.
1938 »Festspieltage in Salzburg und Abschied von Österreich«.
1939 Teilnahme am internationalen PEN-Kongreß in New York.
1940 Kolb verläßt Paris, als die deutschen Truppen näherrücken.

»Glückliche Reise«, das Buch über ihre Amerikafahrt erscheint. Der Freund Schickele stirbt.

1941 Über Spanien und Portugal emigriert Kolb ein drittes Mal: Mit dem Flugzeug entkommt sie nach New York. Sie beendet ihre Schubert-Biographie, die noch im gleichen Jahr erscheint: »Franz Schubert. Sein Leben«.

1945 Annette Kolb kehrt als eine der ersten Emigranten im Oktober nach Europa zurück. Ihr Hauptwohnsitz ist Paris.

1947 Kolbs dritte Musikerbiographie erscheint: »König Ludwig II. von Bayern und Richard Wagner.« In dem im selben Jahr erscheinenden Roman »Dr. Faustus« von Thomas Mann wurde sie zur literarischen Vorlage der Jeannette Scheuerl.

1949 Annette Kolbs wird Mitglied der Akademie der Wissenschaften und der Literatur in Mainz.

1950 Sie wird Mitglied der Bayrischen Akademie der Schönen Künste.

1951 Die Stadt München verleiht Kolb den Kunstpreis für Literatur des Jahres 1950.

1954 Ihre Essays »Blätter in den Wind« erscheinen.

1955 Sie erhält den Goethe-Preis und die Ehrenbürgerschaft von Badenweiler.

1958 Kolb wird Mitglied der Légion d'honneur.

1959 Sie erhält das Große Verdienstkreuz des Verdienstordens der Bundesrepublik Deutschland.

1960 Ihr Erinnerungsbüchlein »Memento« erscheint.

1961 Kolb erhält die Ehrung eines »Chevalier de la Légion d'honneur«, den Bayrischen Verdienstorden und den Literaturpreis der Stadt Köln. Umzug nach München, ihrem letzten Wohnsitz.

1964 Ihre Essays »Zeitbilder 1907–1964« erscheinen.

1966 Sie erhält ihre höchsten Auszeichnungen, den Pour le mérite für Wissenschaften und Künste und das Große Verdienstkreuz mit Stern des Verdienstordens der Bundesrepublik Deutschland.

1967 Kolbs Traum einer Reise nach Israel erfüllt sich im März. Tod am 3. Dezember in München.

Literaturverzeichnis

Ahl, Herbert: Literarische Porträts. Tochter zweier Vaterländer. Annette Kolb. Verlag Langen/Müller, Wien 1962.

Bauschinger, Sigrid (Hg.): Ich habe etwas zu sagen. Annette Kolb 1870–1967. Katalog zur Ausstellung. Münchner Stadtbibliothek Sept. – Okt. 1993. Eugen Diederichs Verlag, München 1993.

Bauschinger, Sigrid; Cocalis, Susan L. (Hg.): Wider den Faschismus. Exilliteratur als Geschichte. Verlag Francke, Tübingen, Basel 1993.

Balk, Claudia (Hg.): Theatergöttinnen. Inszenierte Weiblichkeit. Clara Ziegler – Sarah Bernhardt – Eleonore Duse. Katalog zur Ausstellung im Deutschen Theatermuseum München Sept. 1994 – März 1995. Stroemfeld Verlag, Basel 1994.

Bender, Hans (Hg.): Briefe im Exil. 1933–1940. Annette Kolb; René Schickele. Akademie der Wissenschaften und Literatur, Mainz 1987.

Benyoëtz, Elazar: Annette Kolb und Israel. Lothar Stiehm Verlag, Heidelberg 1970.

Bermann-Fischer, Gottfried: Bedroht – Bewahrt. Weg eines Verlegers. S. Fischer Verlag, Frankfurt a. M. 1967.

Bermann-Fischer, Gottfried; Bermann-Fischer, Brigitte: Briefwechsel mit Autoren. S. Fischer Verlag, Frankfurt a. M. 1990.

Blei, Franz: Gott und die Frauen. Ein Traktat. Verlag: Georg Müller, Leipzig 1911.

Blei, Franz: Bestiarium Literaricum. Genaue Beschreibung derer Tiere des literarischen Deutschlands. Gedruckt im Auftrag von Carl Ruske, München 1920.

Bloch, Karola: Die Sehnsucht des Menschen, ein wirklicher Mensch zu werden. Hrsg. v. Fromann, Anne; Schröter, Welf. Bd. I. Talheimer Verlag, Mössingen-Talheim 1989.

Brinker-Gabler, Gisela (Hg.): Frauen gegen den Krieg. Mit Beiträgen von Frauen der Internationalen Frauenliga für Frieden und Freiheit. Fischer Taschenbuchverlag, Frankfurt a. M. 1980

Burckhardt, Carl Jakob: Memorabilien. Erinnerungen und Begegnungen. Verlag: Georg D.W. Callwey, München 1977.

Die Ortenau. Veröffentlichungen des Historischen Vereins für Mittelbaden. 70. Jahresband 1990.

Dorst, Tankred (Hg.): Die Münchner Räterepublik. Zeugnisse und Kommentar. Suhrkamp Verlag, Frankfurt a.M. 1966.

Edschmid, Kasimir: Tagebuch 1958–1960. Verlag Kurt Desch, Wien / München / Basel 1960.

Edschmid, Ulrike: Wir wollen nicht mehr darüber reden. Erna Pinner und Kasimir Edschmid. Eine Geschichte in Briefen. Luchterhand, München 1999.

Fetzer, John F.: Faktisches und Fiktionales über Annette Kolb. In: Das Exilerlebnis. Verhandlungen des IV. Symposiums über deutsche und österreichische Exilliteratur. Hrsg. v. D. G. Davian/ L. M. Fischer, Columbia 1982.

Friedrich, Annegret: Das Urteil des Paris. Ein Bild und sein Kontext um die Jahrhundertwende. Jonas Verlag, Marburg 1997.

Gleisberg, Dieter (Hg.): Max Klinger 1857–1920. Katalog zur Ausstellung im Städelschen Kunstinstitut Frankfurt a.M. 1992.

Hausenstein, Wilhelm: Impressionen und Analysen. Verlag F. Bruckmann KG, München 1969.

Hemecker, Wilhelm (Hg.): Mechtilde Lichnowsky. 1879–1956. Marbacher Magazin 1993.

Heymann, Lida Gustava; Augspurg, Anita, A.: Erlebtes – Erschautes. Deutsche Frauen kämpfen für Freiheit. Hrsg. v. Margrit Twellmann. Ulrike Helmer Verlag, Frankfurt a. M. 1992.

Hirsch, Rudolf: Beiträge zum Verständnis Hugo von Hofmannsthals. S. Fischer Verlag, Frankfurt a.M. 1995.

Hollweck, Ludwig: Was war wann in München. Unverhau Verlag, München 1982.

Kesten, Hermann: Meine Freunde die Poeten. Donau Verlag, Wien / München 1953.

Kesten, Hermann: Dichter im Café. Verlag Kurt Desch, Wien / München / Basel 1959.

Kesten, Hermann: Der Geist der Unruhe. Literarische Streifzüge. Verlag Kiepenheuer & Witsch, Köln / Berlin 1959.

Knapp, Gerhard P. (Hg.): Autoren damals und heute. Literaturgeschichtliche Beispiele veränderter Wirkungshorizonte. Amsterdamer Beiträge zur Neueren Germanistik. Bd. 31-33. 1990/91. Amsterdam, Atlanta. Rodopi 1991.

Kohlhagen, Norgard: Frauen, die die Welt veränderten. Hedwig Dohm (1833–1919). Verlag Huber Frauenfeld. Stuttgart, 1982.

Kolb, Annette: Kurze Aufsätze. Verlag Putze München 1899.

Kolb, Annette: Bücher. Il Fuoco. Wiener Rundschau. Nr. 1-24. 4. Jg. 1900. S. 238.

Kolb, Annette: Wagner und das »Repertoire«. Wiener Rundschau. Nr. 1-24. 4. Jg. 1900. S. 375 ff.

Kolb, Annette: Die C-Moll-Symphonie. Wiener Rundschau. Nr.1-24. 4. Jg. 1900. S.379f.

Kolb, Annette: Die Apotheose. Wiener Rundschau. Nr. 1. 5. Jg. 1901. S. 13.

Kolb, Annette: Richard Strauß. Wiener Rundschau. Nr. 3. 5. Jg. 1901. S. 75

Kolb, Annette (Hg.) Die Briefe der heiligen Catarina von Siena. Verlag Zeitler, Leipzig 1906.

Kolb, Annette: L'âme aux deux patries. Sieben Studien. Verlag: Heinrich Jaffe, München 1906.

Kolb, Annette: Das Exemplar. Roman. S. Fischer Verlag, Berlin 1913

Kolb, Annette: Wege und Umwege. Verlag der weißen Bücher, Leipzig 1914.

Kolb, Annette: Briefe einer Deutsch-Französin. Erich Reiss Verlag, Berlin 1916.

Kolb, Annette: Die Last. Max Rascher Verlag A.-G., Zürich 1918.

Kolb, Annette: Zarastro. Westliche Tage. S. Fischer Verlag, Berlin 1920.

Kolb, Annette: Spitzbögen. Mit elf Zeichnungen von Rudolf Grossmann. S. Fischer Verlag, Berlin 1925.

Kolb, Annette: Wera Njedin. Erzählungen und Skizzen. Propyläen Verlag, Berlin 1925.

Kolb, Annette: Daphne Herbst. Roman. S. Fischer Verlag, Berlin 1928.

Kolb, Annette: Versuch über Briand. Ernst Rowohlt Verlag, Berlin 1929.

Kolb, Annette: Kleine Fanfare. Ernst Rowohlt Verlag, Berlin 1930.

Kolb, Annette: Beschwerdebuch: Ernst Rowohlt Verlag, Berlin 1932.

Kolb, Annette: Die Schaukel. Roman. S. Fischer Verlag, Berlin 1934.

Kolb, Annette: Festspieltage in Salzburg. Verlag: Albert de Lange, Amsterdam 1937.

Kolb, Annette: Mozart. Sein Leben. Bermann-Fischer Verlag, Wien 1937.

Kolb, Annette: Mozart. Sein Leben. Eugen Rentsch Verlag, Zürich 1961.

Kolb, Annette: Glückliche Reise. Bermann-Fischer Verlag, Stockholm 1940.

Kolb, Annette: Franz Schubert. Sein Leben. Eugen Rentsch Verlag, Erlenbach-Zürich 1947.

Kolb, Annette: Beschwerdebuch. Verlag: Kiepenheuer & Witsch, Köln / Berlin, 1953.

Kolb, Annette: Blätter in den Wind. S. Fischer Verlag, Frankfurt a. M. 1954.

Kolb, Annette: Memento. S. Fischer Verlag, Frankfurt a. M. 1960.

Kolb, Annette: König Ludwig II. von Bayern und Richard Wagner. S. Fischer Verlag, Frankfurt a. M. 1963.

Kolb, Annette: 1907–1964. Zeitbilder. S. Fischer Verlag, Frankfurt a. M. 1964.

Kolb, Annette: Die Romane. S. Fischer Verlag, Frankfurt a. M. 1969

Kühlmann, Richard von: Erinnerungen. Verlag Lambert Schneider, Heidelberg 1952.

Lemp, Richard: Annette Kolb. Leben und Werk einer Europäerin. Verlag: v. Hase & Koehler, Mainz 1970.

Mahler-Werfel, Alma: Mein Leben. Fischer Taschenbuch Verlag, Frankfurt a.M. 1963.

Mann, Golo (Hg.): Propyläen Weltgeschichte Bd. 9. Ullstein Verlag, Frankfurt a. M. 1960.

Marbacher Magazin: Lichnowsky, Mechtilde. Bearbeitet von Hemecker, Wilhelm, 64/1993

Olivier, Antje; Braun, Sevgi: Anpassung oder Verbot. Künstlerinnen und die 30er Jahre. Droste Verlag, Düsseldorf 1998.

Ott, Ullrich; Pfäfflin, Friedrich (Hg.): Ricarda Huch 1864–1947. Katalog zur Ausstellung des Deutschen Literaturarchivs, Marbach am Neckar 1994.

Pfeiffer-Belli, Wolfgang (Hg.): Harry Graf Kessler. Tagebücher 1918–1937. Insel Verlag, Frankfurt a. M. 1982.

Philippe, Charles-Louis: Das Bein der Tinnette. Mit 24 Holzschnitten von Frans Masareel. Berechtigte Übertragung aus dem Französischen von Annette Kolb. Wolff, München 1923.

Plessen, Elisabeth; Mann, Michael (Hg.): Katia Mann. Meine ungeschriebenen Memoiren: S. Fischer Verlag, Frankfurt a. M. 1974.

Rauenhorst, Doris: Annette Kolb. Ihr Leben und ihr Werk. Universitätsverlag, Freiburg Schweiz 1969.

Reifenberg, Benno: Weisung. Almanach d. S. Fischer Verlags, Frankfurt a. M. 1965.

Renken, Sabine (Hg.) Chanteusen. Stimmen der Großstadt. Bollmann Verlag GmbH, Mannheim 1997.

Reventlow, Else (Hg.): Briefe der Gräfin Franziska zu Reventlow. Verlag Albert Langen. München 1929.

Rinser, Luise: Der Schwerpunkt. S. Fischer Verlag, Frankfurt a. M. 1960.

Rychner, Max: Annette Kolb. Merkur, Stuttgart 1964.

Sandoz, Maurice: Das Haus ohne Fenster. Einleitung von Annette Kolb. Mit sieben farbigen Illustrationen von Salvador Dali. Morgarten Verlag Conzert & Huber, Zürich 1948.

Schmidt-Linsenhoff, Viktoria (Hg.): Sklavin oder Bürgerin? Französische Revolution und neue Weiblichkeit 1760–1830. Katalog zur Ausstellung im Historischen Museum Frankfurt 1989. Jonas Verlag, Marburg 1989.

Schoppmann, Claudia (Hg.): Im Fluchtgepäck die Sprache. Berlin 1991.

Spalek, John M.; Strelka, Joseph (Hg.): Deutschsprachige Exilliteratur. Seit 1933. Bd. 2: New York. Verlag Francke, Bern 1989.

Schwarzer, Alice: Marion Dönhoff. Ein widerständiges Leben. Verlag Kiepenheuer & Witsch, Köln 1996.

Twellmann, Margrit (Hg.): Recht und Frieden. Meisenheim am Glan 1972.

Wilhelmine von Bayreuth: Memoiren der Markgräfin. Übersetzt und mit einem Nachwort versehen von Annette Kolb. Insel Verlag, Leipzig 1923.

Wenzel, Georg (Hg.): Arnold Zweig 1887–1968. Werk und Leben in Dokumenten und Bildern. Aufbau-Verlag, Berlin und Weimar 1978.

Zeitschriften

Berliner Tageblatt. Berlin.
Die Friedenswarte. Berlin.
Das Literarische Echo. Berlin.
Die Neue Rundschau. Berlin / Frankfurt.
Die Opale. Leipzig.
Die Rheinlande. Düsseldorf.
Die Weissen Blätter. Leipzig.
Die Weltbühne. Berlin.
Internationale katholische Zeitschrift. Köln.
Neue Zürcher Zeitung. Zürich.
Wiener Rundschau. Wien.

Material aus folgenden Institutionen:

Münchner Stadtbibliothek / Monacensia Bibliothek und Literaturarchiv München.
Akademie der Wissenschaften und der Literatur Mainz.
Deutsches Literaturarchiv / Schiller-Nationalmuseum Marbach am Neckar.
Frauen-Kultur-Archiv der Heinrich-Heine-Universität Düsseldorf.
Stadt Badenweiler / Archiv im Bürgermeisteramt.
Stadtarchiv Dresden.

Personenregister

Lida Gustava Heymann / Anita Augspurg

Erlebtes – Erschautes
Deutsche Frauen kämpfen für Freiheit,
Recht und Frieden 1850–1940

Hrsg. von Margrit Twellmann

Politisches Engagement vom Kaiserreich über die Weimarer Republik bis zum Nationalsozialismus: Lida Gustava Heymann (1868–1943) und ihre Lebensgefährtin, die Juristin Anita Augspurg (1857–1943), mischten sich aktiv ins Zeitgeschehen ein. Die ›Radikalen‹ der bürgerlichen Frauenbewegung engagierten sich schon vor dem Ersten Weltkrieg für Frieden und Völkerverständigung. Ihre wache Kritik am Chauvinismus, jener unglückseligen Mischung aus kriegstreiberischer Männerlogik, Nationalismus und Frauenverachtung, beweist gerade heute ungebrochene Aktualität.

Die vorliegenden Memoiren, 1941 im Zürcher Exil eilig aus dem Gedächtnis heraus aufgezeichnet, sind ein Zeitzeugnis ersten Ranges. ISBN 3-927164-43-7